高等院校教师教育数学系列教材

高等代数选讲

主　编　穆　强　皮晓明
副主编　谢文娟　孔令令

哈爾濱工業大學出版社
HARBIN INSTITUTE OF TECHNOLOGY PRESS

内容简介

本书是《高等代数选讲》课程的教材，内容上依照张禾瑞《高等代数》的自然章编排，每一章都列出相关内容的重要的基础知识、重点、难点、常用方法，并且附有练习。本书可作为高等学校数学类本科生学习《高等代数》课程的学习参考书，也可以作为其他理工科专业学生学习《线性代数》或复习考研的参考用书。

图书在版编目(CIP)数据

高等代数选讲/穆强，皮晓明主编.—哈尔滨：哈尔滨工业大学出版社，2010.9

ISBN 978-7-5603-3085-3

Ⅰ.①高… Ⅱ.①穆…②皮… Ⅲ.①高等学校-高等学校-教材 Ⅳ.①015

中国版本图书馆 CIP 数据核字(2010)第 174751 号

策划编辑 杜 燕
责任编辑 李广鑫
出版发行 哈尔滨工业大学出版社
社 址 哈尔滨市南岗区复华四道街 10 号 邮编 150006
传 真 0451-86414749
网 址 http://hitpress.hit.edu.cn
印 刷 哈尔滨工业大学印刷厂
开 本 787mm×960mm 1/16 印张 11 字数 185 千字
版 次 2010 年 9 月第 1 版 2010 年 9 月第 1 次印刷
书 号 ISBN 978-7-5603-3085-3
印 数 1~3 000 册
定 价 20.00 元

序

普通高中课程改革是基础教育改革的重要组成部分。随着高中数学课程改革的推进,将有越来越多的一线数学教师、数学教研员和未来的数学教师面对新的数学课程。传统的高等师范院校的数学课程通常很少顾及到高中数学的内容与方法。但是2004年启动的普通高中课程改革的实验,是在《普通高中数学课程标准(实验)》的基础上进行的。无论是高中数学必修课程还是高中数学选修课程,都有现代数学的内容、思想、方法及数学史的渗透。为了适应高中数学课程改革的需要,作为培养高中未来数学教师的高等师范院校,或综合大学的师范学院的数学与应用数学专业(师范类),其数学课程必须适应这种改革。为此,黑龙江省高师数学会教育研究会继《高师院校数学系列教材》之后,在教学实践基础上,又组织编写了这套《高等院校教师教育教学系列教材》。

这套系列教材包括基础数学、应用数学、概率与统计、数学史、数学教育等专业的本科教材。其中有《近世代数》、《高等几何》、《数学分析选讲》、《简明数学史》、《高等代数选讲》、《解析几何》、《实变函数》、《简明数学逻辑》、《现代数学思想概论》、《简明概率与统计》、《数学建模》、《通信编码与信息安全》等。在这套系列教材中,力求将新的普通高中数学课程标准中规定的选修课中现代数学内容、方法纳入相应教材的正文或附录中。这套系列教材可以作为高等院校数学教师教育的本科数学教材,其中部分教材可供教育硕士选作教材和学科教学(数学)的参考书。

由于编著者的水平有限,加之面对高中数学新课程标准编写本科数学教材是一种新的尝试,丛书中会有不妥或疏漏之处,恳切地希望广大教师和读者提出建议和批评。让我们一起携手,为建立适应高中数学新课程标准的教师教育本科数学课程标准体系作出贡献!

王玉文
2007年6月

前　言

《高等代数》作为数学及相关专业的一门重要基础课程，对于初学者来说是比较抽象、难理解的。由于该课程一般都是在大学一年级开设的，学生多数没有适应大学的学习方式，学完之后可能也没能掌握高等代数中的一些重要理论和方法。本书是《高等代数选讲》课程的教材或考研的复习资料，也可作为学习高等代数课程的学生的参考用书。全书分成8章共25个专题，内容涵盖高等代数的主要知识点，对重要知识点和难点部分进行精讲，对常见的类型题和方法进行了总结，一些问题给出了多种处理方法。本书第一、二、三章由皮晓明编写，第四、五章由谢文娟编写，第六、七章由穆强编写，第八章由孔令令和穆强共同编写。学生通过学习本课程，能够进一步加深对高等代数知识的理解，掌握一些重要的解题思路、方法、技巧，提高分析问题、解决问题的能力。

本书的出版得到了哈尔滨师范大学的王玉文教授的大力支持，在此表示诚挚谢意。

由于作者水平有限，书中疏漏和不妥之处在所难免，恳请读者不吝批评指正。

编　者

2010年6月

目　录

第 1 章　多项式

1.1　多项式定义、运算与整除问题

一、相关知识

1. 一元多项式定义

设$\mathbb{R}$为含有数 1 的数环，形式表达式

$$a_0 + a_1x + a_2x^2 + \cdots + a_nx^n \qquad ①$$

称为数环$\mathbb{R}$上一个文字 x 的多项式，简称一元多项式，通常用符号 $f(x)$ 表示. 其中 n 为非负整数，$a_0, a_1, \cdots, a_n \in \mathbb{R}$，多项式 ① 中 a_ix^i 称为 i 次项，a_0 称为常数项. 当 $a_n \neq 0$ 时，a_nx^n 称为多项式 $f(x)$ 的首项，a_n 为 $f(x)$ 的首项系数，n 称为 $f(x)$ 的次数，用符号 $\partial^\circ(f(x))$ 表示，即 $\partial^\circ(f(x)) = n$. 特别，系数全为零的多项式称为零多项式，记为 0. 零多项式是唯一不定义次数的多项式.

集合

$$\{a_0 + a_1x + \cdots + a_nx^n \mid a_i \in \mathbb{R}, i = 0,1,\cdots,n, \forall n(\geqslant 0) \in \mathbb{Z}\}$$

对多项式的加法、乘法构成的环称为数环$\mathbb{R}$上的一元多项式环，记为$\mathbb{R}[x]$.

2. 整除

设 $f(x), g(x) \in \mathbb{F}[x]$，若存在 $h(x) \in \mathbb{F}[x]$，使得 $f(x) = g(x)h(x)$，则称 $g(x)$ 整除 $f(x)$，记 $g(x) \mid f(x)$，其中 $g(x)$ 称为 $f(x)$ 的一个因式.

3. 次数定理

设 $f(x), g(x) \in \mathbb{R}[x]$，且 $f(x) \neq 0 \neq g(x)$，则

(1) 当 $f(x) + g(x) \neq 0$ 时

$$\partial^\circ(f(x) + g(x)) \leqslant \max\{\partial^\circ(f(x)), \partial^\circ(g(x))\}$$

(2) $\partial^\circ(f(x) \cdot g(x)) = \partial^\circ(f(x)) + \partial^\circ(g(x))$.

4. 重要性质

设 $f(x) \in \mathbb{R}[x]$，$\partial^\circ(f(x)) = n \geqslant 0$，则 $f(x)$ 在$\mathbb{R}$中至多有 n 个不同的根.

5. 推论 1

若多项式 $f(x)$ 有无穷多个不同的根,则必有 $f(x)=0$.

6. 推论 2

设 $f(x),g(x)$ 是两个次数不大于 n 的多项式,则 $f(x)=g(x)\Leftrightarrow$ 在$\mathbb{R}$中至少有 $n+1$ 个不同的数 a_i 使 $f(a_i)=g(a_i)$.

7. 带余除法定理

设 $f(x),g(x)$ 为$\mathbb{F}[x]$的任意两个多项式,并且 $g(x)\neq 0$,则在$\mathbb{F}[x]$中存在唯一的一对多项式 $q(x)$ 和 $r(x)$,使得

$$f(x)=g(x)q(x)+r(x)$$

其中 $r(x)=0$ 或 $\partial^\circ(r(x))<\partial^\circ(g(x))$,称多项式 $q(x)$ 和 $r(x)$ 分别为以 $g(x)$ 除 $f(x)$ 所得的商式和余式.

二、例题

【例 1】 设 $f(x)\in\mathbb{F}[x]$,若 $\forall a,b\in\mathbb{F}$ 均有 $f(a+b)=f(a)\cdot f(b)$,则 $f(x)=0$ 或 $f(x)=1$.

证明 $f(x)=0$ 显然满足 $\forall a,b\in\mathbb{F}$ 均有 $f(a+b)=f(a)\cdot f(b)$.下面设 $f(x)\neq 0$,由于

$$f(2x)=f(x+x)=f(x)\cdot f(x)=f^2(x)$$

所以 $f(x)$ 只能是零次多项式,令 $f(x)=a\neq 0,a\in\mathbb{F}$,则

$$a=f(0)=f(0+0)=f^2(0)=a^2$$

故 $a=1$,即 $f(x)=1$.

【例 2】 设 $f(x)\in\mathbb{F}[x]$,若 $\forall a,b\in\mathbb{F}$ 均有 $f(a+b)=f(a)+f(b)$,则 $f(x)=kx$,其中 $k\in\mathbb{F}$.

证法一 设 $f(x)=\sum\limits_{i=0}^{n}a_ix^i$,则对任意的 $a\in\mathbb{F}$,有

$$f(a)=f(a+0)=f(a)+f(0)$$

所以 $f(0)=0$,即 $a_0=0$.又

$$f(2)=f(1+1)=2f(1)$$
$$f(3)=f(2+1)=3f(1)$$
$$\cdots$$
$$f(n)=nf(1)$$

于是令 $f(1)=k$,得

$$a_1+a_2+\cdots+a_n=k$$

$$2a_1 + 2^2a_2 + \cdots + 2^na_n = 2k$$
$$\cdots$$
$$na_1 + n^2a_2 + \cdots + n^na_n = nk$$

由于上述关于 $a_1,a_2,\cdots,a_n$ 的线性方程组的系数行列式是范德蒙行列式，不等于零，所以有唯一解

$$a_1 = k, a_2 = \cdots = a_n = 0$$

故 $f(x) = kx, k \in \mathbb{F}$.

证法二　由于

$$f(0) = f(0+0) = f(0) + f(0)$$

所以 $f(0) = 0$，于是 $f(x)$ 的常数项为零. 令

$$f(x) = xg(x) \tag{②}$$

为此只须证 $g(x) \in \mathbb{F}$.

设 $\partial^\circ(f(x)) = n$，则 $\partial^\circ(g(x)) = n-1$. 于是 $\forall m \in \mathbb{Z}^+$，均有 $f(m) = mf(1)$. 同时由式②又有 $f(m) = mg(m)$，故 $g(m) = f(1) = g(1)$. 由此得多项式 $g(x) - g(1)$ 有无穷多个根，因此 $g(x) - g(1) = 0$，于是 $g(x) = g(1) \in \mathbb{F}$. 这样令 $k = g(1), f(x) = kx$.

证法三　因为 $\forall m \in \mathbb{Z}^+$，都有 $f(m) = mf(1)$，令 $g(x) = f(x) - xf(1)$，则 $g(x)$ 有无穷多个根，因此 $g(x) = 0$，从而 $f(x) = f(1)x$，故令 $k = f(1)$ 即可.

证法四　因为 $\forall a \in \mathbb{F}$，令 $b = a$ 得 $f(2a) = 2f(a)$，因此 $f(2x) - 2f(x)$ 有无穷多个根，故 $f(2x) = 2f(x)$. 令

$$f(x) = \sum_{i=0}^{n} a_ix^i$$

则

$$f(2x) = \sum_{i=0}^{n} a_i(2x)^i = \sum_{i=0}^{n} 2^ia_ix^i$$

而

$$2f(x) = \sum_{i=0}^{n} 2a_ix^i$$

故

$$\sum_{i=0}^{n} 2^ia_ix^i = \sum_{i=0}^{n} 2a_ix^i$$

由多项式相等的定义知

$$2^ia_i = 2a_i, i = 0,1,\cdots,n$$

从而 $a_i = 0, i = 0,1,\cdots,n$，即 $f(x) = a_1x$．令 $k = a_1$，即得 $f(x) = kx$．

【例 3】 设 $f(x), g(x), h(x) \in \mathbb{R}[x]$，若

$$f^2(x) = xg^2(x) + xh^2(x)$$

则

$$f(x) = g(x) = h(x) = 0$$

证明 假设 $f(x), g(x), h(x)$ 不全为零．若 $f(x) \neq 0$，则上式右端是奇数次多项式或零多项式，而其左端为一偶数次多项式，产生矛盾．若 $f(x) = 0$，而 $g(x)$ 与 $h(x)$ 中至少有一个非零，于是由上式知，其左端为零多项式，而右端为非零多项式，因而也产生矛盾．故若上式成立，则必有

$$f(x) = g(x) = h(x) = 0$$

【例 4】 n, d 为正整数，证明：$x^d - 1 \mid x^n - 1 \Leftrightarrow d \mid n$．

证明 必要性　假若 $d \nmid n$，则 $n = dq + r$，其中 $r \neq 0$ 并且 $r < d$，于是

$$x^n - 1 = (x^d)^q x^r - 1 = x^r[(x^d)^q - 1] + (x^r - 1)$$

因 $x^d - 1 \mid x^n - 1$，得 $x^d - 1 \mid x^r - 1$，此与 $r < d$ 矛盾．故 $r = 0$，即 $d \mid n$．

充分性　由 $d \mid n$，得 $n = dq$，则

$$x^n - 1 = (x^d)^q - 1$$

故

$$x^d - 1 \mid x^n - 1$$

【例 5】 k 为正整数，证明：$x \mid f^k(x) \Leftrightarrow x \mid f(x)$．

证明 充分性由整除的传递性可知．

必要性　假若 $x \nmid f(x)$，则 $f(x) = xq(x) + r$，其中 r 是不为零的常数，于是

$$f^k(x) = x[x^{k-1}q^k(x) + \cdots + \mathrm{C}_k^{k-1}q(x)r^{k-1}] + r^k$$

由 $r^k \neq 0$ 及带余除法知 $x \nmid f^k(x)$，与已知矛盾．

【例 6】 n 为正整数，$f(x) \in \mathbb{F}[x]$，若 $(x-1) \mid f(x^n)$，则 $(x^n - 1) \mid f(x^n)$．

证法一 因为 $(x-1) \mid f(x^n)$，所以 $f(1^n) = 0$，从而 $(x-1) \mid f(x)$，则存在 $g(x) \in \mathbb{F}[x]$，使得 $f(x) = (x-1)g(x)$，于是 $f(x^n) = (x^n - 1)g(x^n)$，即 $(x^n - 1) \mid f(x^n)$．

证法二 $x^n - 1$ 有 n 个不同的复根，设为 $\alpha_1, \alpha_2, \cdots, \alpha_n$，则有

$$\alpha_i^n = 1(i = 1,2,\cdots,n)$$

于是

$$f(\alpha_i^n) = f(1) = f(1^n) = 0, i = 1,2,\cdots,n$$

所以 $\alpha_1, \alpha_2, \cdots, \alpha_n$ 又都是 $f(x^n)$ 的根，故

$$(x^n - 1) \mid f(x^n)$$

【例7】 设 $h(x),k(x),g(x)$ 是实系数多项式,且

$$(x^2+1)h(x)+(x+1)f(x)+(x-2)g(x)=0 \quad ③$$

$$(x^2+1)k(x)+(x-1)f(x)+(x+2)g(x)=0 \quad ④$$

则 $f(x),g(x)$ 能被 x^2+1 整除.

证法一 $(x-1)\times③-(x+1)\times④$,得

$$(x^2+1)[(x-1)h(x)-(x+1)k(x)]=6xg(x)$$

可见 $(x^2+1)\mid 6xg(x)$,但 $(x^2+1,6x)=1$,所以 $(x^2+1)\mid g(x)$.同理可证 $(x^2+1)\mid f(x)$.

证法二 将 $x=\mathrm{i}$ 代入③,④得

$$(\mathrm{i}+1)f(\mathrm{i})+(\mathrm{i}-2)g(\mathrm{i})=0$$

$$(\mathrm{i}-1)f(\mathrm{i})+(\mathrm{i}+2)g(\mathrm{i})=0$$

于是 $f(\mathrm{i})=g(\mathrm{i})=0$,所以 $(x-\mathrm{i})\mid f(x)$,且 $(x-\mathrm{i})\mid g(x)$.

再将 $x=-\mathrm{i}$ 代入③,④解得 $f(-\mathrm{i})=g(-\mathrm{i})=0$,所以 $(x+\mathrm{i})\mid f(x)$,且 $(x-\mathrm{i})\mid g(x)$,故

$$(x^2+1)\mid f(x),(x^2+1)\mid g(x)$$

1.2 多项式最大公因式与互素问题

一、相关知识

1.最大公因式

设 $f(x),g(x),d(x)\in\mathbb{F}[x]$,若

(1) $d(x)\mid f(x),d(x)\mid g(x)$,即 $d(x)$ 为 $f(x)$ 与 $g(x)$ 的一个公因式.

(2) 对 $f(x)$ 与 $g(x)$ 的任一个公因式 $h(x)$,都有 $h(x)\mid d(x)$,则称 $d(x)$ 为 $f(x)$ 与 $g(x)$ 的一个最大公因式.通常把首项系数为1的最大公因式记作 $(f(x),g(x))$.

2.互素

设 $f(x),g(x)\in\mathbb{F}[x]$,若 $f(x)$ 与 $g(x)$ 除零次多项式外不再有其他的公因式,则称 $f(x)$ 与 $g(x)$ 互素,记为 $(f(x),g(x))=1$.

3.倍式和定理

设 $d(x)$ 是 $\mathbb{F}[x]$ 的多项式 $f(x)$ 与 $g(x)$ 的最大公因式,则在 $\mathbb{F}[x]$ 中存在多项式 $u(x)$ 与 $v(x)$,使得

$$f(x)u(x)+g(x)v(x)=d(x)$$

4. 整除性质

(1) $g(x) \mid f(x) \Leftrightarrow r(x) = 0$,其中 $r(x)$ 是 $g(x)$ 除 $f(x)$ 所得的余式.

(2) 多项式的整除性不因数域扩大而改变.

5. 互素判别定理

$(f,g) = 1 \Leftrightarrow$ 存在 $u, v \in \mathbb{F}[x]$,使 $fu + gv = 1$.

6. 互素性质

$$(f,g) = 1, (f,h) = 1 \Rightarrow (f,gh) = 1$$
$$h \mid fg, (h,f) = 1 \Rightarrow h \mid g$$
$$g \mid f, h \mid f, (g,h) = 1 \Rightarrow gh \mid f$$

二、例题

【例 1】 设 $f(x), g(x) \in \mathbb{F}[x]$, $a, b, c, d \in \mathbb{F}$,且 $ad - bc \neq 0$. 证明:
$$(af(x) + bg(x), cf(x) + dg(x)) = (f(x), g(x))$$

证明 令 $(f(x), g(x)) = d(x)$,则
$$d(x) \mid af(x) + bg(x)$$
$$d(x) \mid cf(x) + dg(x)$$
即 $d(x)$ 为 $af(x) + bg(x)$ 与 $cf(x) + dg(x)$ 的一个公因式.

令 $h(x)$ 为 $af(x) + bg(x)$ 与 $cf(x) + dg(x)$ 的任一公因式,则
$$af(x) + bg(x) = u(x)h(x)$$
$$cf(x) + dg(x) = v(x)h(x)$$
由此得
$$f(x) = \frac{h(x)}{ad - bc}(du(x) - bv(x))$$
$$g(x) = \frac{h(x)}{ad - bc}(av(x) - cu(x))$$
即 $h(x) \mid f(x)$, $h(x) \mid g(x)$,故 $h(x) \mid d(x)$,所以
$$(af(x) + bg(x), cf(x) + dg(x)) = (f(x), g(x))$$

【例 2】 设 $f(x), g(x) \in \mathbb{F}[x]$,证明
$$(f(x), g(x)) = 1 \Leftrightarrow (f(x) + g(x), f(x)g(x)) = 1$$

证明 必要性 由 $(f(x), g(x)) = 1$ 知,存在 $u(x), v(x) \in \mathbb{F}[x]$,使得
$$f(x)u(x) + g(x)v(x) = 1$$
从而有
$$f(x)u(x) + g(x)u(x) - g(x)u(x) + g(x)v(x) = 1$$

即

$$(f(x)+g(x))u(x)+g(x)(v(x)-u(x))=1$$

故

$$(f(x)+g(x),g(x))=1$$

同理可证

$$(f(x)+g(x),f(x))=1$$

又因$(f(x),g(x))=1$,所以有

$$(f(x)+g(x),f(x)g(x))=1$$

充分性 由$(f(x)+g(x),f(x)g(x))=1$知,存在$u(x),v(x)\in\mathbb{F}[x]$,使得

$$(f(x)+g(x))u(x)+f(x)g(x)v(x)=1$$

由此得

$$f(x)(g(x)v(x)+u(x))+g(x)u(x)=1$$

故$(f(x),g(x))=1$.

【例3】 设$f(x),g(x)\in\mathbb{F}[x]$,证明

$$f^2(x)\mid g^2(x)\Leftrightarrow f(x)\mid g(x)$$

证明 充分性是显然的.下面给出必要性的几种证法.

证法一 设$(f(x),g(x))=d(x)$,则存在$u(x),v(x)\in\mathbb{F}[x]$,使得

$$f(x)u(x)+g(x)v(x)=d(x)$$

从而

$$\frac{f(x)}{d(x)}\cdot u(x)+\frac{g(x)}{d(x)}\cdot v(x)=1$$

对此式两端同乘$g(x)$得

$$f(x)\frac{g(x)}{d(x)}\cdot u(x)+\frac{g^2(x)}{d(x)}\cdot v(x)=g(x)$$

由$f^2(x)\mid g^2(x)$,得$g^2(x)=f^2(x)\cdot h(x)$,将此式代入上式得

$$f(x)(\frac{g(x)}{d(x)}u(x)+\frac{f(x)}{d(x)}h(x)v(x))=g(x)$$

由此即得$f(x)\mid g(x)$.

证法二 设$(f(x),g(x))=d(x)$,则有

$$f(x)=f_1(x)d(x),g(x)=g_1(x)d(x)$$

由此知$(f_1(x),g_1(x))=1$,从而$(f_1^2(x),g_1^2(x))=1$.但由题设$f^2(x)\mid g^2(x)$,有$f_1^2(x)\mid g_1^2(x)$.因此得$f_1(x)=c$,这里c是不为零的常数.于是$d(x)=$

$\frac{1}{c}f(x)$,而 $g(x)=g_1(x)\cdot\frac{1}{c}f(x)$,故 $f(x)\mid g(x)$.

证法三 由 $f^2(x)\mid g^2(x)$,得 $g^2(x)=f^2(x)h(x)$.设 α 为 $f(x)$ 的任一根,由 $f(\alpha)=0$,可得

$$g^2(\alpha)=f^2(\alpha)h(\alpha)=0$$

即 $g(\alpha)=0$.这说明 $f(x)$ 的每一根必为 $g(x)$ 的根.因此在复数域 $\mathbb{C}$ 上有 $f(x)\mid g(x)$.又由多项式的整除性不因数域扩大而改变,故在一般数域上 $\mathbb{F}$ 也有 $f(x)\mid g(x)$.

证法四 设 $f(x),g(x)$ 的典型分解式分别为

$$f(x)=ap_1^{n_1}(x)\cdots p_r^{n_r}(x)$$

$$g(x)=bq_1^{m_1}(x)\cdots q_s^{m_s}(x)$$

其中 $p_i(x),q_j(x)$ 是互异的首项系数为 1 的不可约多项式,$n_i,m_j\geqslant 0(i=1,\cdots,r;j=1,\cdots,s)$,由此知 $p_1(x),\cdots,p_r(x)$ 必为 $q_1(x),\cdots,q_s(x)$ 中的某些个,并且 $r\leqslant s$.不妨令 $p_i(x)=q_i(x),i=1,\cdots,r$,其中必有 $n_i\leqslant m_i,i=1,\cdots,r$,于是

$$f(x)=aq_1^{n_1}(x)\cdots q_r^{n_r}(x)$$

$$g(x)=bq_1^{m_1}(x)\cdots q_r^{m_r}(x)q_{r+1}^{m_{r+1}}(x)\cdots q_s^{m_s}(x)$$

显然 $f(x)\mid g(x)$.

证法五 假若 $f(x)\nmid g(x)$,设 $(f(x),g(x))=d(x)\neq 0$,则有 $\partial^\circ(f(x))>\partial^\circ(d(x))$,并且 $(f^2(x),g^2(x))=d^2(x)$.而由 $f^2(x)\mid g^2(x)$ 得 $f^2(x)\mid d^2(x)$,因此 $\partial^\circ(d^2(x))\geqslant\partial^\circ(f^2(x))$,即 $\partial^\circ(d(x))\geqslant\partial^\circ(f(x))$,产生矛盾.故 $f(x)\mid g(x)$.

证法六 假若 $f(x)\nmid g(x)$,设 $(f(x),g(x))=d(x)\neq 0$,则 $\partial^\circ(f(x))>\partial^\circ(d(x))$.再设 $f(x)=f_1(x)d(x),g(x)=g_1(x)d(x)$,必有 $\partial^\circ(f_1(x))>0$.同时由 $(f_1(x),g_1(x))=1$ 得 $(f_1^2(x),g_1^2(x))=1$.而根据题设 $f^2(x)\mid g^2(x)$,又有 $f_1^2(x)\mid g_1^2(x)$.这说明 $f_1^2(x)$ 为 $f_1^2(x)$ 与 $g_1^2(x)$ 的一个公因式,因此得出 $f_1^2(x)\mid 1$,即 $\partial^\circ(f_1^2(x))=0$,产生矛盾.

【例 4】 设 $f(x),g(x)\in\mathbb{F}[x]$,$\partial^\circ(f(x))\geqslant 0$,$\partial^\circ(g(x))\geqslant 0$,若 $(f(x),g(x))=1$,则存在唯一的满足下列条件的多项式 $u(x),v(x)\in\mathbb{F}[x]$ 使

$$f(x)u(x)+g(x)v(x)=1$$

且
$$\partial^\circ(u(x))<\partial^\circ(g(x)),\partial^\circ(v(x))<\partial^\circ(f(x))$$

证明 由于 $(f(x),g(x))=1$,则存在 $u_1(x),v_1(x)\in\mathbb{F}[x]$,使得

$$f(x)u_1(x)+g(x)v_1(x)=1$$

又由

$$\partial^\circ(f(x)) > 0, \partial^\circ(g(x)) > 0, g(x) \nmid u_1(x), f(x) \nmid v_1(x)$$

及带余除法得

$$u_1(x) = g(x)q_1(x) + r_1(x), \partial^\circ(r_1(x)) < \partial^\circ(g(x))$$
$$v_1(x) = f(x)q_2(x) + r_2(x), \partial^\circ(r_2(x)) < \partial^\circ(f(x))$$

从而得

$$f(x)(g(x)q_1(x) + r_1(x)) + g(x)(f(x)q_2(x) + r_2(x)) = 1$$

即

$$f(x)r_1(x) + g(x)r_2(x) + f(x)g(x)(q_1(x) + q_2(x)) = 1$$

但因

$$\partial^\circ(f(x)g(x)) > \partial^\circ(f(x)r_1(x)), \partial^\circ(f(x)g(x)) > \partial^\circ(g(x)r_2(x))$$

必有 $q_1(x) + q_2(x) = 0$,故有

$$f(x)r_1(x) + g(x)r_2(x) = 1$$

于是令 $u(x) = r_1(x), v(x) = r_2(x)$ 即可.

再证唯一性.假若还有一对满足题设要求的多项式 $u_0(x), v_0(x) \in \mathbb{F}[x]$,则有

$$(u(x) - u_0(x))f(x) = (v_0(x) - v(x))g(x)$$

假若 $v_0(x) \neq v(x)$,则由 $(f(x), g(x)) = 1$ 得

$$f(x) \mid v_0(x) - v(x)$$

但 $\partial^\circ(v_0(x) - v(x)) < \partial^\circ(f(x))$,矛盾.故必有 $v_0(x) = v(x)$,因此 $u(x) = u_0(x)$.

【例 5】 设 $f_1(x), f_2(x), g_1(x), g_2(x)$ 为非零多项式,并且

$$(f_i(x), g_j(x)) = 1, i, j = 1,2$$

则

$$(f_1(x)g_1(x), f_2(x)g_2(x)) = (f_1(x), f_2(x))(g_1(x), g_2(x))$$

证法一 令

$$(f_1(x), f_2(x)) = d_1(x)$$
$$(g_1(x), g_2(x)) = d_2(x)$$
$$(f_1(x)g_1(x), f_2(x)g_2(x)) = d(x)$$

显然 $d_1(x) \mid d(x), d_2(x) \mid d(x)$.因为 $(f_1(x), g_1(x)) = 1$,所以 $(d_1(x), d_2(x)) = 1$,从而 $d_1(x)d_2(x) \mid d(x)$.

又因为 $d(x) \mid f_1(x)g_1(x)$，记 $d(x) = f(x)g(x), f(x) \mid f_1(x), g(x) \mid g_1(x)$.

因为 $(f_1(x), g_2(x)) = 1$，所以 $(f(x), g_2(x)) = 1$. 由 $f(x) \mid f_2(x)g_2(x)$，得 $f(x) \mid f_2(x)$. 又由 $f(x) \mid f_1(x)$ 知 $f(x) \mid d_1(x)$. 同理 $g(x) \mid d_2(x)$. 于是

$$f(x)g(x) \mid d_1(x)d_2(x)$$

由 $d(x), d_1(x), d_2(x)$ 首项系数均为 1，故 $d(x) = d_1(x)d_2(x)$.

证法二 令

$$(f_1(x), f_2(x)) = d_1(x), (g_1(x), g_2(x)) = d_2(x)$$

则

$$d_1(x)d_2(x) \mid f_1(x)g_1(x), d_1(x)d_2(x) \mid f_2(x)g_2(x)$$

由于存在多项式 $u_1(x), v_1(x), u_2(x), v_2(x)$，使得

$$u_1(x)f_1(x) + v_1(x)f_2(x) = d_1(x) \quad ①$$

$$u_2(x)g_1(x) + v_2(x)g_2(x) = d_2(x) \quad ②$$

$$(f_i(x), g_j(x)) = 1, i, j = 1,2$$

所以

$$(f_1(x)f_2(x), g_1(x)g_2(x)) = 1$$

从而存在多项式 $u(x), v(x)$，使得

$$u(x)f_1(x)f_2(x) + v(x)g_1(x)g_2(x) = 1 \quad ③$$

① × ② × ③ 得

$$\begin{aligned}&(u_1(x)u_2(x)u(x)f_1(x)f_2(x) + u_2(x)v_1(x)u(x)f_2^2(x) +\\&u_1(x)u_2(x)v(x)g_1(x)g_2(x) + u_1(x)v_2(x)v(x)g_2^2(x))f_1(x)g_1(x) +\\&(u_1(x)v_2(x)u(x)f_1^2(x) + u(x)v_1(x)v_2(x)f_1(x)f_2(x) +\\&u_2(x)v_1(x)v_2(x)f_1(x)f_2(x) + u_2(x)v_1(x)v(x)g_1^2(x) +\\&v_1(x)v_2(x)v(x)g_1(x)g_2(x))f_2(x)g_2(x) =\\&d_1(x)d_2(x)\end{aligned}$$

又显然

$$d_1(x)d_2(x) \mid f_1(x)g_1(x), d_1(x)d_2(x) \mid f_2(x)g_2(x)$$

故

$$d_1(x)d_2(x) = (f_1(x)g_1(x), f_2(x)g_2(x))$$

【例 6】 设 $f(x), g(x)$ 是数域 $\mathbb{F}$ 上的任意两个多项式. 证明：

(1) $f(x), g(x)$ 有最小公倍式，并且除可能的零次因式的差别外是唯一的.

(2) 若 $f(x),g(x)$ 都是最高次项系数是 1 的多项式,令 $[f(x),g(x)]$ 表示 $f(x)$ 和 $g(x)$ 的最高次项系数是 1 的那个最小公倍式,则

$$f(x)g(x) = (f(x),g(x))[f(x),g(x)]$$

证明 (1) 若 $f(x),g(x)$ 都为零或者其中之一为零时,则零为它们唯一的最小公倍式.

若 $f(x)$ 和 $g(x)$ 都不为零多项式,设 $M(x)\in\mathbb{F}[x]$ 并且为 $f(x)$ 与 $g(x)$ 的公倍式,令

$$M(x) = f(x)t(x) = g(x)s(x), t(x), s(x) \in \mathbb{F}[x]$$

再令

$$(f(x),g(x)) = d(x) \neq 1$$

且

$$f(x) = f_1(x)d(x), g(x) = g_1(x)d(x)$$

则得

$$f_1(x)t(x) = g_1(x)s(x)$$

而 $(f_1(x),g_1(x)) = 1$,于是 $g_1(x) \mid t(x), f_1(x) \mid s(x)$,从而

$$s(x) = f_1(x)q(x) = \frac{f(x)}{(f(x),g(x))}q(x)$$

因此

$$M(x) = g(x)s(x) = \frac{f(x)g(x)}{(f(x),g(x))}q(x)$$

由此可知,$f(x)$ 与 $g(x)$ 的每一个公倍式都是 $\frac{f(x)g(x)}{(f(x),g(x))}$ 的倍式,当 $q(x)$ 取遍 $\mathbb{F}[x]$ 中一切的多项式时,就可得到 $f(x)$ 与 $g(x)$ 的所有公倍式,而当 $q(x)=1$ 时,就可得到 $f(x),g(x)$ 的最小公倍式,即

$$[f(x),g(x)] = \frac{f(x)g(x)}{(f(x),g(x))}$$

下面假设 $m(x)$ 与 $e(x)$ 都为 $f(x)$ 与 $g(x)$ 的最小公倍式,只须证 $e(x) = cm(x)(c\neq 0$ 且 $c\in\mathbb{F})$.

因为 $e(x)$ 是 $f(x)$ 与 $g(x)$ 的最小公倍式,$m(x)$ 也是它们的最小公倍式,具有公倍式的性质,所以 $e(x)\mid m(x), m(x)\mid e(x)$,因而 $e(x) = cm(x)$,这里 c 是 $\mathbb{F}$ 中一个非零常数,即得 $\mathbb{F}[x]$ 中任意两个多项式除可能的零次因式差别外是唯一的.

(2) 因为 $f(x),g(x)$ 都是首项系数为 1 的多项式,故由 (1) 的证明过程即得

$$f(x)g(x) = (f(x),g(x))[f(x),g(x)]$$

【例 7】 设 $f_1(x),f_2(x),\cdots,f_n(x) \in \mathbb{F}[x]$. 证明:

(1) $(f_1(x),f_2(x),\cdots,f_n(x)) = ((f_1(x),\cdots,f_k(x)),(f_{k+1}(x),\cdots,f_n(x)))$, $1 \leqslant k \leqslant n-1$.

(2) $f_1(x),f_2(x),\cdots,f_n(x)$ 互素的充分必要条件是存在多项式 $u_1(x)$, $u_2(x),\cdots,u_n(x) \in \mathbb{F}[x]$,使得

$$f_1(x)u_1(x) + f_2(x)u_2(x) + \cdots + f_n(x)u_n(x) = 1$$

证明 (1) 设

$$d(x) = (f_1(x),f_2(x),\cdots,f_n(x))$$
$$d_1(x) = (f_1(x),f_2(x),\cdots,f_k(x))$$
$$d_2(x) = (f_{k+1}(x),f_{k+2}(x),\cdots,f_n(x))$$
$$d'(x) = (d_1(x),d_2(x))$$

由 $d(x) \mid f_i(x), i = 1,2,\cdots,n$ 得 $d(x) \mid d_1(x), d(x) \mid d_2(x)$, 从而 $d(x) \mid d'(x)$. 又 $d'(x) \mid d_1(x), d'(x) \mid d_2(x)$,而

$$d_1(x) \mid f_i(x), i = 1,2,\cdots,k$$
$$d_2(x) \mid f_j(x), j = k+1,k+2,\cdots,n$$

所以

$$d'(x) \mid f_i(x), i = 1,2,\cdots,k$$
$$d'(x) \mid f_j(x), j = k+1,k+2,\cdots,n$$

从而 $d'(x) \mid d(x)$. 又 $d(x)$ 和 $d'(x)$ 的首项系数均为1,所以 $d(x) = d'(x)$,即

$$(f_1(x),f_2(x),\cdots,f_n(x)) =$$
$$((f_1(x),\cdots,f_k(x)),(f_{k+1}(x),\cdots,f_n(x))), 1 \leqslant k \leqslant n-1$$

(2) 用数学归纳法.

当 $n = 2$ 时,命题显然成立.

假设 $n = k$ 时,命题成立,从而 $(f_1(x),f_2(x),\cdots,f_k(x)) = d(x)$ 的充分必要条件是存在多项式 $\bar{u}_1(x),\bar{u}_2(x),\cdots,\bar{u}_k(x) \in \mathbb{F}[x]$ 使得

$$\bar{u}_1(x)f_1(x) + \bar{u}_2(x)f_2(x) + \cdots + \bar{u}_k(x)f_k(x) = d(x)$$

下证当 $n = k+1$ 时命题也成立.

若 $f_1(x),f_2(x),\cdots,f_{k+1}(x)$ 互素,则

$$(f_1(x),f_2(x),\cdots,f_k(x),f_{k+1}(x)) = 1$$

由(1) 知

$$((f_1(x),f_2(x),\cdots,f_k(x)),f_{k+1}(x)) = 1$$

令

$$(f_1(x),f_2(x),\cdots,f_k(x)) = d(x)$$

上式成立的充分必要条件是存在多项式 $u(x),v(x) \in \mathbb{F}[x]$,使得

$$u(x)d(x) + v(x)f_{k+1}(x) = 1$$

由归纳假设知

$$(f_1(x),f_2(x),\cdots,f_k(x)) = d(x)$$

的充分必要条件是存在多项式 $\bar{u}_1(x),\bar{u}_2(x),\cdots,\bar{u}_k(x) \in \mathbb{F}[x]$ 使得

$$\bar{u}_1(x)f_1(x) + \bar{u}_2(x)f_2(x) + \cdots + \bar{u}_k(x)f_k(x) = d(x)$$

从而

$$u(x)\bar{u}_1(x)f_1(x) + u(x)\bar{u}_2(x)f_2(x) + \cdots + u(x)\bar{u}_k(x)f_k(x) + v(x)f_{k+1}(x) = 1$$

令

$$u_i(x) = u(x)\bar{u}_i(x), i = 1,2,\cdots,k, u_{k+1}(x) = v(x)$$

则得 $(f_1(x),f_2(x),\cdots,f_{k+1}(x)) = 1$ 的充分必要条件是存在多项式 $u_1(x)$, $u_2(x),\cdots,u_{k+1}(x) \in \mathbb{F}[x]$,使得

$$u_1(x)f_1(x) + u_2(x)f_2(x) + \cdots + u_{k+1}(x)f_{k+1}(x) = 1$$

故命题对一切大于 1 的自然数成立.

1.3　多项式的因式分解、重因式与重根

一、相关知识

1. 不可约多项式

设 $p(x)$ 是数域 $\mathbb{F}$ 上次数大于等于 1 的多项式,如果它不能表示为数域 $\mathbb{F}$ 上两个次数低于 $\partial^\circ(p(x))$ 的多项式之积,则称 $p(x)$ 为 $\mathbb{F}$ 上的不可约多项式.

2. 不可约多项式的性质

(1) $f(x) \in \mathbb{Z}[x]$,则 $f(x)$ 在 $\mathbb{Q}$ 上可约 $\Leftrightarrow f(x)$ 在 $\mathbb{Z}$ 上可约.

(2) 若 $p(x) \in \mathbb{F}[x]$ 在 $\mathbb{F}$ 上不可约,$f(x) \in \mathbb{F}[x]$,则或者 $(f(x),p(x)) = 1$ 或者 $p(x) \mid f(x)$.

(3) 设 $p(x)$ 为不可约多项式,并且 $p(x) \mid f(x)g(x)$,则 $p(x) \mid f(x)$ 或 $p(x) \mid g(x)$.

3. 不可约多项式判别定理

$f(x)$ 在$\mathbb{F}[x]$中任一分解式 $f(x)=g(x)h(x)$ 中的因式 $g(x)$ 与 $h(x)$ 总有一个是零次的 $\Leftrightarrow f(x)$ 在$\mathbb{F}$上不可约.

4. 艾森斯坦因(Eisenstein)判别法

设

$$f(x)=a_nx^n+a_{n-1}x^{n-1}+\cdots+a_0$$

是一个整数系数多项式,如果有一个素数 p,满足条件:p 整除 $a_{n-1},\cdots,a_0$,p 不整除 a_n,p^2 不整除 a_0,那么 $f(x)$ 是有理数域上的不可约多项式.

5. 多项式唯一因式分解定理

$\mathbb{F}[x]$的每一个 $n(n>0)$ 次多项式 $f(x)$ 都可以分解成$\mathbb{F}[x]$的不可约多项式的乘积.若不计零次因式的差别,多项式 $f(x)$ 分解成不可约因式乘积的分解式是唯一的.一般地称下式为多项式 $f(x)$ 的典型分解式,即

$$f(x)=ap_1^{k_1}(x)p_2^{k_2}(x)\cdots p_r^{k_r}(x)$$

其中 $p_i(x)(i=1,2,\cdots,r)$ 为 $f(x)$ 的所有互不相同的首项系数为1的不可约因式.

6. 重因式

设 $p(x)$ 是$\mathbb{F}$上的不可约多项式,并且 $p^k(x)\mid f(x)$,但 $p^{k+1}(x)\nmid f(x)$,则称 $p(x)$ 是 $f(x)$ 的 k 重因式.特别地,当 $k=1$ 时,称 $p(x)$ 是 $f(x)$ 的单因式;当 $k>1$ 时,称 $p(x)$ 是 $f(x)$ 的重因式.

7. 重根

$c\in\mathbb{F}$,$f(x)\in\mathbb{F}[x]$,若 $(x-c)^k\mid f(x)$,但 $(x-c)^{k+1}\nmid f(x)$,则称 c 是 $f(x)$ 的 k 重根.

8. 导数

设 $f(x)=a_0+a_1x+\cdots+a_nx^n\in\mathbb{F}[x]$,$f(x)$ 的导数(或一阶导数)指的是$\mathbb{F}[x]$的多项式

$$f'(x)=a_1+2a_2x+\cdots+na_nx^{n-1}$$

9. 定理 1

$f(x)$ 没有重因式 $\Leftrightarrow (f(x),f'(x))=1$.

10. 定理 2

$p(x)$ 是 $f(x)$ 的 $k(k\geqslant 1)$ 重因式,则 $p(x)$ 是 $f'(x)$ 的 $k-1$ 重因式.反之,若 $p(x)$ 是 $f'(x)$ 的 $k-1$ 重因式,且 $p(x)\mid f(x)$,则 $p(x)$ 是 $f(x)$ 的 k 重因式.

11. 推论 1

$f(x)$ 无重因式不因数域的扩大而改变. $\frac{f(x)}{(f(x),f'(x))}$ 与 $f(x)$ 有相同不可约因式且没有重因式,即若 $f(x)$ 的典型分解为 $ap_1^{k_1}(x)\cdots p_s^{k_s}(x)$,则

$$\frac{f(x)}{(f(x),f'(x))}=ap_1(x)\cdots p_s(x)$$

12. 定理 3(代数基本定理)

任何 $n(n>0)$ 次多项式在复数域中至少有一个根.

13. 推论 2

(1) 复数域上的不可约多项式的次数是 1.

(2) 实数域上的不可约多项式次数是 1 或 2.

(3) 有理数域上有任意次数的不可约多项式.

二、例题

【例 1】 设 $f(x)\in\mathbb{F}[x]$, $\partial^{\circ}(f(x))\geqslant 0$, $p(x)$ 为 $\mathbb{F}$ 上不可约多项式,证明:$f(x)=p^k(x)\Leftrightarrow\forall\, g(x)\in\mathbb{F}[x]$ 满足或者 $(f(x),g(x))=1$ 或者对某正整数 m,有 $f(x)\mid g^m(x)$.

证明 必要性 $\forall\, g(x)\in\mathbb{F}[x]$,由 $p(x)$ 不可约,则或 $(p(x),g(x))=1$ 或 $p(x)\mid g(x)$.

当 $(p(x),g(x))=1$ 时, $(p^k(x),g(x))=1$,即 $(f(x),g(x))=1$.

当 $p(x)\mid g(x)$ 时, $p^k(x)\mid g^k(x)$,即 $f(x)\mid g^k(x)$,于是令 $m=k$ 即可.

充分性 假设 $f(x)$ 不是某一不可约多项式的方幂,则令

$$f(x)=ap_1^{k_1}(x)p_2^{k_2}(x)\cdots p_t^{k_t}(x)$$

其中 $t\geqslant 2$, $p_i(x)$ 为 $\mathbb{F}[x]$ 中不可约多项式, $i=1,2,\cdots,t$.

取 $g(x)=p_1(x)$,则由题设 $f(x)$ 与 $g(x)$ 有两种可能,或 $(f(x),g(x))=1$,或 $f(x)\mid g^m(x)$. 但这两种情形显然不存在,因此 $f(x)$ 必为某一不可约多项式 $p(x)$ 的方幂.

【例 2】 试证:有理系数多项式 $f(x)$ 在有理数域 $\mathbb{Q}$ 上不可约的充分必要条件是对任意有理数 $a\neq 0$ 和 b,多项式 $g(x)=f(ax+b)$ 在有理数域 $\mathbb{Q}$ 上不可约.

证明 必要性 已知 $f(x)$ 不可约. 假设 $g(x)$ 在有理数域 $\mathbb{Q}$ 上可约,即有

$$g(x)=f(ax+b)=g_1(x)g_2(x)$$

其中 $g_1(x)$, $g_2(x)$ 是有理系数多项式,并且它们的次数小于 $g(x)$ 的次数. 在上式中用 $\frac{1}{a}x-\frac{b}{a}$ 代替 x 所得各多项式仍为有理系数多项式,次数不变,并且有

$$f(x) = g_1(\frac{1}{a}x - \frac{b}{a})g_2(\frac{1}{a}x - \frac{b}{a})$$

因此 $f(x)$ 在有理数域$\mathbb{Q}$上可约,产生矛盾.故 $g(x)$ 在有理数域$\mathbb{Q}$上不可约.

充分性　已知 $g(x)$ 不可约.假设 $f(x)$ 可约,令

$$f(x) = f_1(x)f_2(x)$$

其中 $f_1(x),f_2(x)$ 为有理数域$\mathbb{Q}$上次数小于 $f(x)$ 的次数的多项式.由此得

$$g(x) = f(ax + b) = f_1(ax + b)f_2(ax + b)$$

与 $g(x)$ 不可约矛盾,故 $f(x)$ 在有理数域$\mathbb{Q}$上不可约.

【例 3】　设 $f(x) = (x - a_1)^2(x - a_2)^2\cdots(x - a_n)^2 + 1 \in \mathbb{Z}[x]$,其中 $a_1, a_2,\cdots,a_n$ 是两两不同的整数.证明:$f(x)$ 在有理数域$\mathbb{Q}$上不可约.

证明　假设 $f(x)$ 在有理数域$\mathbb{Q}$上可约,则 $f(x)$ 可以分解成两个次数小于 $2n$ 的整系数多项式之积,即

$$f(x) = f_1(x)f_2(x)$$

其中 $f_1(x),f_2(x)$ 是整系数多项式,并且 $\partial^\circ(f_1(x)) < 2n,\partial^\circ(f_2(x)) < 2n$.因此可得 $f_1(a_i),f_2(a_i)$ 都是整数,$i = 1,2,\cdots,n$,并且

$$f(a_i) = f_1(a_i)f_2(a_i) = 1, i = 1,2,\cdots,n$$

此时有 $f_1(a_i) = 1,f_2(a_i) = 1$ 或 $f_1(a_i) = -1,f_2(a_i) = -1, i = 1,2,\cdots,n$.

而对每个实数 $a \in \mathbb{R}$ 来说,$f(a)$ 总为正数,即 $f(x)$ 无实根,因而 $f_1(x)$ 和 $f_2(x)$ 都没有实根.如果 $f_1(a_i) = 1$,而某个 $f_1(a_j) = -1, i \neq j$,则由多项式函数的连续性知,$f_1(x)$ 必有实根,产生矛盾.所以 $f_1(a_1),f_1(a_2),\cdots,f_1(a_n)$ 只能同时为 1 或同时为 -1.同样地,$f_2(a_1),f_2(a_2),\cdots,f_2(a_n)$ 也只能同时为 1 或同时为 -1.而对 $i = 1,2,\cdots,n,f_1(a_i)$ 与 $f_2(a_i)$ 应同为 1 或同为 -1,由此可知 $f_1(x) - 1$ 与 $f_2(x) - 1$(或者 $f_1(x) + 1$ 与 $f_2(x) + 1$)至少各有 n 个根,但它们次数之和等于 $f(x)$ 的次数 $2n$,因而 $f_1(x) - 1$ 与 $f_2(x) - 1$(或者 $f_1(x) + 1$ 与 $f_2(x) + 1$)都是 n 次多项式.设

$$f_1(x) - 1 = c(x - a_1)(x - a_2)\cdots(x - a_n)$$
$$f_2(x) - 1 = d(x - a_1)(x - a_2)\cdots(x - a_n)$$

或者

$$f_1(x) + 1 = c(x - a_1)(x - a_2)\cdots(x - a_n)$$
$$f_2(x) + 1 = d(x - a_1)(x - a_2)\cdots(x - a_n)$$

这里 c,d 是整数,则

$$f(x) = f_1(x)f_2(x) = cd(x - a_1)^2(x - a_2)^2\cdots(x - a_n)^2 +$$

$$(c+d)(x-a_1)(x-a_2)\cdots(x-a_n)+1$$

或者

$$f(x)=f_1(x)f_2(x)=cd(x-a_1)^2(x-a_2)^2\cdots(x-a_n)^2-$$
$$(c+d)(x-a_1)(x-a_2)\cdots(x-a_n)+1$$

比较系数得 $cd=1,c+d=0$,由 $cd=1$ 知,c,d 同号,与 $c+d=0$ 矛盾.故 $f(x)$ 在有理数域$\mathbb{Q}$上不可约.

【例4】 设 α 为一复数,且是$\mathbb{Q}[x]$中某非零多项式的根,令 $J=\{f(x)\in\mathbb{Q}[x]\mid f(\alpha)=0\}$,则

(1) 在 J 中存在唯一的最高次项系数为1的多项式 $p(x)$ 使

$$p(x)\mid f(x),\quad \forall f(x)\in J$$

(2) 在(1) 中的 $p(x)$ 在$\mathbb{Q}$上不可约.

(3) 若 $\alpha=\sqrt{2}+\sqrt{3}$,求 $p(x)$.

证明 (1) 由于 $J\neq\varnothing$,所以 J 中必有次数最低并且最高次项系数为1的多项式,令这样的多项式为 $p(x)$,则 $p(\alpha)=0$.

$\forall f(x)\in\mathbb{F}[x]$,由带余除法得

$$f(x)=p(x)q(x)+r(x)$$

其中 $r(x)=0$ 或 $\partial^\circ(r(x))<\partial^\circ(p(x))$.

假若 $r(x)\neq0$,则由

$$r(\alpha)=f(\alpha)-p(\alpha)q(\alpha)=0$$

知,$r(x)\in J$,与 $p(x)$ 在 J 中次数最低相矛盾.故 $r(x)=0$,即 $p(x)\mid f(x)$.

下证唯一性,假若还有 $p_1(x)$ 也满足要求,则 $p_1(x)\mid p(x)$,同时 $p(x)\mid p_1(x)$.因二者皆为首项系数为1的多项式,故必有 $p_1(x)=p(x)$.

(2) 假若 $p(x)$ 可约,即 $p(x)=p_1(x)p_2(x)$,并且 $\partial^\circ(p_i(x))<\partial^\circ(p(x))$,$i=1,2$,则由 $p(\alpha)=0$ 得 $p_1(\alpha)=0$ 或 $p_2(\alpha)=0$,这都与 $p(x)$ 的次数最低矛盾,故 $p(x)$ 为不可约的.

(3) 若 $\alpha=\sqrt{2}+\sqrt{3}$,则

$$p(x)=(x-(\sqrt{2}+\sqrt{3}))(x-(\sqrt{2}-\sqrt{3}))(x-(-\sqrt{2}+\sqrt{3}))(x-(-\sqrt{2}-\sqrt{3}))=$$
$$x^4-10x^2+1$$

【例5】 若复系数非零多项式 $f(x)$ 没有重因式,则 $(f(x)+f'(x),f(x))=1$.

证明 由 $f(x)$ 无重因式得 $(f(x),f'(x))=1$.任取 $f(x)+f'(x)$ 与 $f(x)$ 的公因式 $t(x)$,则 $t(x)\mid(f(x)+f'(x))$ 且 $t(x)\mid f(x)$,所以

$$t(x)\mid[(f(x)+f'(x))-f(x)]$$

即 $t(x)\mid f'(x)$. 从而我们有 $t(x)$ 是多项式 $f(x)$ 与$f'(x)$ 的公因式，因而 $t(x)=1$,故$(f(x)+f'(x),f(x))=1$.

【例 6】 当正整数 n 取何值时,$f(x)=(x+1)^n-x^n-1$ 有重因式.

解 $f'(x)=n(x+1)^{n-1}-nx^{n-1}$. 由 $f(x)$ 有重因式知,$f(x)$ 与$f'(x)$ 有公共根 α,于是

$$f(\alpha)=(\alpha+1)^n-\alpha^n-1=0$$
$$f'(\alpha)=n(\alpha+1)^{n-1}-n\alpha^{n-1}=0$$

即

$$(\alpha+1)^n=\alpha^n+1,(\alpha+1)^{n-1}=\alpha^{n-1}$$

从而

$$\alpha^n+1=(\alpha+1)^n=(\alpha+1)(\alpha+1)^{n-1}=(\alpha+1)\alpha^{n-1}$$

于是得到 $\alpha^{n-1}=1,(\alpha+1)^{n-1}=1$. 因此 α 与$\alpha+1$ 都是 $n-1$ 次单位根. 令 $\alpha=a+bi$,则 $\alpha+1=(a+1)+bi$. 由 $|\alpha|=|\alpha+1|=1$ 得

$$a^2+b^2=(a+1)^2+b^2=1$$

所以

$$a=-\frac{1}{2},b=\pm\frac{\sqrt{3}}{2}$$

即 α 是 3 次单位根,故 $3\mid(n-1)$.

【例 7】 数域$\mathbb{F}$上一个 n 次多项式$f(x)$ 能被其导数$f'(x)$ 整除的充分必要条件是$f(x)$ 具有形式:$f(x)=a(x-b)^n,a,b\in\mathbb{F}$.

证明 充分性显然. 因为

$$f'(x)=na(x-b)^{n-1}$$

故$f'(x)\mid f(x)$.

下面给出几种命题必要性的证法.

证法一 典型分解式法. 设

$$f(x)=ap_1^{k_1}(x)\cdots p_s^{k_s}(x)$$
$$f'(x)=p_1^{k_1-1}(x)\cdots p_s^{k_s-1}(x)\varphi(x)$$

并且

$$(p_i(x),\varphi(x))=1,i=1,2,\cdots,s$$

由$f'(x)\mid f(x)$ 知

$$\varphi(x)\mid p_1(x)\cdots p_s(x)$$

因此有 $\varphi(x)=c$.

设$\partial^\circ(p_i(x))=n_i,i=1,2,\cdots,s$,则有

$$n_1k_1 + n_2k_2 + \cdots + n_sk_s = n = \partial^{\circ}(f(x))$$

$$n_1(k_1 - 1) + n_2(k_2 - 1) + \cdots + n_s(k_s - 1) = \partial^{\circ}(f'(x))$$

因为 $\partial^{\circ}(f(x)) = \partial^{\circ}(f'(x)) + 1$,所以

$$n_1 + n_2 + \cdots + n_s = 1$$

从而 $s = 1, n_1 = 1$,于是 $f(x) = a(x - b)^n$.

证法二 重因式法.由$f'(x) \mid f(x)$,令

$$nf(x) = (x - b)f'(x)$$

对此式求导有

$$(n - 1)f'(x) = (x - b)f''(x)$$

依此逐次求导,整理可得

$$(n - 2)f''(x) = (x - b)f'''(x)$$

$$\cdots$$

$$f^{(n-1)}(x) = (x - b)f^{(n)}(x)$$

其中 $f^{(n)}(x) = a_0$ 为 $f(x)$ 的首项系数.由上式逐个代入整理得

$$f(x) = \frac{a_0}{n!}(x - b)^n$$

于是令 $a = \frac{a_0}{n!}$,即有 $f(x) = a(x - b)^n$.

证法三 重根法.设 α 为$f(x)$ 的 r 重根,则

$$f(x) = (x - \alpha)^r g(x)$$

其中 $g(\alpha) \neq 0$.于是

$$f'(x) = (x - \alpha)^{r-1}[rg(x) + (x - \alpha)g'(x)]$$

其中 $x - \alpha \nmid rg(x) + (x - \alpha)g'(x)$.由$f'(x) \mid f(x)$ 得

$$rg(x) + (x - \alpha)g'(x) \mid g(x)$$

从而 $g(x) \mid g'(x)$.于是$\partial^{\circ}(g(x)) = 0$,即 $n = r, g(x) = a, f(x) = a(x - \alpha)^n$.

证法四 数学归纳法.

当$\partial^{\circ}(f(x)) = 1$时,命题显然成立.下面假设命题对$\partial^{\circ}(f(x)) = n - 1$的多项式 $f(x)$ 成立,令 $f(x)$ 是 $n(n \geqslant 2)$ 次多项式.

由$f'(x) \mid f(x)$,得

$$f(x) = c(x - d)f'(x)$$

$$f'(x) = cf'(x) + c(x - d)f''(x)$$

从而

$$(1 - c)f'(x) = c(x - d)f''(x)$$

于是$f''(x) \mid f'(x)$.因为$\partial^\circ(f'(x)) = n-1$,所以由归纳假设知

$$f'(x) = c_1(x-b)^{n-1}$$

因而

$$f(x) = cc_1(x-d)(x-b)^{n-1}$$

对它求导得

$$f'(x) = cc_1(x-b)^{n-2}[(x-b)+(n-1)(x-d)]$$

将此式与$f'(x) = c_1(x-b)^{n-1}$比较即得$b = d$.令$a = cc_1$,则$f(x) = a(x-b)^n$.

证法五 利用推论1,由题设$f'(x) \mid f(x)$知,存在$g(x) \in \mathbb{F}[x]$,使得$f(x) = f'(x)g(x)$,并且$\partial^\circ(g(x)) = 1$.于是令$g(x) = a_1(x-b)$,又由$f'(x) \mid f(x)$知,$f'(x)$是$f(x)$与$f'(x)$的一个最大公因式,由推论1知,$g(x) = \dfrac{f(x)}{(f(x),f'(x))}$与$f(x)$有完全相同的不可约因式,故$f(x) = a(x-b)^n$.

【例8】 数域$\mathbb{F}$上任意一个不可约多项式在复数域内无重根.

证明 设$f(x)$为数域$\mathbb{F}$上不可约多项式,$f'(x)$为$f(x)$的导数,则有$(f(x),f'(x)) = 1$.

因最大公因式不因数域扩大而改变,所以在复数域$\mathbb{C}$内$f(x)$与$f'(x)$也互素,即$(f(x),f'(x)) = 1$,故$f(x)$在复数域$\mathbb{C}$内也无重因式,即$f(x)$在$\mathbb{C}$内无重根.

练习题

1.设$f(x)$是$\mathbb{F}$上的非零系数多项式,并且$f(f(x)) = f^n(x)$,n为某正整数.证明:

(1)若$\partial^\circ(f(x)) = 0$,则$f(x) = w$,w为$n-1$次单位根.

(2)若$\partial^\circ(f(x)) > 0$,则$\partial^\circ(f(x)) = n$,并求$f(x)$.

2.若$f(x),g(x) \in \mathbb{F}[x]$,则$f(x)g(x) = 0$当且仅当$f(x)$与$g(x)$中至少有一个是零多项式.

3.试证:对任意非负整数n,有

$$x^2+x+1 \mid x^{n+2}+(x+1)^{2n+1}$$

4.设$f(x) = g_0(x)+g_1(x)x^k+g_2(x)x^{2k}+\cdots+g_t(x)x^{tk}$,其中$g_i(x) = 0$或$\partial^\circ(g_i(x)) < k$,$i = 1,2,\cdots,t$.证明:$f(x)$除以$x^k - a^k$的余式是

$$r(x) = g_0(x) + g_1(x)a^k + g_2(x)a^{2k} + \cdots + g_t(x)a^{tk}$$

5. 设 $f(x) = \sum_{i=0}^{n-1} x^i, g(x) = (f(x) + x^n)^2 - x^n$,证明:$f(x) \mid g(x)$.

6. 设 $f(f(f(x))) = 8x + 7$,则 $f(x) = 2x + 1$.

7. 试求所有适合 $f(f(x)) = (f(x))^n$ 的非零复系数多项式 $f(x)$,n 为某正整数.

8. 设 $f(x) \in \mathbb{R}[x]$,且满足条件

(1)$f(0) = 0$.

(2)$\forall x \in \mathbb{R}, f(x^2 + 1) = f^2(x) + 1$.

求 $f(x)$.

9. 设 k,n 为自然数,$a \in \mathbb{F}, f(x) \in \mathbb{F}[x]$,若 $(x - a)^k \mid f(x^n)$,则 $(x^n - a^n)^k \mid f(x^n)$.

10. 设 $f(x),g(x)$ 都是 $\mathbb{F}[x]$ 中的非零多项式,并且 $g(x) = s^m(x)g_1(x)$,这里 $m \geqslant 1$. 若 $(s(x),g_1(x)) = 1$ 并且 $s(x) \mid f(x)$,则不存在满足 $r(x) \neq 0$,$\partial^\circ(r(x)) < \partial^\circ(s(x))$ 的多项式 $r(x) \in \mathbb{F}[x]$ 及多项式 $f_1(x) \in \mathbb{F}[x]$ 使得

$$\frac{f(x)}{g(x)} = \frac{r(x)}{s^m(x)} + \frac{f_1(x)}{s^{m-1}(x)g_1(x)}$$

11. 设 $f(x),g(x) \in \mathbb{F}[x]$, $(f(x),g(x)) = 1$, m 和 n 为正整数. 证明:$(f^m(x),g^n(x)) = 1$.

12. 证明:$(f(x),g(x)) = (f(x) \pm g(x)u(x),g(x))$,其中 $u(x)$ 为任意多项式.

13. 试证:$(f(x),g(x)h(x)) = 1$ 的充分必要条件是

$$(f(x),g(x)) = 1,(f(x),h(x)) = 1$$

14. 设 $f(x) = (x - a_1)(x - a_2)\cdots(x - a_n) - 1 \in \mathbb{Z}[x]$,其中 $a_1,a_2,\cdots,a_n$ 是两两不同的整数. 证明:$f(x)$ 在有理数域 $\mathbb{Q}$ 上不可约.

15. 设 $f(x)$ 为有理数域 $\mathbb{Q}$ 上 $n(n \geqslant 2)$ 次不可约多项式. 若 $f(x)$ 的一个根的倒数也是 $f(x)$ 的根,则 $f(x)$ 的每一根的倒数都是 $f(x)$ 的根.

16. 设 $f(x) = \sum_{i=0}^{n} a_i x^{n-i} \in \mathbb{Z}[x]$. 若存在素数 p 使得 $p \nmid a_0, p \mid a_i, i = k + 1,\cdots,n$,并且 $p \nmid a_n$,则在有理数域 $\mathbb{Q}$ 上存在次数大于等于 $n - k$ 的不可约因式.

17. 证明:c 是 $f(x)$ 的 $k(k > 1)$ 重根当且仅当 $f(c) = f'(c) = \cdots = f^{(k-1)}(c) = 0$,但 $f^{(k)}(c) \neq 0$.

18. 设 $f_i(x) \in \mathbb{F}[x], i = 0,1,\cdots,n - 1$. 若

$$x^n - a \mid \sum_{i=0}^{n-1} x^i f_i(x^n)$$

则

$$x - a \mid f_i(x), i = 0,1,\cdots,n-1$$

19. 设 $m \in \mathbb{Z}^+$ ，$f(x) = \sum_{i=0}^{m-1} x^i$，且

$$f(x) \mid f(x^m) + c$$

其中 c 为常数，试求 c.

20. 设多项式

$$f(x) = a_0 + a_1 x + \cdots + a_n x^n$$

的系数 $a_0, a_1, \cdots, a_n$ 只取 ± 1，且根全为实数. 试求具有上述性质的全体多项式.

21. 求满足

$$f(x^2) = f(x) f(x+1)$$

的一切复系数多项式 $f(x)$.

22. 设实系数多项式 $f(x)$ 的首项系数 $a_0 > 0$，且无实根. 证明：存在实系数多项式 $g(x)$ 与 $h(x)$ 使得

$$f(x) = g^2(x) + h^2(x)$$

23. 求使得 $f(x) = x^3 - 3x^2 + tx - 1$ 有重根的 t 的值.

24. 求多项式 $f(x) = x^3 + px + q$ 有重根的条件.

25. 证明：多项式

$$f(x) = 1 + x + \frac{x^2}{2!} + \cdots + \frac{x^n}{n!}$$

不能有重根.

26. 如果 a 是 $f'''(x)$ 的一个 k 重根，那么 a 是

$$g(x) = \frac{x-a}{2}(f'(x) + f'(a)) - f(x) + f(a)$$

的一个 $k+3$ 重根.

27. 试证：对任意一多项式 $f(x)$，必存在一个多项式 $g(x)$ 使得

$$f(x) - (1-x)(2-x)g(x) + (f(1) - f(2))x - 2f(1) = 0$$

28. 判断下列多项式在有理数域上是否可约：

(1) $f(x) = x^4 - 3x^2 + 12x + 6$.

(2) $f(x) = 1 + x + \frac{x^2}{2!} + \cdots + \frac{x^p}{p!}$，$p$ 为素数.

(3) $f(x) = x^6 + x^3 + 1$.

(4) $f(x) = x^4 - 10x^2 + 1$.

(5) $f(x) = x^p + p + 1$, p 为素数.

(6) $f(x) = 1 + x + \cdots + x^{p-2} + x^{p-1}$, p 为素数.

29. 证明：当 p 为素数时

$$f(x) = 1 + 2x + \cdots + (p-1)x^{p-2}$$

在有理数域$\mathbb{Q}$上不可约.

30. 设 $f(x), g(x) \in \mathbb{F}[x]$，且 $\partial^\circ(f(x)) = m, \partial^\circ(g(x)) = n$，证明：$(f(x), g(x)) \neq 1$ 当且仅当 $f(x)$ 与 $g(x)$ 有低于 $m+n$ 次的公倍式.

31. 设 $\lambda_1, \lambda_2, \cdots, \lambda_m$ 为 m 个在有理数域$\mathbb{Q}$上线性无关的复数，$f_1(x), f_2(x), \cdots, f_m(x), g(x) \in \mathbb{Q}[x]$，且 $g(x)$ 在$\mathbb{Q}$上不可约. 若对 $g(x)$ 的每一根 α，等式

$$\sum_{i=1}^{m} \lambda_i f_i(\alpha) = 0$$

成立，则 $g(x) \mid f_i(x), i = 1,2,\cdots,m$.

32. 设整系数多项式

$$f(x) = a_{2n+1}x^{2n+1} + \cdots + a_{n+1}x^{n+1} + a_n x^n + \cdots + a_1 x + a_0$$

存在素数 p 使得

$$p \nmid a_{2n+1}, p \mid a_{2n}, p \mid a_{2n-1}, \cdots, p \mid a_{n+1}$$

而

$$p^2 \mid a_n, p^2 \mid a_{n-1}, \cdots, p \mid a_0$$

但 $p^3 \nmid a_0$. 证明：$f(x)$ 在有理数域$\mathbb{Q}$上不可约.

33. 设 $g(x)$ 为数域$\mathbb{F}$上的非零多项式，$g(x)$ 有复根 $\alpha \neq 0$，而 m 为任意正整数. 证明：

(1) 存在数域$\mathbb{F}$上的不可约多项式 $p(x)$ 使得 $p(\alpha) = 0$.

(2) 存在数域$\mathbb{F}$上的多项式 $f(x)$ 使得 $x^m \mid f(x)$，且 $f(\alpha) = 1$.

34. 设$\mathbb{F}$为一数域，证明：

(1) 若 $p_1(x), p_2(x), \cdots, p_r(x)$ 为$\mathbb{F}$上 r 个两两不同的不可约的首项系数为1的多项式，则

$$f(x) = p_1(x)p_2(x)\cdots p_r(x)$$

在复数域$\mathbb{C}$上无重根.

(2) 若 α 是个复数，但 $\alpha \in \mathbb{F}$，则对任何正整数 n，$(x-\alpha)^n$ 都不是$\mathbb{F}$上的多项式.

35. 设 p 为素数

$$f(x) = \sum_{j=1}^{p-1} x^j, g(x) = 1 + \sum_{j=1}^{p-1} x^{C_p^j + j}$$

试证:$f(x) \mid g(x)$,其中 C_p^j 表示从 p 个中取 j 个的组合数.

36. 设 $f(x)$ 为复数域$\mathbb{C}$上的 n 次多项式,且 $f(0) = 0$. 令 $g(x) = xf(x)$. 证明:若 $f(x)$ 的导数$f'(x)$ 能整除 $g(x)$ 的导数 $g'(x)$,则 $g(x)$ 有 $n+1$ 重零根.

37. 设 $f(x), g(x) \in \mathbb{R}[x]$,若存在 $h(x) \in \mathbb{R}[x]$ 使得

$$(x+m)f(x) + (x+n)g(x) = (x^2+k)h(x)$$
$$(x-m)f(x) + (x-n)g(x) = (x^2+k)h(x)$$

其中 $m, n, k \in \mathbb{R}$,且 $k \neq 0$, m, n 不全为零,则有

$$x^2 + k \mid f(x), x^2 + k \mid g(x)$$

38. 求证:次数大于零的有理系数多项式都可表示为两个有理数域上不可约多项式的和.

第 2 章 行列式

2.1 行列式的定义

1.行列式定义

n 阶行列式指的是

$$\begin{vmatrix} a_{11} & a_{12} & \cdots & a_{1n} \\ a_{21} & a_{22} & \cdots & a_{2n} \\ \vdots & \vdots & \ddots & \vdots \\ a_{n1} & a_{n2} & \cdots & a_{nn} \end{vmatrix}$$

等于 $n!$项的代数和,其中每一项都是取自不同行不同列的 n 个元素的乘积

$$a_{1j_1}a_{2j_2}\cdots a_{nj_n}$$

而其符号为$(-1)^{\pi(j_1j_2\cdots j_n)}$,当$\pi(j_1j_2\cdots j_n)$为偶数,即$j_1j_2\cdots j_n$为偶排列时,该项的符号为正;当$\pi(j_1j_2\cdots j_n)$为奇数,即$j_1j_2\cdots j_n$为奇排列时,该项符号为负.此定义可记为

$$D_n = \begin{vmatrix} a_{11} & a_{12} & \cdots & a_{1n} \\ a_{21} & a_{22} & \cdots & a_{2n} \\ \vdots & \vdots & \ddots & \vdots \\ a_{n1} & a_{n2} & \cdots & a_{nn} \end{vmatrix} = \sum_{j_1j_2\cdots j_n}^{n!} (-1)^{\pi(j_1j_2\cdots j_n)} a_{1j_1}a_{2j_2}\cdots a_{nj_n}$$

其中求和符号 $\sum\limits_{j_1j_2\cdots j_n}^{n!}$ 表示对数码 $1,2,\cdots,n$ 的 $n!$个排列求和;$\pi(j_1j_2\cdots j_n)$ 表示排列 $j_1j_2\cdots j_n$ 的反序数.

2.子式定义

在行列式 D 中任意取定k行和k列,它们相交处的元素所构成的 k 阶行列式叫做行列式 D 的一个 k 阶子式.

3.元素的余子式定义

$n(n>1)$ 阶行列式

$$D=\begin{vmatrix} a_{11} & a_{12} & \cdots & a_{1n} \\ a_{21} & a_{22} & \cdots & a_{2n} \\ \vdots & \vdots & \ddots & \vdots \\ a_{n1} & a_{n2} & \cdots & a_{nn} \end{vmatrix}$$

的某一元素 a_{ij} 的余子式 M_{ij} 指的是在 D 中划去 a_{ij} 所在的行和列后所余下的 $n-1$ 阶子式.

4.元素的代数余子式定义

n 阶行列式 D 的元素 a_{ij} 的余子式 M_{ij} 附以符号 $(-1)^{i+j}$ 后,得到元素 a_{ij} 的代数余子式.

5.代数余子式定义

n 阶行列式 D 的 k 阶子式 M 在 D 中所在的行标与列标分别为 $i_1,i_2,\cdots,i_k;j_1,j_2,\cdots,j_k$ 附以符号 $(-1)^{(i_1+i_2+\cdots+i_k)+(j_1+j_2+\cdots+j_k)}$ 后得到 M 的代数余子式.

6.行列式性质

(1) 行列式和它的转置行列式相等.

(2) 交换行列式的两行(或两列),行列式改变符号.从而,若行列式的某两行(或两列) 完全相同,则此行列式为零.

(3) 把一个行列式的某一行(或列) 的所有元素同乘以某一数 k,等于 k 乘以这个行列式,从而有以下结论:

(i) 行列式的某一行(或列) 所有元素的公因子可提到行列式符号外边.

(ii) 若行列式中有一行(或列) 的元素全都是零,则此行列式等于零.

(iii) 若行列式有两行(或列) 的对应元素成比例,则此行列式等于零.

(4) 设行列式 D 的第 i 行的所有元素都可表为两元素的和

$$D=\begin{vmatrix} a_{11} & a_{12} & \cdots & a_{1n} \\ \vdots & \vdots & \ddots & \vdots \\ b_{i1}+c_{i1} & b_{i2}+c_{i2} & \cdots & b_{in}+c_{in} \\ \vdots & \vdots & \ddots & \vdots \\ a_{n1} & a_{n2} & \cdots & a_{nn} \end{vmatrix}$$

则 $D=D_1+D_2$,其中 D_1 与 D_2 的第 i 行的元素分别是 $b_{i1},\cdots,b_{in}$ 和 $c_{i1},\cdots,c_{in}$,而它们的其余各行与 D 的对应行一样,对列而言同样的性质也成立.

(5) 把行列式的某一行(或列)的元素乘以同一数后加到另一行(或列)的对应元素上,行列式不变.

7. 行列式依行依列的展开公式

设 n 阶行列式

$$D = \begin{vmatrix} a_{11} & a_{12} & \cdots & a_{1n} \\ a_{21} & a_{22} & \cdots & a_{2n} \\ \vdots & \vdots & \ddots & \vdots \\ a_{n1} & a_{n2} & \cdots & a_{nn} \end{vmatrix}$$

则

$$a_{i1}A_{j1} + a_{i2}A_{j2} + \cdots + a_{in}A_{jn} = \begin{cases} D & ,i = j \\ 0 & ,i \neq j \end{cases}$$

$$a_{1i}A_{1j} + a_{2i}A_{2j} + \cdots + a_{ni}A_{nj} = \begin{cases} D & ,i = j \\ 0 & ,i \neq j \end{cases}$$

其中 A_{ij} 的 D 中元素 a_{ij} 的代数余子式.

7. 克兰姆(Cramer) 法则

若一个含有 n 个未知量 n 个方程的线性方程组

$$\begin{cases} a_{11}x_1 + a_{12}x_2 + \cdots + a_{1n}x_n = b_1 \\ a_{21}x_1 + a_{22}x_2 + \cdots + a_{2n}x_n = b_2 \\ \cdots \\ a_{n1}x_1 + a_{n2}x_2 + \cdots + a_{nn}x_n = b_n \end{cases} \quad ①$$

的系数行列式

$$D = \begin{vmatrix} a_{11} & a_{12} & \cdots & a_{1n} \\ a_{21} & a_{22} & \cdots & a_{2n} \\ \vdots & \vdots & \ddots & \vdots \\ a_{n1} & a_{n2} & \cdots & a_{nn} \end{vmatrix} \neq 0$$

则线性方程组 ① 有且仅有一个解

$$x_i = \frac{D_i}{D}, i = 1,2,\cdots,n$$

其中 D_i 是系数行列式 D 中的第 i 列元素换成常数项 $b_1, b_2, \cdots, b_n$ 而得到的 n 阶行列式, $i = 1,2,\cdots,n$.

9. 拉普拉斯(Laplace) 定理

由 n 阶行列式

$$D = \begin{vmatrix} a_{11} & a_{12} & \cdots & a_{1n} \\ a_{21} & a_{22} & \cdots & a_{2n} \\ \vdots & \vdots & \ddots & \vdots \\ a_{n1} & a_{n2} & \cdots & a_{nn} \end{vmatrix}$$

中任意取定的 $k(1 \leqslant k \leqslant n-1)$ 个行(或列)元素所组成的一切 k 阶子式与它们的代数余子式的乘积之和等于行列式 D.

特别,当 $k=1$ 时,则由这个取定一行(或列)元素所组成的 n 个一阶子式与它们的代数余子式的乘积之和等于行列式 D.

10.行列式乘法法则

两个 n 阶行列式

$$D_1 = \begin{vmatrix} a_{11} & a_{12} & \cdots & a_{1n} \\ a_{21} & a_{22} & \cdots & a_{2n} \\ \vdots & \vdots & \ddots & \vdots \\ a_{n1} & a_{n2} & \cdots & a_{nn} \end{vmatrix} = |A|$$

和

$$D_2 = \begin{vmatrix} b_{11} & b_{12} & \cdots & b_{1n} \\ b_{21} & b_{22} & \cdots & b_{2n} \\ \vdots & \vdots & \ddots & \vdots \\ b_{n1} & b_{n2} & \cdots & b_{nn} \end{vmatrix} = |B|$$

的乘积 $D_1 \cdot D_2$ 等于一个 n 阶行列式

$$D = \begin{vmatrix} c_{11} & c_{12} & \cdots & c_{1n} \\ c_{21} & c_{22} & \cdots & c_{2n} \\ \vdots & \vdots & \ddots & \vdots \\ c_{n1} & c_{n2} & \cdots & c_{nn} \end{vmatrix} = |AB| = |C|$$

其中

$$c_{ij} = a_{i1}b_{1j} + a_{i2}b_{2j} + \cdots + a_{in}b_{nj}, i,j = 1,2,\cdots,n$$

2.2 行列式的主要计算方法

1.定义法

直接利用行列式的定义进行计算或证明,此法适用于行列式中有较多的零元素的情形.

2. 三角化法

利用行列式性质，把原行列式化为上(下)三角形，使其形变值不变，于是原行列式等于此上(下)三角形行列式的主对角线元素之积.

3. 递推法

根据已给行列式 D_n 的特点，利用行列式性质或依行依列展开定理，建立同类型的 n 阶行列式与 $n-1$ 阶(或更低阶)行列式之间的递推关系式，然后求出 D_n 的一般表达式.

4. 降阶法

利用依行依列展开定理、拉普拉斯定理、分块行列式的降阶定理等进行计算.

5. 升阶法

把行列式适当地添加行列，使得到的新行列式与原行列式的值不变，而且这个升阶后的行列式易于计算，从而求出原行列式，此法也称为加边法.

6. 数学归纳法

一般地，当推理关系仅联系相邻两个行列式时，用第一数学归纳法；当推理关系联系相邻三个行列式时，用第二数学归纳法.

三、例题与问题

【例 1】　计算

$$D_n = \begin{vmatrix} 0 & 0 & \cdots & 0 & 1 & 0 \\ 0 & 0 & \cdots & 2 & 0 & 0 \\ \vdots & \vdots & \ddots & \vdots & \vdots & \vdots \\ 0 & n-2 & \cdots & 0 & 0 & 0 \\ n-1 & 0 & \cdots & 0 & 0 & 0 \\ 0 & 0 & \cdots & 0 & 0 & n \end{vmatrix}$$

解　由行列式定义知，其一般项为

$$(-1)^{\pi(j_1j_2\cdots j_n)} a_{1j_1}a_{2j_2}\cdots a_{nj_n}$$

因而仅当 $j_1 = n-1, j_2 = n-2, \cdots, j_{n-1} = 1, j_n = n$ 时，对应的项不为零. 故

$$D_n = (-1)^{\pi[(n-1)(n-2)\cdots 1n]} a_{1(n-1)}a_{2(n-2)}\cdots a_{(n-1)1}a_{nn} =$$
$$(-1)^{1+2+\cdots+(n-2)+0} 1\cdot 2\cdot \cdots \cdot (n-1)\cdot n =$$
$$(-1)^{\frac{(n-1)(n-2)}{2}} n!$$

【例 2】　计算 n 阶行列式

$$D_n=\begin{vmatrix} a_1 & b_2 & \cdots & b_n \\ c_2 & a_2 & & \\ \vdots & & \ddots & 0 \\ c_n & 0 & & a_n \end{vmatrix}$$

解 分两种情形:

(i) 若 $a_i\neq 0(i=2,3,\cdots,n)$,则将 D_n 的第 i 列乘以 $-\dfrac{c_i}{a_i}(i=2,\cdots,n)$ 全都加到 D_n 的第1列上,使 D_n 中第1列除第1个元素外全部为零,即得上三角形行列式

$$D_n=\begin{vmatrix} a_1-\sum\limits_{i=2}^{n}\dfrac{b_ic_i}{a_i} & b_2 & b_3 & \cdots & b_n \\ 0 & a_2 & 0 & \cdots & 0 \\ \vdots & \vdots & \vdots & \ddots & \vdots \\ 0 & 0 & 0 & \cdots & a_n \end{vmatrix}=$$

$$\prod_{j=2}^{n}a_j\cdot\left(a_1-\sum_{i=2}^{n}\frac{b_ic_i}{a_i}\right)$$

(ii) 若 $a_i(i=2,3,\cdots,n)$ 中有某些为零,不妨令 $a_n=0$,则将 D_n 依它的第 n 列展开,于是

$$D_n=(-1)^{n+1}b_n\Delta_{n-1}$$

容易算出

$$\Delta_{n-1}=(-1)^n a_2\cdots a_{n-1}c_n$$

因此

$$D_n=-a_2\cdots a_{n-1}b_nc_n$$

对其他 $a_i=0(i\neq 1)$ 的情形同理可得

$$D_n=-\prod_{j=2,j\neq i}^{n}a_jb_ic_i$$

【例3】 计算 $2n$ 阶行列式

$$D_{2n}=\begin{vmatrix} a_n & & & & & & & b_n \\ & a_{n-1} & & & & & b_{n-1} & \\ & & \ddots & & & \iddots & & \\ & & & a_1 & b_1 & & & \\ & & & c_1 & d_1 & & & \\ & & \iddots & & & \ddots & & \\ & c_{n-1} & & & & & d_{n-1} & \\ c_n & & & & & & & d_n \end{vmatrix}$$

方法一　利用递推法.

$$D_{2n}=a_n\begin{vmatrix} a_{n-1} & & & & & b_{n-1} & 0 \\ & \ddots & & & \iddots & & \\ & & a_1 & b_1 & & & \\ & & c_1 & d_1 & & & \\ & \iddots & & & \ddots & & \\ c_{n-1} & & & & & d_{n-1} & \\ 0 & & & & & & d_n \end{vmatrix}+$$

$$b_n(-1)^{1+2n}\begin{vmatrix} 0 & a_{n-1} & & & & & b_{n-1} \\ & & \ddots & & & \iddots & \\ & & & a_1 & b_1 & & \\ & & & c_1 & d_1 & & \\ & & \iddots & & & \ddots & \\ & c_{n-1} & & & & & d_{n-1} \\ c_n & & & & & & 0 \end{vmatrix}=$$

$$a_nd_n\begin{vmatrix} a_{n-1} & & & & & b_{n-1} \\ & \ddots & & & \iddots & \\ & & a_1 & b_1 & & \\ & & c_1 & d_1 & & \\ & \iddots & & & \ddots & \\ c_{n-1} & & & & & d_{n-1} \end{vmatrix}-$$

$$b_nc_n(-1)^{2n-1+1}\begin{vmatrix} a_{n-1} & & & & & b_{n-1} \\ & \ddots & & & \iddots & \\ & & a_1 & b_1 & & \\ & & c_1 & d_1 & & \\ & \iddots & & & \ddots & \\ c_{n-1} & & & & & d_{n-1} \end{vmatrix} =$$

$$(a_nd_n - b_nc_n)D_{2(n-1)}$$

于是
$$D_{2n} = (a_nd_n - b_nc_n)D_{2(n-1)} = (a_nd_n - b_nc_n)(a_{n-1}d_{n-1} - b_{n-1}c_{n-1})D_{2(n-2)} = \cdots = \prod_{i=1}^{n}(a_id_i - b_ic_i)$$

方法二　利用拉普拉斯定理降阶.

$$D_{2n} = \begin{vmatrix} a_n & b_n \\ c_n & d_n \end{vmatrix}(-1)^{(1+2n)+(1+2n)}\begin{vmatrix} a_{n-1} & & & & & b_{n-1} \\ & \ddots & & & \iddots & \\ & & a_1 & b_1 & & \\ & & c_1 & d_1 & & \\ & \iddots & & & \ddots & \\ c_{n-1} & & & & & d_{n-1} \end{vmatrix} =$$

$$(a_nd_n - b_nc_n)D_{2(n-1)}$$

以下同方法一.

【例 4】　证明

$$D_{n+1} = \begin{vmatrix} a_0 & -1 & 0 & \cdots & 0 & 0 \\ a_1 & a & -1 & \cdots & 0 & 0 \\ a_2 & 0 & a & \cdots & 0 & 0 \\ \vdots & \vdots & \vdots & \ddots & \vdots & \vdots \\ a_{n-1} & 0 & 0 & \cdots & a & -1 \\ a_n & 0 & 0 & \cdots & 0 & a \end{vmatrix} =$$

$$a_0a^n + a_1a^{n-1} + \cdots + a_{n-1}a + a_n$$

证明　把 $n+1$ 阶行列式 D_{n+1} 按第一行展开,得

$$D_{n+1}=a_0a^n+\begin{vmatrix} a_1 & -1 & 0 & \cdots & 0 & 0 \\ a_2 & a & -1 & \cdots & 0 & 0 \\ \vdots & \vdots & \vdots & \ddots & \vdots & \vdots \\ a_{n-1} & 0 & 0 & \cdots & a & -1 \\ a_n & 0 & 0 & \cdots & 0 & a \end{vmatrix}=a_0a^n+D_n$$

再把 n 阶行列式 D_n 按第一行展开,得

$$D_n=a_1a^{n-1}+\begin{vmatrix} a_2 & -1 & 0 & \cdots & 0 & 0 \\ a_3 & a & -1 & \cdots & 0 & 0 \\ \vdots & \vdots & \vdots & \ddots & \vdots & \vdots \\ a_{n-1} & 0 & 0 & \cdots & a & -1 \\ a_n & 0 & 0 & \cdots & 0 & a \end{vmatrix}=a_1a^{n-1}+D_{n-1}$$

如此下去,得

$$D_3=a_{n-2}a^2+D_2$$

从而

$$\sum_{i=3}^{n+1}D_i=\sum_{i=2}^{n}(a_{n-i}a_i+D_i)=\sum_{i=2}^{n}(a_{n-i}a_i)+\sum_{i=2}^{n}D_i$$

而

$$D_2=\begin{vmatrix} a_{n-1} & -1 \\ a_n & a \end{vmatrix}=a_{n-1}a+a_n$$

因此

$$D_{n+1}=a_0a^n+a_1a^{n-1}+\cdots+a_{n-1}a+a_n$$

【例 5】 计算 n 阶行列式

$$D_n=\begin{vmatrix} y+1 & y & \cdots & y \\ y & y+b & \cdots & y \\ \vdots & \vdots & \ddots & \vdots \\ y & y & \cdots & y+b^{n-1} \end{vmatrix}$$

解　用升阶法. 对 D_n 作等值的加边升为 $n+1$ 阶行列式得

$$D_n=\begin{vmatrix} 1 & 1 & 1 & \cdots & 1 \\ 0 & y+1 & y & \cdots & y \\ 0 & y & y+b & \cdots & y \\ \vdots & \vdots & \vdots & \ddots & \vdots \\ 0 & y & y & \cdots & y+b^{n-1} \end{vmatrix}$$

将第一行乘以$(-\gamma)$加到其他行上去得

$$D_n=\begin{vmatrix}1 & 1 & 1 & \cdots & 1\\ -\gamma & 1 & 0 & \cdots & 0\\ -\gamma & 0 & b & \cdots & 0\\ \vdots & \vdots & \vdots & \ddots & \vdots\\ -\gamma & 0 & 0 & \cdots & b^{n-1}\end{vmatrix}$$

分别提取第$1,3,\cdots,n,n+1$列的因子$\gamma,b,b^2,\cdots,b^{n-1}$得

$$D_n=bb^2\cdots b^{n-1}\gamma\begin{vmatrix}\frac{1}{\gamma} & 1 & \frac{1}{b} & \cdots & \frac{1}{b^{n-1}}\\ -1 & 1 & 0 & \cdots & 0\\ -1 & 0 & 1 & \cdots & 0\\ \vdots & \vdots & \vdots & \ddots & \vdots\\ -1 & 0 & 0 & \cdots & 1\end{vmatrix}$$

分别将第2列,3列,$\cdots,n+1$列加到第1列上得

$$D_n=b^{\frac{n(n-1)}{2}}\gamma\begin{vmatrix}\frac{1}{\gamma}+\sum\limits_{i=0}^{n-1}\frac{1}{b^i} & 1 & \frac{1}{b} & \cdots & \frac{1}{b^{n-1}}\\ 0 & 1 & 0 & \cdots & 0\\ 0 & 0 & 1 & \cdots & 0\\ \vdots & \vdots & \vdots & \ddots & \vdots\\ 0 & 0 & 0 & \cdots & 1\end{vmatrix}=$$

$$b^{\frac{n(n-1)}{2}}\left(\gamma\sum_{i=0}^{n-1}b^{-i}+1\right)$$

【例6】 证明

$$D_n=\begin{vmatrix}\cos\alpha & 1 & & & & \\ 1 & 2\cos\alpha & 1 & & & \\ & 1 & 2\cos\alpha & 1 & & \\ & & \ddots & \ddots & \ddots & \\ & & & 1 & 2\cos\alpha & 1\\ & & & & 1 & 2\cos\alpha\end{vmatrix}=\cos n\alpha$$

证明 对行列式的阶数n应用第二数学归纳法.

当$n=1$时,$D_1=\cos\alpha=\cos 1\cdot\alpha$,因此结论成立.

假设当$n\leqslant k$时,结论成立.下面将证明当$n=k+1$时,结论也成立.

当$n=k+1$时,将$k+1$阶行列式D_{k+1}按第$k+1$行展开得

$$D_{k+1}=2\cos\alpha D_k+1\cdot(-1)^{k+1+(k+1+1)}\begin{vmatrix}\cos\alpha & 1 & & & & \\ 1 & 2\cos\alpha & 1 & & & \\ & 1 & 2\cos\alpha & 1 & & \\ & & \ddots & \ddots & \ddots & \\ & & & 1 & 2\cos\alpha & 0 \\ & & & & 1 & 1\end{vmatrix}=$$

$$2\cos\alpha D_k-D_{k-1}$$

由归纳假设得

$$\begin{aligned}D_{k+1}&=2\cos\alpha\cos k\alpha-\cos(k-1)\alpha=\\&2\cos\alpha\cos k\alpha-(\cos k\alpha\cos\alpha+\sin k\alpha\sin\alpha)=\\&\cos k\alpha\cos\alpha-\sin k\alpha\sin\alpha=\\&\cos(k+1)\alpha\end{aligned}$$

故当 $n=k+1$ 时结论成立,因此命题对所有正整数 n 都成立.

【例 7】 证明

$$D_n=\begin{vmatrix}1 & 2 & 3 & \cdots & n-1 & n \\ x & 1 & 2 & \cdots & n-2 & n-1 \\ x & x & 1 & \cdots & n-3 & n-2 \\ \vdots & \vdots & \vdots & \ddots & \vdots & \vdots \\ x & x & x & \cdots & 1 & 2 \\ x & x & x & \cdots & x & 1\end{vmatrix}=(-1)^n[(x-1)^n-x^n]$$

证明 对 n 应用数学归纳法.

当 $n=1$ 时,等式显然成立.现假设 $n-1$ 时等式成立,下证 n 时等式也成立.把 D_n 依第一列拆项得

$$D_n=\begin{vmatrix}x & 2 & \cdots & n-1 & n \\ x & 1 & \cdots & n-2 & n-1 \\ x & x & \cdots & n-3 & n-2 \\ \vdots & \vdots & \ddots & \vdots & \vdots \\ x & x & \cdots & 1 & 2 \\ x & x & \cdots & x & 1\end{vmatrix}+\begin{vmatrix}1-x & 2 & \cdots & n-1 & n \\ 0 & 1 & \cdots & n-2 & n-1 \\ 0 & x & \cdots & n-3 & n-2 \\ \vdots & \vdots & \ddots & \vdots & \vdots \\ 0 & x & \cdots & 1 & 2 \\ 0 & x & \cdots & x & 1\end{vmatrix}$$

把第一个行列式从上往下减去相邻行,再在左上角 $n-1$ 阶子式中各列减去末一列;第二个行列式依第一列展开便得

$$D_n = \begin{vmatrix} 0 & 0 & 0 & \cdots & 0 & 1 \\ 0 & -x & 0 & \cdots & 0 & 1 \\ \vdots & \vdots & \vdots & \ddots & \vdots & \vdots \\ 0 & 0 & 0 & \cdots & -x & 1 \\ x & x & x & \cdots & x & 1 \end{vmatrix} + (1-x)D_{n-1}$$

于是展开第一个行列式,并在后一项中应用归纳假设得

$$D_n = (-1)^{n-1}x^{n-1} + (1-x)(-1)^{n-1}[(x-1)^{n-1} - x^{n-1}] =$$
$$(-1)^n[(x-1)^n - x^n]$$

即 n 时等式成立.故等式对一切正整数成立.

【例 8】 计算 n 阶行列式

$$D_n = \begin{vmatrix} 1 & 1 & \cdots & 1 & 0 \\ 1 & 1 & \cdots & 0 & 1 \\ \vdots & \vdots & \ddots & \vdots & \vdots \\ 1 & 0 & \cdots & 1 & 1 \\ 0 & 1 & \cdots & 1 & 1 \end{vmatrix}$$

解 注意到该行列式的每行元素之和均为 $n-1$,所以将第一列,第二列,……,第 $n-1$ 列加到第 n 列上,得

$$D_n = \begin{vmatrix} 1 & 1 & \cdots & 1 & n-1 \\ 1 & 1 & \cdots & 0 & n-1 \\ \vdots & \vdots & \ddots & \vdots & \vdots \\ 1 & 0 & \cdots & 1 & n-1 \\ 0 & 1 & \cdots & 1 & n-1 \end{vmatrix} =$$

$$\begin{vmatrix} 1 & 1 & \cdots & 1 & n-1 \\ 0 & 0 & \cdots & -1 & 0 \\ \vdots & \vdots & \ddots & \vdots & \vdots \\ 0 & -1 & \cdots & 0 & 0 \\ -1 & 0 & \cdots & 0 & 0 \end{vmatrix} =$$

$$(-1)^{\frac{n(n-1)}{2}}(-1)^{n-1}(n-1) =$$
$$(-1)^{\frac{(n+2)(n-1)}{2}}(n-1)$$

练习题

1. 计算 n 阶行列式

$$D_n = \begin{vmatrix} a_1 & b_1 & & & \\ & a_2 & b_2 & & \\ & & \ddots & \ddots & \\ & & & a_{n-1} & b_{n-1} \\ b_n & & & & a_n \end{vmatrix}$$

2. 计算 n 阶行列式

$$D_n = \begin{vmatrix} \alpha+\beta & \alpha\beta & 0 & 0 & \cdots & 0 & 0 \\ 1 & \alpha+\beta & \alpha\beta & 0 & \cdots & 0 & 0 \\ \vdots & \vdots & \vdots & \vdots & \ddots & \vdots & \vdots \\ 0 & 0 & 0 & 0 & \cdots & 1 & \alpha+\beta \end{vmatrix}$$

3. 计算 n 阶行列式

$$D_n = \begin{vmatrix} a & a & \cdots & a & x \\ a & a & \cdots & x & a \\ \vdots & \vdots & \ddots & \vdots & \vdots \\ a & x & \cdots & a & a \\ x & a & \cdots & a & a \end{vmatrix}$$

4. 计算 n 阶行列式

$$D_n = \begin{vmatrix} a_1+b_1 & a_2 & \cdots & a_n \\ a_1 & a_2+b_2 & \cdots & a_n \\ \vdots & \vdots & \ddots & \vdots \\ a_1 & a_2 & \cdots & a_n+b_n \end{vmatrix}.$$

5. 计算 n 阶行列式

$$D_n = \begin{vmatrix} x & y & 0 & \cdots & 0 & 0 \\ 0 & x & y & \cdots & 0 & 0 \\ 0 & 0 & x & \cdots & 0 & 0 \\ \vdots & \vdots & \vdots & \ddots & \vdots & \vdots \\ 0 & 0 & 0 & \cdots & x & y \\ y & 0 & 0 & \cdots & 0 & x \end{vmatrix}$$

6. 计算 n 阶行列式

$$D_n = \begin{vmatrix} 3 & 1 & 0 & 0 & \cdots & 0 & 0 & 0 \\ 1 & 3 & 1 & 0 & \cdots & 0 & 0 & 0 \\ 0 & 1 & 3 & 1 & \cdots & 0 & 0 & 0 \\ 0 & 0 & 1 & 3 & \cdots & 0 & 0 & 0 \\ \vdots & \vdots & \vdots & \vdots & \ddots & \vdots & \vdots & \vdots \\ 0 & 0 & 0 & 0 & \cdots & 3 & 1 & 0 \\ 0 & 0 & 0 & 0 & \cdots & 1 & 3 & 1 \\ 0 & 0 & 0 & 0 & \cdots & 0 & 1 & 3 \end{vmatrix}$$

7. 计算 $n+1$ 阶行列式

$$D_{n+1} = \begin{vmatrix} a_0 & 1 & 1 & \cdots & 1 \\ 1 & a_1 & 1 & \cdots & 1 \\ 1 & 1 & a_2 & \cdots & 1 \\ \vdots & \vdots & \vdots & \ddots & \vdots \\ 1 & 1 & 1 & \cdots & 1 \end{vmatrix}$$

8. 计算 n 阶行列式

$$D_n = \begin{vmatrix} 1 & 2 & 3 & \cdots & n-1 & n \\ 1 & -1 & 0 & \cdots & 0 & 0 \\ 0 & 2 & -2 & \cdots & 0 & 0 \\ 0 & 0 & 3 & \cdots & 0 & 0 \\ \vdots & \vdots & \vdots & \ddots & \vdots & \vdots \\ 0 & 0 & 0 & \cdots & n-1 & -(n-1) \end{vmatrix}$$

9. 计算 $n-1$ 阶行列式

$$D_{n-1} = \begin{vmatrix} 2^n-2 & 2^{n-1}-3 & \cdots & 2^2-2 \\ 3^n-3 & 3^{n-1}-3 & \cdots & 3^2-3 \\ \vdots & \vdots & \ddots & \vdots \\ n^n-n & n^{n-1}-n & \cdots & n^2-n \end{vmatrix}$$

10. 计算 n 阶行列式

$$D_n = \begin{vmatrix} 1 & 1 & \cdots & 1 \\ a_1+1 & a_2+1 & \cdots & a_n+1 \\ a_1^2+a_1 & a_2^2+a_2 & \cdots & a_n^2+a_n \\ \vdots & \vdots & \ddots & \vdots \\ a_1^{n-1}+a_1^{n-2} & a_2^{n-1}+a_2^{n-2} & \cdots & a_n^{n-1}+a_n^{n-2} \end{vmatrix}$$

11. 计算 n 阶行列式

$$D_n = \begin{vmatrix} a & & & b \\ & a & & \\ & & \ddots & \\ b & & & a \end{vmatrix}$$

12. 计算 n 阶行列式

$$D_n = \begin{vmatrix} x-a & a & a & \cdots & a \\ a & x-a & a & \cdots & a \\ a & a & x-a & \cdots & a \\ \vdots & \vdots & \vdots & \ddots & \vdots \\ a & a & a & \cdots & x-a \end{vmatrix}$$

13. 证明

$$D_n = \begin{vmatrix} 1+a_1 & 1 & 1 & \cdots & 1 \\ 1 & 1+a_2 & 1 & \cdots & 1 \\ 1 & 1 & 1+a_3 & \cdots & 1 \\ \vdots & \vdots & \vdots & \ddots & \vdots \\ 1 & 1 & 1 & \cdots & 1+a_n \end{vmatrix} = a_1 a_2 \cdots a_n \left(1 + \sum_{i=1}^{n} \frac{1}{a_i}\right)$$

14. 计算 n 阶行列式

$$D_n = \begin{vmatrix} 1 & 1 & 1 & \cdots & 1 & 1 \\ x_1 & x_2 & x_3 & \cdots & x_{n-1} & x_n \\ x_1^2 & x_2^2 & x_3^2 & \cdots & x_{n-1}^2 & x_n^2 \\ \vdots & \vdots & \vdots & \ddots & \vdots & \vdots \\ x_1^{n-2} & x_2^{n-2} & x_3^{n-2} & \cdots & x_{n-1}^{n-2} & x_n^{n-2} \\ x_1^n & x_2^n & x_3^n & \cdots & x_{n-1}^n & x_n^n \end{vmatrix}$$

15. 计算 n 阶行列式

$$D_n = \begin{vmatrix} x_1 & a_2 & a_3 & \cdots & a_n \\ -a_1 & x_2 & a_3 & \cdots & a_n \\ -a_1 & -a_2 & x_3 & \cdots & a_n \\ \vdots & \vdots & \vdots & \ddots & \vdots \\ -a_1 & -a_2 & -a_3 & \cdots & x_n \end{vmatrix}$$

16. 计算 n 阶行列式

$$D_n = \begin{vmatrix} 0 & a_1+a_2 & a_1+a_3 & \cdots & a_1+a_n \\ a_2+a_1 & 0 & a_2+a_3 & \cdots & a_2+a_n \\ a_3+a_1 & a_3+a_2 & 0 & \cdots & a_3+a_n \\ \vdots & \vdots & \vdots & \ddots & \vdots \\ a_n+a_1 & a_n+a_2 & a_n+a_3 & \cdots & 0 \end{vmatrix}$$

17. 设 $s_k = x_1^k + x_2^k + \cdots + x_n^k, k = 0,1,2,\cdots$. 证明：$n+1$ 阶行列式

$$D_{n+1} = \begin{vmatrix} s_0 & s_1 & \cdots & s_{n-1} & 1 \\ s_1 & s_2 & \cdots & s_n & x \\ \vdots & \vdots & \ddots & \vdots & \vdots \\ s_{n-1} & s_n & \cdots & s_{2n-2} & x^{n-1} \\ s_n & s_{n+1} & \cdots & s_{2n-1} & x^n \end{vmatrix} =$$

$$\prod_{i=1}^{n}(x - x_i) \cdot \prod_{1 \leqslant j < i \leqslant n}(x_i - x_j)^2$$

第3章 线性方程组

3.1 向量的线性相关性问题

一、相关知识

1. 向量空间

令$\mathbb{F}$是一个数域，$\mathbb{F}$中元素用小写拉丁字母$a,b,\cdots$来表示. 令$\boldsymbol{V}$是一个非空集合，$\boldsymbol{V}$中元素用小写希腊字母$\boldsymbol{\alpha},\boldsymbol{\beta},\cdots$来表示. 我们把$\boldsymbol{V}$中元素叫做向量，而把$\mathbb{F}$中元素叫做纯量. 如果$\boldsymbol{V}$满足下列条件，那么称$\boldsymbol{V}$是$\mathbb{F}$上的一个向量空间:

(1) 在$\boldsymbol{V}$中定义一个加法. 对于$\boldsymbol{V}$中任意两个向量$\boldsymbol{\alpha},\boldsymbol{\beta}$，$\boldsymbol{V}$中有一个唯一确定的向量与它们对应，这个向量叫做$\boldsymbol{\alpha}$与$\boldsymbol{\beta}$的和，并且记作$\boldsymbol{\alpha}+\boldsymbol{\beta}$.

(2) 有一个"纯量乘法". 对于$\mathbb{F}$中的每一个数a和$\boldsymbol{V}$中的每一个向量$\boldsymbol{\alpha}$，在$\boldsymbol{V}$中有唯一确定的向量与它们对应，这个向量叫做a与$\boldsymbol{\alpha}$的积，并且记作$a\boldsymbol{\alpha}$.

(3) 向量的加法和纯量的乘法满足下列运算律:

①$\boldsymbol{\alpha}+\boldsymbol{\beta}=\boldsymbol{\beta}+\boldsymbol{\alpha}$.

②$(\boldsymbol{\alpha}+\boldsymbol{\beta})+\boldsymbol{\gamma}=\boldsymbol{\alpha}+(\boldsymbol{\beta}+\boldsymbol{\gamma})$.

③ 在$\boldsymbol{V}$中存在一个零向量，记作$\mathbf{0}$，它具有以下性质: 对于$\boldsymbol{V}$中每一个向量$\boldsymbol{\alpha}$，都有$\mathbf{0}+\boldsymbol{\alpha}=\boldsymbol{\alpha}$.

④ 对于$\boldsymbol{V}$中每一个向量$\boldsymbol{\alpha}$，在$\boldsymbol{V}$中存在一个向量$\boldsymbol{\alpha}'$，使得$\boldsymbol{\alpha}'+\boldsymbol{\alpha}=\mathbf{0}$. 这样的$\boldsymbol{\alpha}'$叫做$\boldsymbol{\alpha}$的负向量.

(5)$a(\boldsymbol{\alpha}+\boldsymbol{\beta})=a\boldsymbol{\alpha}+a\boldsymbol{\beta}$.

(6)$(a+b)\boldsymbol{\alpha}=a\boldsymbol{\alpha}+b\boldsymbol{\alpha}$.

(7)$(ab)\boldsymbol{\alpha}=a(b\boldsymbol{\alpha})$.

(8)$1\boldsymbol{\alpha}=\boldsymbol{\alpha}$.

这里$\boldsymbol{\alpha},\boldsymbol{\beta},\boldsymbol{\gamma}$是$\boldsymbol{V}$中的任意向量，而$a,b$是$\mathbb{F}$中的任意数.

2. 线性相关

设$\boldsymbol{\alpha}_1,\boldsymbol{\alpha}_2,\cdots,\boldsymbol{\alpha}_r$是向量空间$\boldsymbol{V}$中的$r$个向量，如果存在$\mathbb{F}$中不全为零的数

$a_1,a_2,\cdots,a_r$,使得

$$a_1\boldsymbol{\alpha}_1+a_2\boldsymbol{\alpha}_2+\cdots+a_r\boldsymbol{\alpha}_r=\mathbf{0}$$

那么就说 $\boldsymbol{\alpha}_1,\boldsymbol{\alpha}_2,\cdots,\boldsymbol{\alpha}_r$ 线性相关.

3.线性无关

设 $\boldsymbol{\alpha}_1,\boldsymbol{\alpha}_2,\cdots,\boldsymbol{\alpha}_r$ 是向量空间 $\boldsymbol{V}$ 中的 r 个向量,如果对任意 $\mathbb{F}$ 中不全为零的数 $a_1,a_2,\cdots,a_r$ 都有

$$a_1\boldsymbol{\alpha}_1+a_2\boldsymbol{\alpha}_2+\cdots+a_r\boldsymbol{\alpha}_r\neq\mathbf{0}$$

那么就说 $\boldsymbol{\alpha}_1,\boldsymbol{\alpha}_2,\cdots,\boldsymbol{\alpha}_r$ 线性无关.

4.向量组等价

若向量组 $\boldsymbol{\alpha}_1,\boldsymbol{\alpha}_2,\cdots,\boldsymbol{\alpha}_s$ 中的每个向量都可以由向量组 $\boldsymbol{\beta}_1,\boldsymbol{\beta}_2,\cdots,\boldsymbol{\beta}_t$ 线性表出,而向量组 $\boldsymbol{\beta}_1,\boldsymbol{\beta}_2,\cdots,\boldsymbol{\beta}_t$ 中每个向量又都可由向量组 $\boldsymbol{\alpha}_1,\boldsymbol{\alpha}_2,\cdots,\boldsymbol{\alpha}_s$ 线性表出,则称这两个向量组是等价的.向量组的等价是一个等价关系.

5.极大无关组

向量组 $\{\boldsymbol{\alpha}_1,\boldsymbol{\alpha}_2,\cdots,\boldsymbol{\alpha}_n\}$ 的一个部分向量组 $\{\boldsymbol{\alpha}_{i_1},\boldsymbol{\alpha}_{i_2},\cdots,\boldsymbol{\alpha}_{i_r}\}$ 叫做一个极大线性无关部分组(简称极大无关组),如果

(1) $\boldsymbol{\alpha}_{i_1},\boldsymbol{\alpha}_{i_2},\cdots,\boldsymbol{\alpha}_{i_r}$ 线性无关.

(2) 每一 $\boldsymbol{\alpha}_j(j=1,2,\cdots,n)$ 都可以由 $\boldsymbol{\alpha}_{i_1},\boldsymbol{\alpha}_{i_2},\cdots,\boldsymbol{\alpha}_{i_r}$ 线性表示.

6.向量组的秩

向量组的一个极大无关组所含向量的个数.

7.替换定理

设向量组 $\{\boldsymbol{\alpha}_1,\boldsymbol{\alpha}_2,\cdots,\boldsymbol{\alpha}_r\}$ 线性无关,每一个向量 $\boldsymbol{\alpha}_i$ 都可以由向量组 $\{\boldsymbol{\beta}_1,\boldsymbol{\beta}_2,\cdots,\boldsymbol{\beta}_s\}$ 线性表示,那么 $r\leqslant s$,并且必要时可以对 $\{\boldsymbol{\beta}_1,\boldsymbol{\beta}_2,\cdots,\boldsymbol{\beta}_s\}$ 中向量重新编号,使得用 $\{\boldsymbol{\alpha}_1,\boldsymbol{\alpha}_2,\cdots,\boldsymbol{\alpha}_r\}$ 替换 $\{\boldsymbol{\beta}_1,\boldsymbol{\beta}_2,\cdots,\boldsymbol{\beta}_s\}$ 后所得的向量组 $\{\boldsymbol{\alpha}_1,\boldsymbol{\alpha}_2,\cdots,\boldsymbol{\alpha}_r,\boldsymbol{\beta}_{r+1},\cdots,\boldsymbol{\beta}_s\}$ 与 $\{\boldsymbol{\beta}_1,\boldsymbol{\beta}_2,\cdots,\boldsymbol{\beta}_s\}$ 等价.

二、例题与问题

【例 1】 设 $\boldsymbol{\alpha},\boldsymbol{\beta},\boldsymbol{\gamma}$ 线性无关,证明:$\boldsymbol{\alpha}+\boldsymbol{\beta},\boldsymbol{\beta}+\boldsymbol{\gamma},\boldsymbol{\gamma}+\boldsymbol{\alpha}$ 也线性无关.

证明 令

$$k_1(\boldsymbol{\alpha}+\boldsymbol{\beta})+k_2(\boldsymbol{\beta}+\boldsymbol{\gamma})+k_3(\boldsymbol{\gamma}+\boldsymbol{\alpha})=\mathbf{0}$$

则

$$(k_1+k_3)\boldsymbol{\alpha}+(k_1+k_2)\boldsymbol{\beta}+(k_2+k_3)\boldsymbol{\gamma}=\mathbf{0}$$

由于 $\boldsymbol{\alpha},\boldsymbol{\beta},\boldsymbol{\gamma}$ 线性无关,则有

$$k_1 + k_3 = 0, k_1 + k_2 = 0, k_2 + k_3 = 0$$

从而 $k_1 = k_2 = k_3 = 0$. 故 $\boldsymbol{\alpha} + \boldsymbol{\beta}, \boldsymbol{\beta} + \boldsymbol{\gamma}, \boldsymbol{\gamma} + \boldsymbol{\alpha}$ 线性无关.

【例 2】 设 $k(k \geqslant 2)$ 个向量 $\boldsymbol{\alpha}_1, \cdots, \boldsymbol{\alpha}_k$ 线性无关,任取 $k-1$ 个数 $\lambda_1, \cdots, \lambda_{k-1} \in \mathbb{F}$,证明向量组

$$\boldsymbol{\beta}_1 = \boldsymbol{\alpha}_1 + \lambda_1 \boldsymbol{\alpha}_k, \boldsymbol{\beta}_2 = \boldsymbol{\alpha}_2 + \lambda_2 \boldsymbol{\alpha}_k, \cdots, \boldsymbol{\beta}_{k-1} = \boldsymbol{\alpha}_{k-1} + \lambda_{k-1} \boldsymbol{\alpha}_k, \boldsymbol{\alpha}_k$$

线性无关.

证明 假设向量组

$$\boldsymbol{\beta}_1 = \boldsymbol{\alpha}_1 + \lambda_1 \boldsymbol{\alpha}_k, \boldsymbol{\beta}_2 = \boldsymbol{\alpha}_2 + \lambda_2 \boldsymbol{\alpha}_k, \cdots, \boldsymbol{\beta}_{k-1} = \boldsymbol{\alpha}_{k-1} + \boldsymbol{\lambda}_{k-1} \boldsymbol{\alpha}_k, \boldsymbol{\alpha}_k$$

线性相关,则存在一组不全为零的数 $\mu_1, \mu_2, \cdots, \mu_k$,使得

$$\sum_{j=1}^{k-1} \mu_j (\boldsymbol{\alpha}_j + \lambda_j \boldsymbol{\alpha}_k) + \mu_k \boldsymbol{\alpha}_k = \mathbf{0}$$

于是

$$\sum_{j=1}^{k-1} \mu_j \boldsymbol{\alpha}_j + \left(\sum_{j=1}^{k-1} \mu_j \lambda_j + \mu_k \right) \boldsymbol{\alpha}_k = \mathbf{0}$$

由于 $\boldsymbol{\alpha}_1, \cdots, \boldsymbol{\alpha}_k$ 线性无关,所以

$$\mu_1 = 0, \mu_2 = 0, \cdots, \sum_{j=1}^{k-1} \mu_j \lambda_j + \mu_k = 0$$

从而 $\mu_1 = 0, \mu_2 = 0, \cdots, \mu_k = 0$,与 $\mu_1, \mu_2, \cdots, \mu_k$ 不全为零矛盾. 故向量组

$$\boldsymbol{\beta}_1 = \boldsymbol{\alpha}_1 + \lambda_1 \boldsymbol{\alpha}_k, \boldsymbol{\beta}_2 = \boldsymbol{\alpha}_2 + \lambda_2 \boldsymbol{\alpha}_k, \cdots, \boldsymbol{\beta}_{k-1} = \boldsymbol{\alpha}_{k-1} + \boldsymbol{\lambda}_{k-1} \boldsymbol{\alpha}_k, \boldsymbol{\alpha}_k$$

线性无关.

【例 3】 设 $\boldsymbol{\alpha}_i = [a_{i1}, a_{i2}, \cdots, a_{in}] (i = 1, 2, \cdots, n)$ 是向量组,且行列式

$$D = \begin{vmatrix} a_{11} & a_{12} & \cdots & a_{1n} \\ a_{21} & a_{22} & \cdots & a_{2n} \\ \vdots & \vdots & \ddots & \vdots \\ a_{n1} & a_{n2} & \cdots & a_{nn} \end{vmatrix} \neq 0$$

求证向量组 $\boldsymbol{\alpha}_1, \boldsymbol{\alpha}_2, \cdots, \boldsymbol{\alpha}_n$ 线性无关.

证法一 假设 $\boldsymbol{\alpha}_1, \boldsymbol{\alpha}_2, \cdots, \boldsymbol{\alpha}_n$ 线性相关,则向量组 $\boldsymbol{\alpha}_1, \boldsymbol{\alpha}_2, \cdots, \boldsymbol{\alpha}_n$ 中必有一向量可被其余向量线性表示. 不妨令 $\boldsymbol{\alpha}_1$ 可被 $\boldsymbol{\alpha}_2, \cdots, \boldsymbol{\alpha}_n$ 线性表出,于是存在一组不全为零的数 $\mu_2, \cdots, \mu_n$,使得 $\boldsymbol{\alpha}_1 = \sum\limits_{j=2}^{n} \mu_j \boldsymbol{\alpha}_j$. 用 $-\mu_2, -\mu_3, \cdots, -\mu_n$ 分别乘以行列式 D 的第二行,第三行,……,第 n 行后都加到第一行上,则所得行列式的第一行的所有元素的值都为零,从而 $D = 0$,产生矛盾. 故向量组 $\boldsymbol{\alpha}_1, \boldsymbol{\alpha}_2, \cdots, \boldsymbol{\alpha}_n$ 线性无关.

证法二 假设 $\boldsymbol{\alpha}_1,\boldsymbol{\alpha}_2,\cdots,\boldsymbol{\alpha}_n$ 线性相关,则存在不全为零的数 $\mu_1,\mu_2,\cdots,\mu_n$,使得 $\sum_{j=1}^{n}\mu_j\boldsymbol{\alpha}_j=\mathbf{0}$.从而

$\mu_1(a_{11},a_{12},\cdots,a_{1n})+\mu_2(a_{21},a_{22},\cdots,a_{2n})+\cdots+\mu_n(a_{n1},a_{n2},\cdots,a_{nn})=\mathbf{0}$

即

$$\begin{cases}a_{11}\mu_1+a_{21}\mu_2+\cdots+a_{n1}\mu_n=0\\a_{12}\mu_1+a_{22}\mu_2+\cdots+a_{n2}\mu_n=0\\\cdots\\a_{1n}\mu_1+a_{2n}\mu_2+\cdots+a_{nn}\mu_n=0\end{cases}$$

对于上面这个齐次线性方程组来说,因为它的系数行列式

$$\begin{vmatrix}a_{11}&a_{21}&\cdots&a_{n1}\\a_{12}&a_{22}&\cdots&a_{n2}\\\vdots&\vdots&\ddots&\vdots\\a_{1n}&a_{2n}&\cdots&a_{nn}\end{vmatrix}=D'\neq0$$

故此齐次线性方程组只有唯一解

$$\mu_1=\mu_2=\cdots=\mu_n=0$$

产生矛盾.因此向量组 $\boldsymbol{\alpha}_1,\boldsymbol{\alpha}_2,\cdots,\boldsymbol{\alpha}_n$ 线性无关.

【例4】 设 $\boldsymbol{A}$ 是数域 $\mathbb{F}$ 上的 n 阶矩阵,$\boldsymbol{X}\in\mathbb{F}^n$,$\boldsymbol{A}^{m-1}\boldsymbol{X}\neq\mathbf{0}$,$\boldsymbol{A}^m\boldsymbol{X}=\mathbf{0}$,则向量 $\boldsymbol{X},\boldsymbol{AX},\cdots,\boldsymbol{A}^{m-1}\boldsymbol{X}$ 线性无关.

证明 设 $k_0,k_1,\cdots,k_{m-1}\in\mathbb{F}$,使得

$$\sum_{i=0}^{m-1}k_i\boldsymbol{A}^i\boldsymbol{X}=\mathbf{0}$$

因为 $\boldsymbol{A}^m\boldsymbol{X}=\mathbf{0}$,于是等式两端左乘 $\boldsymbol{A}^{m-1}$ 得 $k_0\boldsymbol{A}^{m-1}\boldsymbol{X}=\mathbf{0}$.而 $\boldsymbol{A}^{m-1}\boldsymbol{X}\neq\mathbf{0}$,所以得 $k_0=0$.同理可相继得出 $k_1=0,\cdots,k_{m-1}=0$;故向量 $\boldsymbol{X},\boldsymbol{AX},\cdots,\boldsymbol{A}^{m-1}\boldsymbol{X}$ 线性无关.

【例5】 设两个向量组的秩分别为 p 和 q.证明:

(1) 若第一个向量组可由第二个向量组线性表出,则 $p\leqslant q$.

(2) 若这两个向量组等价,则 $p=q$.

证明 设这两个向量组分别为 $\boldsymbol{\alpha}_1,\boldsymbol{\alpha}_2,\cdots,\boldsymbol{\alpha}_s$ 和 $\boldsymbol{\beta}_1,\boldsymbol{\beta}_2,\cdots,\boldsymbol{\beta}_t$.

若 $p=0$,则显然有 $p\leqslant q$,并且当这两个向量组等价时,有 $q=0$,因此 $p=q$.

若 $p>0$,则向量组 $\boldsymbol{\alpha}_1,\boldsymbol{\alpha}_2,\cdots,\boldsymbol{\alpha}_s$ 含有非零向量.由于向量组 $\boldsymbol{\alpha}_1,\boldsymbol{\alpha}_2,\cdots,\boldsymbol{\alpha}_s$

可由向量组$\boldsymbol{\beta}_1,\boldsymbol{\beta}_2,\cdots,\boldsymbol{\beta}_t$线性表出，所以$\boldsymbol{\beta}_1,\boldsymbol{\beta}_2,\cdots,\boldsymbol{\beta}_t$也有非零向量，于是$q>0$，令

$$(a):\boldsymbol{\alpha}_{i_1},\boldsymbol{\alpha}_{i_2},\cdots,\boldsymbol{\alpha}_{i_p}$$

$$(b):\boldsymbol{\beta}_{j_1},\boldsymbol{\beta}_{j_2},\cdots,\boldsymbol{\beta}_{j_q}$$

分别为向量组 $\boldsymbol{\alpha}_1,\boldsymbol{\alpha}_2,\cdots,\boldsymbol{\alpha}_s$ 和向量组$\boldsymbol{\beta}_1,\boldsymbol{\beta}_2,\cdots,\boldsymbol{\beta}_t$ 的极大无关组，则(a) 可由(b)线性表出. 因为(a) 线性无关，所以由替换定理知 $p\leqslant q$. 当向量组 $\boldsymbol{\alpha}_1,\boldsymbol{\alpha}_2,\cdots,\boldsymbol{\alpha}_s$ 与向量组$\boldsymbol{\beta}_1,\boldsymbol{\beta}_2,\cdots,\boldsymbol{\beta}_t$ 等价时，(b) 可由(a) 线性表出，再由替换定理得$q\leqslant p$，从而 $p=q$.

【例6】 设$f_i(x)=\sum\limits_{j=0}^{n-1}(ix)^j$，$m\leqslant n$，则$f_1(x),f_2(x),\cdots,f_m(x)$线性无关.

证明　当 $i=m+1,\cdots,n$，补充定义

$$f_i(x)=\sum_{j=0}^{n-1}(ix)^j$$

把 $f_i(x)(i=1,2,\cdots,n)$ 写成矩阵形式得

$$f_i(x)=(1,x,\cdots,x^{n-1})\begin{bmatrix}1\\ i\\ \vdots\\ i^{n-1}\end{bmatrix}$$

于是

$$(f_1(x),f_2(x),\cdots,f_m(x),f_{m+1}(x),\cdots,f_n(x))=$$

$$(1,x,\cdots,x^{n-1})\begin{bmatrix}1&1&\cdots&1&1&\cdots&1\\ 1&2&\cdots&m&m+1&\cdots&n\\ 1^2&2^2&\cdots&m^2&(m+1)^2&\cdots&n^2\\ \vdots&\vdots&\ddots&\vdots&\vdots&\ddots&\vdots\\ 1^{n-1}&2^{n-1}&\cdots&m^{n-1}&(m+1)^{n-1}&\cdots&n^{n-1}\end{bmatrix}$$

由于

$$\begin{vmatrix}1&1&\cdots&1&1&\cdots&1\\ 1&2&\cdots&m&m+1&\cdots&n\\ 1^2&2^2&\cdots&m^2&(m+1)^2&\cdots&n^2\\ \vdots&\vdots&\ddots&\vdots&\vdots&\ddots&\vdots\\ 1^{n-1}&2^{n-1}&\cdots&m^{n-1}&(m+1)^{n-1}&\cdots&n^{n-1}\end{vmatrix}=\prod_{1\leqslant j<i\leqslant n}(i-j)\neq 0$$

于是向量组 $1,x,\cdots,x^{n-1}$ 可以由向量组

$$f_1(x),f_2(x),\cdots,f_m(x),f_{m+1}(x),\cdots,f_n(x)$$

线性表示,又显然向量组

$$f_1(x),f_2(x),\cdots,f_m(x),f_{m+1}(x),\cdots,f_n(x)$$

可以由向量组 $1,x,\cdots,x^{n-1}$ 线性表示,所以这两个向量组等价,由例5知,它们的秩相等.而向量组 $1,x,\cdots,x^{n-1}$ 的秩为 n,从而向量组

$$f_1(x),f_2(x),\cdots,f_m(x),f_{m+1}(x),\cdots,f_n(x)$$

的秩为 n,故向量组

$$f_1(x),f_2(x),\cdots,f_m(x),f_{m+1}(x),\cdots,f_n(x)$$

线性无关,因此向量组 $f_1(x),f_2(x),\cdots,f_m(x)$ 线性无关.

【例7】 设 $\boldsymbol{\alpha}_1,\boldsymbol{\alpha}_2,\cdots,\boldsymbol{\alpha}_r$ 为 r 个 n 维向量,$\boldsymbol{\beta}_i=\sum\limits_{j=1,j\neq i}^{r}\boldsymbol{\alpha}_j,i=1,2,\cdots,r$.证明:向量组 $\boldsymbol{\beta}_1,\boldsymbol{\beta}_2,\cdots,\boldsymbol{\beta}_r$ 与向量组 $\boldsymbol{\alpha}_1,\boldsymbol{\alpha}_2,\cdots,\boldsymbol{\alpha}_r$ 等价.

证明　注意到向量组 $\boldsymbol{\beta}_1,\boldsymbol{\beta}_2,\cdots,\boldsymbol{\beta}_r$ 的每一个向量都可由向量组 $\boldsymbol{\alpha}_1,\boldsymbol{\alpha}_2,\cdots,\boldsymbol{\alpha}_r$ 线性表出,因此只需证明向量组 $\boldsymbol{\alpha}_1,\boldsymbol{\alpha}_2,\cdots,\boldsymbol{\alpha}_r$ 的每一个向量也都可由向量组 $\boldsymbol{\beta}_1,\boldsymbol{\beta}_2,\cdots,\boldsymbol{\beta}_r$ 线性表出即可.

证法一　因为

$$\sum_{i=1}^{r}\boldsymbol{\beta}_i=(r-1)\boldsymbol{\beta}_j+(r-1)\boldsymbol{\alpha}_j,j=1,2,\cdots,r$$

所以

$$\boldsymbol{\alpha}_j=\frac{1}{r-1}\{\boldsymbol{\beta}_1+\cdots+\boldsymbol{\beta}_{j-1}+(2-r)\boldsymbol{\beta}_j+\boldsymbol{\beta}_{j+1}+\cdots+\boldsymbol{\beta}_r\},j=1,2,\cdots,r$$

因此向量组 $\boldsymbol{\alpha}_1,\boldsymbol{\alpha}_2,\cdots,\boldsymbol{\alpha}_r$ 的每一个向量也都可由向量组 $\boldsymbol{\beta}_1,\boldsymbol{\beta}_2,\cdots,\boldsymbol{\beta}_r$ 线性表出,故向量组 $\boldsymbol{\beta}_1,\boldsymbol{\beta}_2,\cdots,\boldsymbol{\beta}_r$ 与向量组 $\boldsymbol{\alpha}_1,\boldsymbol{\alpha}_2,\cdots,\boldsymbol{\alpha}_r$ 等价.

证法二　将

$$\boldsymbol{\beta}_i=\sum_{j=1,j\neq i}^{r}\boldsymbol{\alpha}_j,i=1,2,\cdots,r$$

写成矩阵形式得

$$\boldsymbol{\beta}_i=(\boldsymbol{\alpha}_1,\boldsymbol{\alpha}_2,\cdots,\boldsymbol{\alpha}_r)\begin{bmatrix}1\\\vdots\\1\\0\\1\\\vdots\\1\end{bmatrix}$$

其中 $i = 1,2,\cdots,n$. 从而

$$(\boldsymbol{\beta}_1,\boldsymbol{\beta}_2,\cdots,\boldsymbol{\beta}_r) = (\boldsymbol{\alpha}_1,\boldsymbol{\alpha}_2,\cdots,\boldsymbol{\alpha}_r)\begin{bmatrix} 0 & 1 & 1 & \cdots & 1 \\ 1 & 0 & 1 & \cdots & 1 \\ 1 & 1 & 0 & \cdots & 1 \\ \vdots & \vdots & \vdots & \ddots & \vdots \\ 1 & 1 & 1 & \cdots & 0 \end{bmatrix}$$

令

$$\boldsymbol{A} = \begin{bmatrix} 0 & 1 & 1 & \cdots & 1 \\ 1 & 0 & 1 & \cdots & 1 \\ 1 & 1 & 0 & \cdots & 1 \\ \vdots & \vdots & \vdots & \ddots & \vdots \\ 1 & 1 & 1 & \cdots & 0 \end{bmatrix}$$

则

$$|\boldsymbol{A}| = (-1)^{r-1}(r-1) \neq 0$$

故

$$[\boldsymbol{\alpha}_1,\boldsymbol{\alpha}_2,\cdots,\boldsymbol{\alpha}_r] = [\boldsymbol{\beta}_1,\boldsymbol{\beta}_2,\cdots,\boldsymbol{\beta}_r]\boldsymbol{A}^{-1}$$

因而向量组 $\boldsymbol{\alpha}_1,\boldsymbol{\alpha}_2,\cdots,\boldsymbol{\alpha}_r$ 的每一个向量也都可由向量组$\boldsymbol{\beta}_1,\boldsymbol{\beta}_2,\cdots,\boldsymbol{\beta}_r$ 线性表出，故向量组 $\boldsymbol{\beta}_1,\boldsymbol{\beta}_2,\cdots,\boldsymbol{\beta}_r$ 与向量组$\boldsymbol{\alpha}_1,\boldsymbol{\alpha}_2,\cdots,\boldsymbol{\alpha}_r$ 等价.

【例 8】 设向量 $\boldsymbol{\beta}$ 可以由$\boldsymbol{\alpha}_1,\boldsymbol{\alpha}_2,\cdots,\boldsymbol{\alpha}_r$ 线性表示，但不能由 $\boldsymbol{\alpha}_1,\boldsymbol{\alpha}_2,\cdots,\boldsymbol{\alpha}_{r-1}$ 线性表示. 证明：向量组 $\boldsymbol{\alpha}_1,\boldsymbol{\alpha}_2,\cdots,\boldsymbol{\alpha}_{r-1},\boldsymbol{\alpha}_r$ 与向量组$\boldsymbol{\alpha}_1,\boldsymbol{\alpha}_2,\cdots,\boldsymbol{\alpha}_{r-1},\boldsymbol{\beta}$ 等价.

证明　只需证明向量组 $\boldsymbol{\alpha}_1,\boldsymbol{\alpha}_2,\cdots,\boldsymbol{\alpha}_{r-1},\boldsymbol{\alpha}_r$ 与向量组$\boldsymbol{\alpha}_1,\boldsymbol{\alpha}_2,\cdots,\boldsymbol{\alpha}_{r-1},\boldsymbol{\beta}$ 可以互相线性表出即可.

在向量组 $\boldsymbol{\alpha}_1,\boldsymbol{\alpha}_2,\cdots,\boldsymbol{\alpha}_{r-1},\boldsymbol{\alpha}_r$ 与向量组$\boldsymbol{\alpha}_1,\boldsymbol{\alpha}_2,\cdots,\boldsymbol{\alpha}_{r-1},\boldsymbol{\beta}$ 中，$\boldsymbol{\alpha}_1,\boldsymbol{\alpha}_2,\cdots,\boldsymbol{\alpha}_{r-1}$ 是共同的向量，当然可以互相线性表出，并且 $\boldsymbol{\beta}$ 可由$\boldsymbol{\alpha}_1,\boldsymbol{\alpha}_2,\cdots,\boldsymbol{\alpha}_{r-1},\boldsymbol{\alpha}_r$ 线性表出，因而只需证明 $\boldsymbol{\alpha}_r$ 可由 $\boldsymbol{\alpha}_1,\boldsymbol{\alpha}_2,\cdots,\boldsymbol{\alpha}_{r-1},\boldsymbol{\beta}$ 线性表出.

因为向量 $\boldsymbol{\beta}$ 可由$\boldsymbol{\alpha}_1,\boldsymbol{\alpha}_2,\cdots,\boldsymbol{\alpha}_{r-1},\boldsymbol{\alpha}_r$ 线性表出，所以存在 $k_1,k_2,\cdots,k_r \in \mathbb{F}$，使得

$$\boldsymbol{\beta} = k_1\boldsymbol{\alpha}_1 + k_2\boldsymbol{\alpha}_2 + \cdots + k_{r-1}\boldsymbol{\alpha}_{r-1} + k_r\boldsymbol{\alpha}_r$$

又 $\boldsymbol{\beta}$ 不能由$\boldsymbol{\alpha}_1,\boldsymbol{\alpha}_2,\cdots,\boldsymbol{\alpha}_{r-1}$ 线性表出，所以 $k_r \neq 0$. 从而

$$\boldsymbol{\alpha}_r = -\frac{k_1}{k_r}\boldsymbol{\alpha}_1 - \frac{k_2}{k_r}\boldsymbol{\alpha}_2 - \cdots - \frac{k_{r-1}}{k_r}\boldsymbol{\alpha}_{r-1} + \frac{1}{k_r}\boldsymbol{\beta}$$

即 $\boldsymbol{\alpha}_r$ 可由 $\boldsymbol{\alpha}_1,\boldsymbol{\alpha}_2,\cdots,\boldsymbol{\alpha}_{r-1},\boldsymbol{\beta}$ 线性表出. 故向量组 $\boldsymbol{\alpha}_1,\boldsymbol{\alpha}_2,\cdots,\boldsymbol{\alpha}_{r-1},\boldsymbol{\alpha}_r$ 与向量组$\boldsymbol{\alpha}_1,\boldsymbol{\alpha}_2,\cdots,\boldsymbol{\alpha}_{r-1},\boldsymbol{\beta}$ 等价.

【例 9】 设在向量组 $\boldsymbol{\alpha}_1,\boldsymbol{\alpha}_2,\cdots,\boldsymbol{\alpha}_r$ 中,$\boldsymbol{\alpha}_1\neq\mathbf{0}$ 并且每一个 $\boldsymbol{\alpha}_i$ 都不能表示成它的前 $i-1$ 个向量 $\boldsymbol{\alpha}_1,\boldsymbol{\alpha}_2,\cdots,\boldsymbol{\alpha}_{i-1}$ 的线性组合.证明:$\boldsymbol{\alpha}_1,\boldsymbol{\alpha}_2,\cdots,\boldsymbol{\alpha}_r$ 线性无关.

证明 假设 $\boldsymbol{\alpha}_1,\boldsymbol{\alpha}_2,\cdots,\boldsymbol{\alpha}_r$ 线性相关,则存在不全为零的数 $k_1,k_2,\cdots,k_r\in\mathbb{F}$,使得

$$k_1\boldsymbol{\alpha}_1+k_2\boldsymbol{\alpha}_2+\cdots+k_r\boldsymbol{\alpha}_r=\mathbf{0}$$

设 k_i 是最后一个不为零的数,即

$$k_1\boldsymbol{\alpha}_1+k_2\boldsymbol{\alpha}_2+\cdots+k_i\boldsymbol{\alpha}_i=\mathbf{0}$$

因为 $\boldsymbol{\alpha}_1\neq\mathbf{0}$,所以 $i\neq1$,于是 $1<i\leqslant r$.由上式得

$$\boldsymbol{\alpha}_i=-\frac{k_1}{k_i}\boldsymbol{\alpha}_1-\cdots-\frac{k_{i-1}}{k_i}\boldsymbol{\alpha}_{i-1}$$

即 $\boldsymbol{\alpha}_i$ 可由它的前 $i-1$ 个向量 $\boldsymbol{\alpha}_1,\boldsymbol{\alpha}_2,\cdots,\boldsymbol{\alpha}_{i-1}$ 线性表出,与假设矛盾.故 $\boldsymbol{\alpha}_1,\boldsymbol{\alpha}_2,\cdots,\boldsymbol{\alpha}_r$ 线性无关.

【例 10】 设向量 $\boldsymbol{\alpha}_1,\boldsymbol{\alpha}_2,\cdots,\boldsymbol{\alpha}_r$ 线性无关,而 $\boldsymbol{\alpha}_1,\boldsymbol{\alpha}_2,\cdots,\boldsymbol{\alpha}_r,\boldsymbol{\beta},\boldsymbol{\gamma}$ 线性相关.证明或者 $\boldsymbol{\beta}$ 与 $\boldsymbol{\gamma}$ 中至少有一个可以由 $\boldsymbol{\alpha}_1,\boldsymbol{\alpha}_2,\cdots,\boldsymbol{\alpha}_r$ 线性表示,或者向量组 $\boldsymbol{\alpha}_1,\boldsymbol{\alpha}_2,\cdots,\boldsymbol{\alpha}_r,\boldsymbol{\beta}$ 与向量组 $\boldsymbol{\alpha}_1,\boldsymbol{\alpha}_2,\cdots,\boldsymbol{\alpha}_r,\boldsymbol{\gamma}$ 等价.

证明 因为 $\boldsymbol{\alpha}_1,\boldsymbol{\alpha}_2,\cdots,\boldsymbol{\alpha}_r,\boldsymbol{\beta},\boldsymbol{\gamma}$ 线性相关,所以存在一组不全为零的数 $k_1,k_2,\cdots,k_r,k_{r+1},k_{r+2}\in\mathbb{F}$,使得

$$k_1\boldsymbol{\alpha}_1+k_2\boldsymbol{\alpha}_2+\cdots+k_r\boldsymbol{\alpha}_r+k_{r+1}\boldsymbol{\beta}+k_{r+2}\boldsymbol{\gamma}=\mathbf{0}$$

下面证明 k_{r+1},k_{r+2} 中至少有一个不为零.

否则假设

$$k_{r+1}=k_{r+2}=0$$

则

$$k_1\boldsymbol{\alpha}_1+k_2\boldsymbol{\alpha}_2+\cdots+k_r\boldsymbol{\alpha}_r=\mathbf{0}$$

并且 $k_1,k_2,\cdots,k_r$ 中至少有一个不为零,这与 $\boldsymbol{\alpha}_1,\boldsymbol{\alpha}_2,\cdots,\boldsymbol{\alpha}_r$ 线性无关相矛盾.因此 k_{r+1} 与 k_{r+2} 至少有一个不为零.

若

$$k_{r+1}\neq0,k_{r+2}=0$$

则

$$\boldsymbol{\beta}=-\frac{k_1}{k_{r+1}}\boldsymbol{\alpha}_1-\cdots-\frac{k_r}{k_{r+1}}\boldsymbol{\alpha}_r$$

即 $\boldsymbol{\beta}$ 可由 $\boldsymbol{\alpha}_1,\boldsymbol{\alpha}_2,\cdots,\boldsymbol{\alpha}_r$ 线性表示.

若

$$k_{r+1} = 0, k_{r+2} \neq 0$$

则

$$\boldsymbol{\gamma} = -\frac{k_1}{k_{r+2}}\boldsymbol{\alpha}_1 - \cdots - \frac{k_r}{k_{r+2}}\boldsymbol{\alpha}_r$$

即 $\boldsymbol{\gamma}$ 可由 $\boldsymbol{\alpha}_1, \boldsymbol{\alpha}_2, \cdots, \boldsymbol{\alpha}_r$ 线性表示.

若

$$k_{r+1} \neq 0, k_{r+2} \neq 0$$

则

$$\boldsymbol{\beta} = -\frac{k_1}{k_{r+1}}\boldsymbol{\alpha}_1 - \cdots - \frac{k_r}{k_{r+1}}\boldsymbol{\alpha}_r - \frac{k_{r+2}}{k_{r+1}}\boldsymbol{\gamma}$$

或

$$\boldsymbol{\gamma} = -\frac{k_1}{k_{r+2}}\boldsymbol{\alpha}_1 - \cdots - \frac{k_r}{k_{r+2}}\boldsymbol{\alpha}_r - \frac{k_{r+1}}{k_{r+2}}\boldsymbol{\beta}$$

此时向量组 $\boldsymbol{\alpha}_1, \boldsymbol{\alpha}_2, \cdots, \boldsymbol{\alpha}_r, \boldsymbol{\beta}$ 与向量组 $\boldsymbol{\alpha}_1, \boldsymbol{\alpha}_2, \cdots, \boldsymbol{\alpha}_r, \boldsymbol{\gamma}$ 可以互相线性表出，即 $\boldsymbol{\alpha}_1, \boldsymbol{\alpha}_2, \cdots, \boldsymbol{\alpha}_r, \boldsymbol{\beta}$ 与向量组 $\boldsymbol{\alpha}_1, \boldsymbol{\alpha}_2, \cdots, \boldsymbol{\alpha}_r, \boldsymbol{\gamma}$ 等价.

综上,命题结论成立.

3.2　关于矩阵的秩的若干关系式问题

一、基本概念和基本理论

1. 矩阵的行(列) 秩

矩阵 $\boldsymbol{A}$ 的行(列) 向量组的秩称为矩阵 $\boldsymbol{A}$ 的行(列) 秩.

2. 矩阵的秩

一个矩阵 $\boldsymbol{A}$ 中不等于零的子式的最大阶数称为这个矩阵的秩,记为 $R(\boldsymbol{A})$ 或 $R_{\boldsymbol{A}}$.

3. 矩阵秩的相关理论

(1) 设 $\boldsymbol{A} = (a_{ij}) \in M_{mn}(\mathbb{F})$,则 $R(\boldsymbol{A}) \leqslant \min\{m, n\}$.

(2) 设 $\boldsymbol{A} = (a_{ij}) \in M_{mn}(\mathbb{F})$,$\boldsymbol{A}$ 行满秩的充要条件是 $\boldsymbol{A}$ 的各行线性无关;$\boldsymbol{A}$ 列满秩的充要条件是 $\boldsymbol{A}$ 的各列线性无关;若 $m = n$,则 $\boldsymbol{A}$ 满秩的充要条件是 $|\boldsymbol{A}| \neq 0$, 即 $\boldsymbol{A}$ 可逆.

(3) 初等变换不改变矩阵的秩,或者说左(右) 乘可逆矩阵不改变矩阵的秩.

(4) 若

$$A=\begin{bmatrix} A_1 & & & \\ & A_2 & & \\ & & \ddots & \\ & & & A_k \end{bmatrix}$$

则

$$R(A)=\sum_{i=1}^{k}R(A_i)$$

(5) 设矩阵 A 的秩为 r,则下列命题彼此等价:

(1)A 中有一个 r 阶子式不为零,而 A 的任何 $r+1$ 阶子式全为零.

(2)A 的行秩为 r.

(3)A 的列秩为 r.

(4)A 的行(或列)空间维数为 r.

(5)存在 m 阶可逆矩阵 P,n 阶可逆矩阵 Q,使得

$$PAQ=\begin{bmatrix} I_r & 0 \\ 0 & 0 \end{bmatrix}$$

(4) 设 $A=(a_{ij})_{mn}$,$B=(b_{ij})_{np}$,则

$$R(AB)\leqslant\min\{R(A),R(B)\}$$

特别,当其中有一个为可逆矩阵时,乘积的秩等于另一个矩阵的秩.

二、例题与问题

【例 1】 设 A 是一个秩为 r 的 m 行的矩阵,$\{\alpha_1,\cdots,\alpha_m\}$ 是 A 的行,在其中任取 s 个行作一个矩阵 B,证明:B 的秩不小于 $r+s-m$.

证明 考虑到矩阵的秩等于它的行向量组的秩,因此只需证明 B 的行向量组的秩不小于 $r+s-m$.

证法一 在 A 的行向量组$\{\alpha_1,\cdots,\alpha_m\}$中任意去掉一个向量后其秩最多减少 1,于是在向量组$\{\alpha_1,\cdots,\alpha_m\}$中任取 s 个向量 $\alpha_{i1},\cdots,\alpha_{is}$ 构成的部分向量组可视为原向量组去掉 $m-s$ 个向量后所得的向量组,因此该部分向量组的秩最多减少 $m-s$,即该部分向量组的秩至少是 $r-(m-s)=r+s-m$.故$\{\alpha_{i1},\cdots,\alpha_{is}\}$的秩不小于 $r+s-m$.

证法二 设$\{\alpha_{i1},\cdots,\alpha_{is}\}$的秩为 t.在$\{\alpha_{i1},\cdots,\alpha_{is}\}$的一个极大无关部分组(含 t 个向量)的基础上扩充为$\{\alpha_1,\cdots,\alpha_m\}$的一个极大无关组(含 r 个向量).这样扩充的线性无关的向量个数为 $r-t$.但$\{\alpha_1,\cdots,\alpha_m\}$中除去 $\alpha_{i1},\cdots,\alpha_{is}$ 还有

$m-s$ 个向量，显然 $r-t \leqslant m-s$，即 $t \geqslant r+s-m$. 故部分向量组 $\{\boldsymbol{\alpha}_{i1},\cdots,\boldsymbol{\alpha}_{is}\}$ 的秩不小于 $r+s-m$.

证法三　设向量组 $\{\boldsymbol{\alpha}_1,\cdots,\boldsymbol{\alpha}_m\}$(1) 取走 s 个向量 $\{\boldsymbol{\alpha}_{i1},\cdots,\boldsymbol{\alpha}_{is}\}$(2) 后余下 $m-s$ 个向量为 $\{\boldsymbol{\alpha}_{j1},\cdots,\boldsymbol{\alpha}_{jm-s}\}$(3)，这样组(2) 与组(3) 合并即为组(1). 令组(2) 的秩为 t，组(3) 的秩为 l. 于是组(1) 的一个极大无关组的 r 个向量可由组(2) 与组(3) 的两个极大无关组的 $t+l$ 个向量线性表示，故由替换定理知 $r \leqslant t+l$. 由于组(3) 的秩小于等于 $m-s$，所以 $r \leqslant t+m-s$，即部分向量组 $\{\boldsymbol{\alpha}_{i1},\cdots,\boldsymbol{\alpha}_{is}\}$ 的秩大于等于 $r+s-m$.

【例 2】　设 $m \times n$ 矩阵 $\boldsymbol{A}$ 的某个 r 阶子式 $D \neq 0$，而包含 D 的所有 $r+1$ 阶子式全为零，证明：$\boldsymbol{A}$ 的秩为 r.

证明　不妨令 $\boldsymbol{A}$ 的 r 阶顺序主子式为 $D \neq 0$(即 $\boldsymbol{A}$ 的前 r 行前 r 列元素构成的 r 阶子式)，于是 $\boldsymbol{A}$ 的前 r 行向量 $\boldsymbol{\alpha}_1,\cdots,\boldsymbol{\alpha}_r$ 线性无关. 若能证明 $\boldsymbol{A}$ 的后 $m-r$ 个行均是 $\boldsymbol{\alpha}_1,\cdots,\boldsymbol{\alpha}_r$ 的线性组合，则 $R(\boldsymbol{A})=r$. 下面构作 $(r+1)\times n$ 矩阵

$$\boldsymbol{A}_i = [\boldsymbol{\alpha}_1 \ \ \boldsymbol{\alpha}_2 \ \ \cdots \ \ \boldsymbol{\alpha}_r \ \ \boldsymbol{\alpha}_i]^{\mathrm{T}} = \begin{bmatrix} a_{11} & a_{12} & \cdots & a_{1r} & a_{1r+1} & \cdots & a_{1n} \\ a_{21} & a_{22} & \cdots & a_{2r} & a_{2r+1} & \cdots & a_{2n} \\ \vdots & \vdots & \ddots & \vdots & \vdots & \ddots & \vdots \\ a_{r1} & a_{r2} & \cdots & a_{rr} & a_{rr+1} & \cdots & a_{rn} \\ a_{i1} & a_{i2} & \cdots & a_{ir} & a_{ir+1} & \cdots & a_{in} \end{bmatrix}$$

其中 $r+1 \leqslant i \leqslant m$. 只须证 $R(\boldsymbol{A}_i)=r$. 事实上，把 $\boldsymbol{A}_i$ 按列分块得

$$\boldsymbol{A}_i = [\boldsymbol{\beta}_1,\cdots,\boldsymbol{\beta}_r,\boldsymbol{\beta}_{r+1},\cdots,\boldsymbol{\beta}_n]$$

其中 $\boldsymbol{\beta}_j = [a_{1j}a_{2j}\cdots a_{rj}a_{ij}]^{\mathrm{T}}$ 为 $r+1$ 维列向量，$j=1,2,\cdots,n$. 由于 r 阶子式 $D \neq 0$，故 $\boldsymbol{\beta}_1,\cdots,\boldsymbol{\beta}_r$ 线性无关. 由于题设含 D 的 $r+1$ 阶子式全为 0，故对任意 $k(k=r+1,\cdots,n)$ 恒有 $|\boldsymbol{\beta}_1,\boldsymbol{\beta}_2,\cdots,\boldsymbol{\beta}_r,\boldsymbol{\beta}_k|=0$. 于是 $\boldsymbol{\beta}_1,\cdots,\boldsymbol{\beta}_r,\boldsymbol{\beta}_k$ 线性相关，但 $\boldsymbol{\beta}_1,\cdots,\boldsymbol{\beta}_r$ 线性无关，故 $\boldsymbol{\beta}_k(k=r+1,\cdots,n)$ 均是 $\boldsymbol{\beta}_1,\cdots,\boldsymbol{\beta}_r$ 的线性组合，即 $\boldsymbol{\beta}_1,\cdots,\boldsymbol{\beta}_r$ 是矩阵 $\boldsymbol{A}_i$ 的列向量组的极大无关组，所以 $R(\boldsymbol{A}_i)=r$，从而 $R(\boldsymbol{A})=r$.

【例 3】　设 $\boldsymbol{A},\boldsymbol{B} \in M_{mn}(\mathbb{F})$，则

$$R(\boldsymbol{A})-R(\boldsymbol{B}) \leqslant R(\boldsymbol{A} \pm \boldsymbol{B}) \leqslant R(\boldsymbol{A})+R(\boldsymbol{B})$$

证明　(1) 先证 $R(\boldsymbol{A}+\boldsymbol{B}) \leqslant R(\boldsymbol{A})+R(\boldsymbol{B})$.

设 $\boldsymbol{\alpha}_1,\boldsymbol{\alpha}_2,\cdots,\boldsymbol{\alpha}_r$ 为 $\boldsymbol{A}$ 的列向量组的一个极大无关组，其中 $r=R(\boldsymbol{A})$；$\boldsymbol{\beta}_1,\boldsymbol{\beta}_2,\cdots,\boldsymbol{\beta}_s$ 为 $\boldsymbol{\beta}$ 的列向量组的一个极大无关组，其中 $s=R(\boldsymbol{B})$. 于是矩阵 $\boldsymbol{A}+\boldsymbol{B}$ 的列向量组的极大无关组可由 $\boldsymbol{\alpha}_1,\boldsymbol{\alpha}_2,\cdots,\boldsymbol{\alpha}_r,\boldsymbol{\beta}_1,\boldsymbol{\beta}_2,\cdots,\boldsymbol{\beta}_s$ 线性表示. 因此，由替

换定理知

$$R(\boldsymbol{A}+\boldsymbol{B}) \leqslant r+s=R(\boldsymbol{A})+R(\boldsymbol{B}).$$

(2) 再证 $R(\boldsymbol{A})-R(\boldsymbol{B}) \leqslant R(\boldsymbol{A}+\boldsymbol{B})$.

因为 $\boldsymbol{A}=(\boldsymbol{A}-\boldsymbol{B})+\boldsymbol{B}$,则由上述结论知

$$R[(\boldsymbol{A}-\boldsymbol{B})+\boldsymbol{B}] \leqslant R(\boldsymbol{A}-\boldsymbol{B})+R(\boldsymbol{B})$$

即得

$$R(\boldsymbol{A})-R(\boldsymbol{B}) \leqslant R(\boldsymbol{A}-\boldsymbol{B})$$

至于 $R(\boldsymbol{A}-\boldsymbol{B}) \leqslant R(\boldsymbol{A})+R(\boldsymbol{B})$,则由 $R(-\boldsymbol{B})=R(\boldsymbol{B})$ 有

$$R(\boldsymbol{A}-\boldsymbol{B})=R[\boldsymbol{A}+(-\boldsymbol{B})] \leqslant R(\boldsymbol{A})+R(\boldsymbol{B})$$

【例 4】 设 $\boldsymbol{A} \in M_{mn}(\mathbb{F}), \boldsymbol{B} \in M_{np}(\mathbb{F})$,则

$$R(\boldsymbol{A})+R(\boldsymbol{B})-n \leqslant R(\boldsymbol{AB}) \leqslant \min\{R(\boldsymbol{A}), R(\boldsymbol{B})\}$$

特别地,

(1) 当 $\boldsymbol{AB}=\boldsymbol{0}$ 时,$R(\boldsymbol{A})+R(\boldsymbol{B}) \leqslant n$.

(2) 当 $R(\boldsymbol{A})=n$ 时,$R(\boldsymbol{AB})=R(\boldsymbol{B})$;当 $R(\boldsymbol{B})=n$ 时,$R(\boldsymbol{AB})=R(\boldsymbol{A})$.

证明 关系式 $R(\boldsymbol{AB}) \leqslant \min\{R(\boldsymbol{A}), R(\boldsymbol{B})\}$ 显然成立,因而只须证

$$R(\boldsymbol{A})+R(\boldsymbol{B})-n \leqslant R(\boldsymbol{AB})$$

设 $R(\boldsymbol{A})=r, R(\boldsymbol{B})=s$.对矩阵 $\boldsymbol{A}$,存在 m 阶可逆矩阵 $\boldsymbol{P}$,n 阶可逆矩阵 $\boldsymbol{Q}$,使得

$$\boldsymbol{PAQ}=\begin{bmatrix} \boldsymbol{I}_r & \boldsymbol{0} \\ \boldsymbol{0} & \boldsymbol{0} \end{bmatrix}$$

令

$$\boldsymbol{Q}^{-1}\boldsymbol{B}=\begin{bmatrix} \boldsymbol{B}_1 \\ \boldsymbol{B}_2 \end{bmatrix}$$

其中 $\boldsymbol{B}_1$ 为 $r \times p$ 阵,$\boldsymbol{B}_2$ 为 $(n-r) \times p$ 阵.于是

$$\boldsymbol{PAB}=\boldsymbol{PAQQ}^{-1}\boldsymbol{B}=\begin{bmatrix} \boldsymbol{I}_r & \boldsymbol{0} \\ \boldsymbol{0} & \boldsymbol{0} \end{bmatrix}\begin{bmatrix} \boldsymbol{B}_1 \\ \boldsymbol{B}_2 \end{bmatrix}=\begin{bmatrix} \boldsymbol{B}_1 \\ \boldsymbol{0} \end{bmatrix}$$

因此

$$R(\boldsymbol{AB})=R\begin{bmatrix} \boldsymbol{B}_1 \\ \boldsymbol{0} \end{bmatrix}=R(\boldsymbol{B}_1^{\mathrm{T}}, \boldsymbol{0})=R(\boldsymbol{B}_1^{\mathrm{T}})=\boldsymbol{R}(\boldsymbol{B}_1)$$

而 $R(\boldsymbol{Q}^{-1}\boldsymbol{B})=R(\boldsymbol{B})=s$,则

$$R(\boldsymbol{B})=R(\boldsymbol{B}_1^{\mathrm{T}}, \boldsymbol{B}_2^{\mathrm{T}}) \leqslant R(\boldsymbol{B}_1^{\mathrm{T}})+R(\boldsymbol{B}_2^{\mathrm{T}}) \leqslant R(\boldsymbol{AB})+(n-r)$$

故

$$R(\boldsymbol{A}) + R(\boldsymbol{B}) - n \leqslant R(\boldsymbol{AB})$$

特别,(1) 当 $\boldsymbol{AB} = \boldsymbol{0}$ 时,$R(\boldsymbol{AB}) = 0$,由上面结论有

$$R(\boldsymbol{A}) + R(\boldsymbol{B}) - n \leqslant 0$$

即 $R(\boldsymbol{A}) + R(\boldsymbol{B}) \leqslant n$.

(2) 当 $R(\boldsymbol{A}) = n$ 时,由

$$R(\boldsymbol{A}) + R(\boldsymbol{B}) - n \leqslant R(\boldsymbol{AB})$$

得 $R(\boldsymbol{B}) \leqslant R(\boldsymbol{AB})$,但 $R(\boldsymbol{AB}) \leqslant R(\boldsymbol{B})$,故 $R(\boldsymbol{AB}) = R(\boldsymbol{B})$. 同理可证,当 $R(\boldsymbol{B}) = n$ 时,$R(\boldsymbol{AB}) = R(\boldsymbol{A})$.

【例5】 对于 n 阶方阵 $\boldsymbol{A}$ 及可逆矩阵 $\boldsymbol{B}$,若 $R(\boldsymbol{I} - \boldsymbol{AB}) + R(\boldsymbol{I} + \boldsymbol{BA}) = n$,则 $\boldsymbol{A}$ 可逆.

证明 由 $\boldsymbol{B}$ 可逆知

$$\boldsymbol{B}^{-1}(\boldsymbol{I} + \boldsymbol{BA})\boldsymbol{B} = \boldsymbol{I} + \boldsymbol{AB}$$

从而由例4知

$$R(\boldsymbol{I} + \boldsymbol{BA}) = R(\boldsymbol{I} + \boldsymbol{AB})$$

于是

$$R(\boldsymbol{I} - \boldsymbol{AB}) + R(\boldsymbol{I} + \boldsymbol{AB}) = R(\boldsymbol{I} - \boldsymbol{AB}) + R(\boldsymbol{I} + \boldsymbol{BA}) = n$$

由 $\boldsymbol{I} - \boldsymbol{AB}$ 与 $\boldsymbol{I} + \boldsymbol{AB}$ 可交换及例4得

$$\begin{aligned} n = {} & R(2\boldsymbol{I}) = \\ & R((\boldsymbol{I} - \boldsymbol{AB}) + (\boldsymbol{I} + \boldsymbol{AB})) = \\ & R(\boldsymbol{I} - \boldsymbol{AB}) + R(\boldsymbol{I} + \boldsymbol{AB}) - R((\boldsymbol{I} - \boldsymbol{AB})(\boldsymbol{I} + \boldsymbol{AB})) = \\ & n - R((\boldsymbol{I} - \boldsymbol{AB})(\boldsymbol{I} + \boldsymbol{AB})) \end{aligned}$$

从而

$$R((\boldsymbol{I} - \boldsymbol{AB})(\boldsymbol{I} + \boldsymbol{AB})) = 0$$

因此

$$(\boldsymbol{I} - \boldsymbol{AB})(\boldsymbol{I} + \boldsymbol{AB}) = \boldsymbol{0}$$

即$(\boldsymbol{AB})^2 = \boldsymbol{I}$.故 $\boldsymbol{AB}$ 可逆,又 $\boldsymbol{B}$ 可逆,所以 $\boldsymbol{A}$ 可逆.

【例6】 设 $\boldsymbol{A},\boldsymbol{B},\boldsymbol{C}$ 为三个依次可乘的矩阵,则

$$R(\boldsymbol{ABC}) \geqslant R(\boldsymbol{AB}) + R(\boldsymbol{BC}) - R(\boldsymbol{B})$$

证明 设 $\boldsymbol{B}$ 为 $n \times p$ 阵,$R(\boldsymbol{B}) = r$,则存在 n 阶可逆矩阵 $\boldsymbol{P}$,p 阶可逆矩阵 $\boldsymbol{Q}$,使得

$$\boldsymbol{PBQ} = \begin{bmatrix} \boldsymbol{I}_r & \boldsymbol{0} \\ \boldsymbol{0} & \boldsymbol{0} \end{bmatrix}$$

令 $\boldsymbol{P}^{-1} = (\boldsymbol{P}_1\boldsymbol{P}_2)$,$\boldsymbol{Q}^{-1} = [\boldsymbol{Q}_1 \quad \boldsymbol{Q}_2]^{\mathrm{T}}$,其中 $\boldsymbol{P}_1$ 为 $n \times r$ 阵,$\boldsymbol{Q}_1$ 为 $r \times p$ 阵,则

$$B = P^{-1}\begin{bmatrix} I_r & 0 \\ 0 & 0 \end{bmatrix} Q^{-1} = P_1 Q_1$$

故

$$R(ABC) = R(AP_1Q_1C) = R[(AP_1)(Q_1C)]$$

于是由例 4 知

$$R[(AP_1)(Q_1C)] \geqslant R(AP_1) + R(Q_1C) - r$$

又因 P_1 为列满秩矩阵，Q_1 为行满秩矩阵，所以

$$R(AP_1) = R(AP_1Q_1), R(Q_1C) = R(P_1Q_1C)$$

因此得

$$R(ABC) \geqslant R(AB) + R(BC) - R(B)$$

【例 7】 设 A 为 $m \times n$ 阵，B 为 $p \times q$ 阵，C 为 $m \times q$ 阵，则

$$R\begin{bmatrix} A & C \\ 0 & B \end{bmatrix} \geqslant R(A) + R(B)$$

并且当 A(或 B) 为可逆矩阵时，或 $C = 0$ 时，上式等号成立.

证明 令 $R(A) = r, R(B) = s$，则 A 中必有一个 r 阶子式 $|A_r| \neq 0$，B 中必有一个 s 阶子式 $|B_s| \neq 0$，于是矩阵$\begin{bmatrix} A & C \\ 0 & B \end{bmatrix}$中必有一个 $r + s$ 阶子式

$$\begin{vmatrix} A_r & * \\ 0 & B_s \end{vmatrix} = |A_r| \cdot |B_s| \neq 0$$

故

$$R\begin{bmatrix} A & C \\ 0 & B \end{bmatrix} \geqslant r + s = R(A) + R(B)$$

特别，当 $C = 0$ 时，由

$$R\begin{bmatrix} A & 0 \\ 0 & B \end{bmatrix} \geqslant R\begin{bmatrix} A \\ 0 \end{bmatrix} + R\begin{bmatrix} 0 \\ B \end{bmatrix} = R(A) + R(B)$$

得

$$R\begin{bmatrix} A & 0 \\ 0 & B \end{bmatrix} = R(A) + R(B)$$

当 A 为 n 阶可逆矩阵时，由于

$$\begin{bmatrix} A & C \\ 0 & B \end{bmatrix}\begin{bmatrix} I_n & -A^{-1}C \\ 0 & I_p \end{bmatrix} = \begin{bmatrix} A & 0 \\ 0 & B \end{bmatrix}$$

则得

$$R\begin{bmatrix} A & C \\ 0 & B \end{bmatrix} = R\begin{bmatrix} A & 0 \\ 0 & B \end{bmatrix} = R(A) + R(B)$$

同理,当 B 为可逆矩阵时,也有上述等式.

【例8】 $A,B \in M_n(\mathbb{F})$,如果 A,B 可交换,求证:$R(A+B) \leqslant R(A) + R(B) - R(AB)$.

证明　考虑方程组 $ABX = 0$ 的解空间.显然 $AX = 0$ 的解空间和 $BX = 0$ 的解空间都包含在 $ABX = 0$ 的解空间中,所以

$$n - R(AB) \geqslant (n - R(A)) + (n - R(B)) - k \qquad ①$$

其中 k 是 $AX = 0$ 的解空间和 $BX = 0$ 的解空间的交的维数.由

$$\{X \in \mathbb{F}^n \mid AX = 0, BX = 0\} \subset \{X \in \mathbb{F}^n \mid AX = -BX\} = \{X \in \mathbb{F}^n \mid (A+B)X = 0\}$$

所以 $k \leqslant n - R(A+B)$.代入 ①,命题得证.

【例9】　实数域上任一 $m \times n$ 矩阵 A,均有

$$R(A^{\mathrm{T}}A) = R(A) = R(AA^{T})$$

证明　只需证明后一个等号成立即可.为此只需证齐次线性方程组 $AX = 0$ 与 $A^{\mathrm{T}}AX = 0$ 同解即可.

事实上,$AX = 0$ 的解显然为 $A^{\mathrm{T}}AX = 0$ 的解.现在令 X_0 为 $A^{\mathrm{T}}AX = 0$ 的任一非零解,即 $A^{\mathrm{T}}AX_0 = 0$,对此式两端同时左乘 X_0^{T},得 $X_0^{\mathrm{T}}A^{\mathrm{T}}AX_0 = 0$,即 $(AX_0)^{\mathrm{T}}(AX_0) = 0$.

假若 $AX_0 = [y_1, y_2, \cdots, y_n]^{\mathrm{T}} \neq 0$,则

$$(AX_0)^{\mathrm{T}}(AX_0) = y_1^2 + y_2^2 + \cdots + y_n^2 \neq 0$$

产生矛盾,故必有 $AX_0 = 0$,即得 $A^{\mathrm{T}}AX = 0$ 的解又都是 $AX = 0$ 的解.因此 $AX = 0$ 与 $A^{\mathrm{T}}AX = 0$ 同解,从而 $R(A) = R(A^{\mathrm{T}}A)$.同理 $R(A^{\mathrm{T}}) = R(AA^{\mathrm{T}})$,故由 $R(A) = R(A^{\mathrm{T}})$,得 $R(A) = R(AA^{\mathrm{T}})$.

【例10】　设 I 是 n 阶单位矩阵,证明

(1) 若 A,B 都是 n 阶矩阵,$A = A^2$,$I - A - B$ 可逆,则 $R(AB) = R(BA)$.

(2) 若 A 是 n 阶实矩阵,且 $A + A^{\mathrm{T}} = I$,则 A 可逆.

(3) 若 A 是 n 阶矩阵,$A^2 = I$,则 $R(A+I) + R(A-I) = n$.

证明　(1) 由 $I - A - B$ 可逆,则

$$R(A) = R(A(I - A - B)) = R(A - A^2 - AB) = R(AB)$$

同理

$$R(BA) = R(A) = R(AB)$$

(2) 注意到 $R(A)=R(AA^{\mathrm{T}})$,并且 A,A^{T} 可换,于是在例9中,取 $B=A^{\mathrm{T}}=I-A$,则有 $R(A)\geqslant n$,故 A 可逆.

(3) 由 $(A+I)-(A-I)=2I$ 及例3得出

$$n\leqslant R(A+I)+R(A-I)$$

又由 $A^2=I$ 得 $(A+I)(A-I)=\mathbf{0}$,从而由例4知

$$0=R((A+I)(A-I))\geqslant R(A+I)+R(A-I)-n$$

故

$$R(A+I)+R(A-I)=n$$

【例 11】 设 $A\in M_n(\mathbb{F})$,则

$$(k+1)R(A^2)\leqslant R(A^{k+2})+kR(A),k\geqslant 0$$

证明 对 k 应用数学归纳法.

(1) 当 $k=0$ 时,命题显然成立.

(2) 当 $k=r>0$ 时,假设命题成立,即

$$(r+1)R(A^2)\leqslant R(A^{r+2})+rR(A)$$

下面证明当 $k=r+1$ 时,命题成立.由 $((r+1)+1)R(A^2)=(r+1)R(A^2)+R(A^2)$,归纳假设及例6知

$$((r+1)+1)R(A^2)\leqslant R(A^{r+2})+rR(A)+R(A^2)\leqslant R(A^{r+3})+(r+1)R(A)$$

所以当 $k=r+1$ 时,命题也成立,故命题对一切自然数均成立.

3.3 线性方程组与矩阵方程

一、基本概念和基本理论

1.基础解系

齐次线性方程组 $AX=\mathbf{0}$,即

$$\begin{cases}a_{11}x_1+a_{12}x_2+\cdots+a_{1n}x_n=0\\a_{21}x_1+a_{22}x_2+\cdots+a_{2n}x_n=0\\\cdots\\a_{m1}x_1+a_{m2}x_2+\cdots+a_{mn}x_n=0\end{cases}$$

的一组解向量 $\boldsymbol{\eta}_1,\boldsymbol{\eta}_2,\cdots,\boldsymbol{\eta}_t$ 称为它的一个基础解系,如果 $\boldsymbol{\eta}_1,\boldsymbol{\eta}_2,\cdots,\boldsymbol{\eta}_t$ 线性无关,那么这个齐次线性方程组的任一解向量都能表示成 $\boldsymbol{\eta}_1,\boldsymbol{\eta}_2,\cdots,\boldsymbol{\eta}_t$ 的线性组合.

2. 解空间

把齐次线性方程组 $AX = 0$ 的一个基础解系生成的空间称为该齐次线性方程组的解空间. 因此 $\eta_1,\eta_2,\cdots,\eta_t$ 又称为解空间的一个基, 并且 $t = n - R(A)$.

3. 线性方程组的一般理论

设

$$\begin{cases} a_{11}x_1 + a_{12}x_2 + \cdots + a_{1n}x_n = b_1 \\ a_{21}x_1 + a_{22}x_2 + \cdots + a_{2n}x_n = b_2 \\ \cdots \\ a_{m1}x_1 + a_{m2}x_2 + \cdots + a_{mn}x_n = b_m \end{cases} \qquad ①$$

为非齐次线性方程组, 而

$$\begin{cases} a_{11}x_1 + a_{12}x_2 + \cdots + a_{1n}x_n = 0 \\ a_{21}x_1 + a_{22}x_2 + \cdots + a_{2n}x_n = 0 \\ \cdots \\ a_{m1}x_1 + a_{m2}x_2 + \cdots + a_{mn}x_n = 0 \end{cases} \qquad ②$$

为 ① 的导出齐次线性方程组.

(1) 非齐次线性方程组 ① 有解的充要条件是它的系数矩阵与增广矩阵有相同的秩.

(2) 方程组 ① 若有解, 则

① 当 $R(A) = r < n$ 时, ① 有无穷多个解;

② 当 $R(A) = r = n$ 时, ① 有唯一解.

(3) 齐次线性方程组 ② 有非零解的充要条件是它的系数矩阵的秩小于未知量的个数, 即 $R(A) < n$.

(4) 方程个数 m 与未知量个数 n 相等的齐次线性方程组有非零解的充要条件是它的系数行列式为零.

(5) 任何一个有非零解的齐次线性方程组必有基础解系, 并且基础解系所含解的个数为 $n - R(A)$, 即为自由未知量的个数.

(6) 若线性方程组 ① 有解, 则 ① 的一个解与它的导出齐次线性方程组的一个解的和是 ① 的一个解. ① 的任一解都可写成 ① 的一个特解与 ② 的一个解的和. 因此, 对方程组 ① 的任一特解来说, 只要取遍它的导出方程组 ② 的全部解, 那么就能得出 ① 的全部解.

二、例题

【例 1】　设 $\eta_0,\eta_1,\cdots,\eta_{n-r}$ 是非齐次线性方程组 $AX = b$ 的 $n - r + 1$ 个线

性无关的解向量,其中 A 是 $m \times n$ 矩阵且 $R(A) = r$. 证明: $\boldsymbol{\eta}_1 - \boldsymbol{\eta}_0, \boldsymbol{\eta}_2 - \boldsymbol{\eta}_0, \cdots, \boldsymbol{\eta}_{n-r} - \boldsymbol{\eta}_0$ 是 $AX = \mathbf{0}$ 的一个基础解系.

证明 因为 $A\boldsymbol{\eta}_i = b(i = 0,1,2,\cdots,n-r)$,所以

$$A(\boldsymbol{\eta}_i - \boldsymbol{\eta}_0) = \mathbf{0}, i = 1,2,\cdots,n-r$$

即 $\boldsymbol{\eta}_1 - \boldsymbol{\eta}_0, \boldsymbol{\eta}_2 - \boldsymbol{\eta}_0, \cdots, \boldsymbol{\eta}_{n-r} - \boldsymbol{\eta}_0$ 是 $AX = \mathbf{0}$ 的一个解向量.

下面证明它们线性无关.

设 $k_1, k_2, \cdots, k_{n-r} \in \mathbb{F}$,使得

$$k_1(\boldsymbol{\eta}_1 - \boldsymbol{\eta}_0) + k_2(\boldsymbol{\eta}_2 - \boldsymbol{\eta}_0) + \cdots + k_{n-r}(\boldsymbol{\eta}_{n-r} - \boldsymbol{\eta}_0) = \mathbf{0}$$

从而

$$(-k_1 - k_2 - \cdots - k_{n-r})\boldsymbol{\eta}_0 + k_1\boldsymbol{\eta}_1 + \cdots + k_{n-r}\boldsymbol{\eta}_{n-r} = \mathbf{0}$$

由 $\boldsymbol{\eta}_0, \boldsymbol{\eta}_1, \cdots, \boldsymbol{\eta}_{n-r}$ 线性无关知, $k_1 = k_2 = \cdots = k_{n-r} = 0$, 故 $\boldsymbol{\eta}_1 - \boldsymbol{\eta}_0, \boldsymbol{\eta}_2 - \boldsymbol{\eta}_0, \cdots, \boldsymbol{\eta}_{n-r} - \boldsymbol{\eta}_0$ 线性无关,因而 $\boldsymbol{\eta}_1 - \boldsymbol{\eta}_0, \boldsymbol{\eta}_2 - \boldsymbol{\eta}_0, \cdots, \boldsymbol{\eta}_{n-r} - \boldsymbol{\eta}_0$ 是 $AX = \mathbf{0}$ 的一个基础解系.

【例2】 设 $\boldsymbol{\xi}_1, \boldsymbol{\xi}_2, \cdots, \boldsymbol{\xi}_s$ 为齐次线性方程组 $AX = \mathbf{0}$ 的一个基础解系, $\boldsymbol{\eta}_1 = t_1\boldsymbol{\xi}_1 + t_2\boldsymbol{\xi}_2, \boldsymbol{\eta}_2 = t_1\boldsymbol{\xi}_2 + t_2\boldsymbol{\xi}_3, \cdots, \boldsymbol{\eta}_s = t_1\boldsymbol{\xi}_s + t_2\boldsymbol{\xi}_1$,其中 t_1, t_2 为实常数,证明:当 s 为偶数且 $t_1 \neq \pm t_2$,或者 s 为奇数且 $t_1 \neq -t_2$ 时, $\boldsymbol{\eta}_1, \boldsymbol{\eta}_2, \cdots, \boldsymbol{\eta}_s$ 也是齐次线性方程组 $AX = \mathbf{0}$ 的一个基础解系.

证明 因为 $\boldsymbol{\eta}_1, \boldsymbol{\eta}_2, \cdots, \boldsymbol{\eta}_s$ 是 $\boldsymbol{\xi}_1, \boldsymbol{\xi}_2, \cdots, \boldsymbol{\xi}_s$ 的线性组合,所以 $\boldsymbol{\eta}_1, \boldsymbol{\eta}_2, \cdots, \boldsymbol{\eta}_s$ 为 $AX = \mathbf{0}$ 的解向量. 下面只需证明 $\boldsymbol{\eta}_1, \boldsymbol{\eta}_2, \cdots, \boldsymbol{\eta}_s$ 线性无关.

设 $k_1, k_2, \cdots, k_s \in \mathbb{F}$,使得

$$k_1\boldsymbol{\eta}_1 + k_2\boldsymbol{\eta}_2 + \cdots + k_s\boldsymbol{\eta}_s = \mathbf{0}$$

从而得

$$(t_1k_1 + t_2k_s)\boldsymbol{\xi}_1 + (t_2k_1 + t_1k_2)\boldsymbol{\xi}_2 + \cdots + (t_2k_{s-1} + t_1k_s)\boldsymbol{\xi}_s = \mathbf{0}$$

由于 $\boldsymbol{\xi}_1, \boldsymbol{\xi}_2, \cdots, \boldsymbol{\xi}_s$ 线性无关,所以有

$$\begin{cases} t_1k_1 + t_2k_s = 0 \\ t_2k_1 + t_1k_2 = 0 \\ \cdots \\ t_2k_{s-1} + t_1k_s = 0 \end{cases} \tag{1}$$

上面齐次线性方程组 ③ 的系数行列式为

$$D=\begin{vmatrix} t_1 & 0 & 0 & \cdots & 0 & t_2 \\ t_2 & t_1 & 0 & \cdots & 0 & 0 \\ 0 & t_2 & t_1 & \cdots & 0 & 0 \\ \vdots & \vdots & \vdots & \ddots & \vdots & \vdots \\ 0 & 0 & 0 & \cdots & t_2 & t_1 \end{vmatrix}=t_1^s+(-1)^{s+1}t_2^s$$

因为当 s 为偶数且 $t_1\neq\pm t_2$，或者 s 为奇数且 $t_1\neq -t_2$ 时，有

$$D=t_1^s+(-1)^{s+1}t_2^s\neq 0$$

因此齐次线性方程组③只有零解，即 $k_1=k_2=\cdots=k_s=0$，从而 $\boldsymbol{\eta}_1,\boldsymbol{\eta}_2,\cdots,\boldsymbol{\eta}_s$ 线性无关.

综上 $\boldsymbol{\eta}_1,\boldsymbol{\eta}_2,\cdots,\boldsymbol{\eta}_s$ 也是齐次线性方程组 $\boldsymbol{AX}=\boldsymbol{0}$ 的一个基础解系.

【例3】 若 n 元齐次方程组 $\boldsymbol{AX}=\boldsymbol{0}$ 的解都是 $\boldsymbol{BX}=\boldsymbol{0}$ 的解，则 $R(\boldsymbol{A})\geqslant R(\boldsymbol{B})$.

证法一 设 $\boldsymbol{AX}=\boldsymbol{0}$ 的基础解系为

$$\boldsymbol{\xi}_1,\boldsymbol{\xi}_2,\cdots,\boldsymbol{\xi}_{n-r}$$

$\boldsymbol{BX}=\boldsymbol{0}$ 的基础解系为

$$\boldsymbol{\eta}_1,\boldsymbol{\eta}_2,\cdots,\boldsymbol{\eta}_{n-s}$$

其中 $r=R(\boldsymbol{A})$，$s=R(\boldsymbol{B})$，则由题设知 $\boldsymbol{\xi}_1,\boldsymbol{\xi}_2,\cdots,\boldsymbol{\xi}_{n-r}$ 可由 $\boldsymbol{\eta}_1,\boldsymbol{\eta}_2,\cdots,\boldsymbol{\eta}_{n-s}$ 线性表出. 于是由替换定理知，必有 $n-r\leqslant n-s$，即 $R(\boldsymbol{A})\geqslant R(\boldsymbol{B})$.

证法二 令 $\boldsymbol{AX}=\boldsymbol{0}$ 的解空间为 $\boldsymbol{V}_1$，$\boldsymbol{BX}=\boldsymbol{0}$ 的解空间为 $\boldsymbol{V}_2$. 由题设知 $\boldsymbol{V}_1\subseteq\boldsymbol{V}_2$，因此有 $\dim\boldsymbol{V}_1\leqslant\dim\boldsymbol{V}_2$，即 $n-R(\boldsymbol{A})\leqslant n-R(\boldsymbol{B})$，故 $R(\boldsymbol{A})\geqslant R(\boldsymbol{B})$.

【例4】 设 $\boldsymbol{A}=\begin{bmatrix}\boldsymbol{A}_1\\ \boldsymbol{A}_2\end{bmatrix}\in M_n(\mathbb{F})$ 可逆，其中 $\boldsymbol{A}_1\in M_{rn}(\mathbb{F})$，求 $\boldsymbol{A}_1\boldsymbol{X}=\boldsymbol{0}$ 的通解.

解 由 $\boldsymbol{A}$ 可逆得 $\boldsymbol{A}$ 的各行线性无关，从而 $R(\boldsymbol{A}_1)=r$. 因为 $\boldsymbol{AA}^*=|\boldsymbol{A}|\boldsymbol{I}$，令 $\boldsymbol{A}^*=[\boldsymbol{B}\quad\boldsymbol{C}]$，$\boldsymbol{C}$ 含 $n-r$ 列，则由 $\boldsymbol{A}^*$ 可逆得 $\boldsymbol{C}$ 列满秩. 另一方面由

$$|\boldsymbol{A}|\begin{bmatrix}\boldsymbol{I}_r & \boldsymbol{0}\\ \boldsymbol{0} & \boldsymbol{I}_{n-r}\end{bmatrix}=\boldsymbol{AA}^*=\begin{bmatrix}\boldsymbol{A}_1\boldsymbol{B} & \boldsymbol{A}_1\boldsymbol{C}\\ \boldsymbol{A}_2\boldsymbol{B} & \boldsymbol{A}_2\boldsymbol{C}\end{bmatrix}$$

得 $\boldsymbol{A}_1\boldsymbol{C}=\boldsymbol{0}$. 因此 $\boldsymbol{C}$ 的各列构成方程组 $\boldsymbol{A}_1\boldsymbol{X}=\boldsymbol{0}$ 的基础解系，故 $\boldsymbol{A}_1\boldsymbol{X}=\boldsymbol{0}$ 的通解为

$$X = \sum_{i=r+1}^{n} k_i \begin{bmatrix} A_{i1} \\ A_{i2} \\ \vdots \\ A_{in} \end{bmatrix}$$

其中 A_{ij} 是 $\boldsymbol{A}$ 的 a_{ij} 代数余子式.

【例 5】　设 $\boldsymbol{I}$ 是 n 阶单位矩阵,若 $\boldsymbol{A} = \boldsymbol{I} - \boldsymbol{\xi}\boldsymbol{\xi}^{\mathrm{T}}$,其中 $\boldsymbol{\xi}$ 是 n 维列向量,$\boldsymbol{\xi}^{\mathrm{T}}$ 是 $\boldsymbol{\xi}$ 的转置,则 $\boldsymbol{\xi}^{T}\boldsymbol{\xi} = 1$ 的充分必要条件是 $R(\boldsymbol{A}) < n$.

证明　若 $\boldsymbol{\xi}^{T}\boldsymbol{\xi} = 1$,则 $\boldsymbol{\xi} \neq \boldsymbol{0}$,且

$$\boldsymbol{A\xi} = (\boldsymbol{I} - \boldsymbol{\xi}\boldsymbol{\xi}^{\mathrm{T}})\boldsymbol{\xi} = \boldsymbol{\xi} - \boldsymbol{\xi}(\boldsymbol{\xi}^{\mathrm{T}}\boldsymbol{\xi}) = \boldsymbol{\xi} - \boldsymbol{\xi} = \boldsymbol{0}$$

故 $\boldsymbol{AX} = \boldsymbol{0}$ 有非零解,所以 $R(\boldsymbol{A}) < n$.

反之,若 $R(\boldsymbol{A}) < n$,则 $\boldsymbol{AX} = \boldsymbol{0}$ 有非零解 $\boldsymbol{\eta}$. 于是

$$\boldsymbol{0} = \boldsymbol{A\eta} = (\boldsymbol{I} - \boldsymbol{\xi}\boldsymbol{\xi}^{\mathrm{T}})\boldsymbol{\eta} = \boldsymbol{\eta} - \boldsymbol{\xi}(\boldsymbol{\xi}^{\mathrm{T}}\boldsymbol{\eta})$$

记 $\boldsymbol{\xi}^{\mathrm{T}}\boldsymbol{\eta} = k$,则 $\boldsymbol{\eta} = k\boldsymbol{\xi}$. 因为 $\boldsymbol{\eta} \neq \boldsymbol{0}$,所以 $k \neq 0$. 又因为

$$\boldsymbol{0} = \boldsymbol{A\eta} = \boldsymbol{A}(k\boldsymbol{\xi}) = k\boldsymbol{A\xi}$$

所以 $\boldsymbol{A\xi} = \boldsymbol{0}$,从而

$$\boldsymbol{\xi} = \boldsymbol{\xi}\boldsymbol{\xi}^{\mathrm{T}}\boldsymbol{\xi} = (\boldsymbol{\xi}^{\mathrm{T}}\boldsymbol{\xi})\boldsymbol{\xi}$$

由于 $\boldsymbol{\xi} \neq \boldsymbol{0}$,故 $\boldsymbol{\xi}^{\mathrm{T}}\boldsymbol{\xi} = 1$.

【例 6】　设 $\boldsymbol{A} = (a_{ij})_{mn}, \boldsymbol{B} = (b_j)_{m1}, \boldsymbol{X} = (x_i)_{n1}$,证明:线性方程组 $\boldsymbol{AX} = \boldsymbol{B}$ 有唯一解 $\Leftrightarrow \boldsymbol{A}$ 列满秩且 $\boldsymbol{B}$ 为 $\boldsymbol{A}$ 的列向量的线性组合.

证明　线性方程组 $\boldsymbol{AX} = \boldsymbol{B}$ 有唯一解 $\Leftrightarrow R(\boldsymbol{A}) = R(\boldsymbol{A}, \boldsymbol{B}) = n \Leftrightarrow \boldsymbol{A}$ 为列满秩,并且 $\boldsymbol{B}$ 为 $\boldsymbol{A}$ 的列向量线性组合.

【例 7】　设 $\boldsymbol{A} \in M_3(\mathbb{F}), \boldsymbol{A}^2 = \boldsymbol{0}$,求 $\boldsymbol{A}$.

解　由 3.2 中例 10 知

$$R(\boldsymbol{A} + \boldsymbol{I}) + R(\boldsymbol{A} - \boldsymbol{I}) = 3$$

因此分以下几种情况讨论:

(1) $R(\boldsymbol{A} + \boldsymbol{I}) = 0, R(\boldsymbol{A} - \boldsymbol{I}) = 3$,此时 $\boldsymbol{A} = -\boldsymbol{I}$.

(2) $R(\boldsymbol{A} + \boldsymbol{I}) = 3, R(\boldsymbol{A} - \boldsymbol{I}) = 0$,此时 $\boldsymbol{A} = \boldsymbol{I}$.

(3) $R(\boldsymbol{A} + \boldsymbol{I}) = 1, R(\boldsymbol{A} - \boldsymbol{I}) = 2$,此时 $\boldsymbol{A} + \boldsymbol{I} = \boldsymbol{B}$,其中 $\boldsymbol{B} = (b_{ij})_{3\times3}$,且 $\boldsymbol{B}$ 中有且仅有一个元素 $b_{i_0j_0} \neq 0$,于是 $\boldsymbol{A} = \boldsymbol{B} - \boldsymbol{I}$. 由

$$\boldsymbol{I} = \boldsymbol{A}^2 = (\boldsymbol{B} - \boldsymbol{I})^2 = (\boldsymbol{B} - 2\boldsymbol{I})\boldsymbol{B} + \boldsymbol{I}$$

得 $(\boldsymbol{B} - 2\boldsymbol{I})\boldsymbol{B} = \boldsymbol{0}$. 于是由 $\boldsymbol{B}$ 的特殊性可得 $b_{i_0j_0}^2 = 2b_{i_0j_0}$,所以 $b_{i_0j_0} = 2$.

(4) $R(\boldsymbol{A} + \boldsymbol{I}) = 2, R(\boldsymbol{A} - \boldsymbol{I}) = 1$. 此时 $\boldsymbol{A} = \boldsymbol{B} + \boldsymbol{I}$,其中 $\boldsymbol{B} = (b_{ij})_{3\times3}$,且

$\boldsymbol{B}$ 中有且仅有一个元素 $b_{i_0j_0} \neq 0$. 类似(3) 的讨论得 $b_{i_0j_0} = -2$.

【例 8】　设 $\boldsymbol{A} = (a_{ij})_{mn}, \boldsymbol{B} = (b_j)_{m1}, \boldsymbol{X} = (x_i)_{n1}, \boldsymbol{Y} = (y_i)_{m1}$, 试证: 线性方程组 $\boldsymbol{AX} = \boldsymbol{B}$ 有解的充要条件是齐次线性方程组 $\boldsymbol{A}^{\mathrm{T}}\boldsymbol{Y} = \boldsymbol{0}$ 的每一个解都是方程 $\boldsymbol{B}^{\mathrm{T}}\boldsymbol{Y} = \boldsymbol{0}$ 的解.

证明　必要性　设 $\boldsymbol{X}_0 = [k_1, k_2, \cdots, k_n]^{\mathrm{T}}$ 是线性方程组 $\boldsymbol{AX} = \boldsymbol{B}$ 的一个解, 则

$$\begin{cases} a_{11}k_1 + a_{12}k_2 + \cdots + a_{1n}k_n = b_1 \\ a_{21}k_1 + a_{22}k_2 + \cdots + a_{2n}k_n = b_2 \\ \cdots \\ a_{m1}k_1 + a_{m2}k_2 + \cdots + a_{mn}k_n = b_m \end{cases}$$

设 $\boldsymbol{Y}_0 = [c_1, c_2, \cdots, c_m]^{\mathrm{T}}$ 是齐次线性方程组 $\boldsymbol{A}^{\mathrm{T}}\boldsymbol{Y} = \boldsymbol{0}$ 的任一解, 则

$$\begin{aligned} \boldsymbol{B}^{\mathrm{T}}\boldsymbol{Y}_0 = \sum_{i=1}^{m} b_i c_i = \\ (a_{11}k_1 + \cdots + a_{1n}k_n)c_1 + \cdots + (a_{m1}k_1 + \cdots + a_{mn}k_n)c_m = \\ (a_{11}c_1 + \cdots + a_{m1}c_m)k_1 + \cdots + (a_{1n}c_1 + \cdots + a_{mn}c_m)k_n = \\ 0k_1 + \cdots + 0k_n = 0 \end{aligned}$$

即 $\boldsymbol{Y}_0$ 是方程 $\boldsymbol{B}^{\mathrm{T}}\boldsymbol{Y} = \boldsymbol{0}$ 的解.

充分性　设线性方程组 $\boldsymbol{AX} = \boldsymbol{B}$ 的系数矩阵 $\boldsymbol{A}$ 的行向量为 $\boldsymbol{\alpha}_1, \boldsymbol{\alpha}_2, \cdots, \boldsymbol{\alpha}_m$, 并且 $R(\boldsymbol{A}) = r$, 增广矩阵为 $\overline{\boldsymbol{A}}$, 则当 $r = m$ 时, 显然有 $R(\boldsymbol{A}) = R(\overline{\boldsymbol{A}}) = m$, 此时方程组 $\boldsymbol{AX} = \boldsymbol{B}$ 有解; 当 $r < m$ 时, 不妨设 $\boldsymbol{A}$ 的前 r 个行向量线性无关, 则 $\alpha_j (r < j \leqslant m)$ 可以由 $\boldsymbol{\alpha}_1, \boldsymbol{\alpha}_2, \cdots, \boldsymbol{\alpha}_r$ 线性表示, 即

$$\boldsymbol{\alpha}_j = k_{1j}\boldsymbol{\alpha}_1 + k_{2j}\boldsymbol{\alpha}_2 + \cdots + k_{rj}\boldsymbol{\alpha}_r, j = r+1, r+2, \cdots, m$$

显然 $k_{ij} (i = 1, 2, \cdots, r)$ 不全为零. 于是

$$k_{1j}\boldsymbol{\alpha}_1 + k_{2j}\boldsymbol{\alpha}_2 + \cdots + k_{rj}\boldsymbol{\alpha}_r + 0\boldsymbol{\alpha}_{r+1} + \cdots + 0\boldsymbol{\alpha}_{j-1} - \boldsymbol{\alpha}_j + 0\boldsymbol{\alpha}_{j+1} + \cdots + 0\boldsymbol{\alpha}_n = \boldsymbol{0}$$

所以 $[k_{1j}, \cdots, k_{rj}, 0, \cdots, 0, -1, 0, \cdots, 0]^{\mathrm{T}}$ 是齐次线性方程组 $\boldsymbol{A}^{\mathrm{T}}\boldsymbol{Y} = \boldsymbol{0}$ 的一个非零解, 故由题设知

$$k_{1j}b_1 + k_{2j}b_2 + \cdots + k_{rj}b_r - b_j = 0, j = r+1, r+2, \cdots, m$$

因此 $\overline{\boldsymbol{A}}$ 的 $m - r$ 个行向量中的任意一个都可以由前 r 个行向量线性表示, 故 $R(\boldsymbol{A}) = R(\overline{\boldsymbol{A}}) = r$, 从而线性方程组 $\boldsymbol{AX} = \boldsymbol{B}$ 有解.

【例 9】　设 $\boldsymbol{A}$ 是 $m \times n$ 矩阵, $\boldsymbol{B}$ 为 $m \times p$ 矩阵, 则

(1) $\boldsymbol{AX} = \boldsymbol{B}$ 有解 $\Leftrightarrow R(\boldsymbol{A}) = R(\boldsymbol{A}, \boldsymbol{B})$.

(2) $\boldsymbol{AX} = \boldsymbol{B}$ 有唯一解 $\Leftrightarrow R(\boldsymbol{A}) = R(\boldsymbol{A}, \boldsymbol{B}) = n$.

证明 显然 $\boldsymbol{X}$ 为 $n\times p$ 阵,对 $\boldsymbol{B},\boldsymbol{X}$ 按列分块

$$\boldsymbol{B}=[\boldsymbol{B}_1,\boldsymbol{B}_2,\cdots,\boldsymbol{B}_p]$$

$$\boldsymbol{X}=[\boldsymbol{X}_1,\boldsymbol{X}_2,\cdots,\boldsymbol{X}_p]$$

(1) 必要性　由 $\boldsymbol{AX}=\boldsymbol{B}$ 有解得线性方程组 $\boldsymbol{AX}_j=\boldsymbol{B}_j(j=1,2,\cdots,p)$ 均有解,于是 $R(\boldsymbol{A})=R(\boldsymbol{A},\boldsymbol{B}_j),j=1,2,\cdots,p$,即矩阵 $\boldsymbol{B}$ 的每一列向量都是 $\boldsymbol{A}$ 的列向量的线性组合,因此有 $R(\boldsymbol{A})=R(\boldsymbol{A},\boldsymbol{B})$.

充分性　设 $R(\boldsymbol{A})=R(\boldsymbol{A},\boldsymbol{B})=r$,则 $\boldsymbol{A}$ 中有 r 个线性无关的列向量. 于是 $\boldsymbol{B}$ 的每一列向量 $\boldsymbol{B}_j(j=1,2,\cdots,p)$ 都是 $\boldsymbol{A}$ 的这 r 个列向量的线性组合,从而

$$R(\boldsymbol{A})=R(\boldsymbol{A},\boldsymbol{B}_j),j=1,2,\cdots,p$$

即线性方程组

$$\boldsymbol{AX}_j=\boldsymbol{B}_j,j=1,2,\cdots,p$$

有解 $\boldsymbol{X}_j^0,j=1,2,\cdots,p$. 故 $\boldsymbol{X}^0=[\boldsymbol{X}_1^0,\boldsymbol{X}_2^0,\cdots,\boldsymbol{X}_p^0]$ 就是矩阵方程 $\boldsymbol{AX}=\boldsymbol{B}$ 的一个解.

(2) 矩阵方程 $\boldsymbol{AX}=\boldsymbol{B}$ 有唯一解 $\Leftrightarrow$ 对 $\boldsymbol{B}$ 的每一列向量 $\boldsymbol{B}_j(j=1,2,\cdots,p)$,线性方程组 $\boldsymbol{AX}_j=\boldsymbol{B}_j$ 都有唯一解 $\Leftrightarrow$

$$R(\boldsymbol{A})=n=R(\boldsymbol{A},\boldsymbol{B}_j)=R(\boldsymbol{A},\boldsymbol{B}_1,\boldsymbol{B}_2,\cdots,\boldsymbol{B}_p)=R(\boldsymbol{A},\boldsymbol{B})$$

【例 10】 设非齐次线性方程组 $\boldsymbol{AX}=\boldsymbol{B}$ 有解,$R(\boldsymbol{A})=r$,求证:它的任一解向量都可由它的 $n-r+1$ 个线性无关的解向量线性表示.

证明 设 $\boldsymbol{\eta}_0$ 为 $\boldsymbol{AX}=\boldsymbol{B}$ 的一个特解向量;$\boldsymbol{\eta}_1,\boldsymbol{\eta}_2,\cdots,\boldsymbol{\eta}_{n-r}$ 为它的导出方程组 $\boldsymbol{AX}=\boldsymbol{0}$ 的一个基础解系. 于是 $\boldsymbol{AX}=\boldsymbol{B}$ 的任一解向量为

$$\boldsymbol{\eta}=\boldsymbol{\eta}_0+\sum_{i=1}^{n-r}k_i\boldsymbol{\eta}_i=\left(1-\sum_{i=1}^{n-r}k_i\right)\boldsymbol{\eta}_0+\sum_{i=1}^{n-r}k_i(\boldsymbol{\eta}_0+\boldsymbol{\eta}_i)$$

令

$$k_0=1-\sum_{i=1}^{n-r}k_i$$

则有

$$\boldsymbol{\eta}=k_0\boldsymbol{\eta}_0+\sum_{i=1}^{n-r}k_i(\boldsymbol{\eta}_0+\boldsymbol{\eta}_i)$$

其中 $\boldsymbol{\eta}_0,\boldsymbol{\eta}_0+\boldsymbol{\eta}_1,\boldsymbol{\eta}_0+\boldsymbol{\eta}_2,\cdots,\boldsymbol{\eta}_0+\boldsymbol{\eta}_{n-r}$ 显然是 $\boldsymbol{AX}=\boldsymbol{B}$ 的 $n-r+1$ 个解向量.

同时,这 $n-r+1$ 个解向量是线性无关的.

事实上,若 $x_0\boldsymbol{\eta}_0+\sum\limits_{i=1}^{n-r}x_i(\boldsymbol{\eta}_0+\boldsymbol{\eta}_i)=\boldsymbol{0}$,则

$$\left(\sum_{j=0}^{n-r} x_j\right)\boldsymbol{\eta}_0 = -\sum_{i=1}^{n-r} x_i\boldsymbol{\eta}_i \qquad (*)$$

对上式两端同时左乘 $\boldsymbol{A}$ 得

$$\left(\sum_{j=0}^{n-r} x_j\right)\boldsymbol{A}\boldsymbol{\eta}_0 = -\sum_{i=1}^{n-r} (x_i\boldsymbol{A}\boldsymbol{\eta}_i)$$

由 $\boldsymbol{A}\boldsymbol{\eta}_0 = \boldsymbol{B}, \boldsymbol{A}\boldsymbol{\eta}_i = \boldsymbol{0}, i = 1,2,\cdots,n-r$,有

$$\sum_{j=0}^{n-r} x_j\boldsymbol{B} = \boldsymbol{0}$$

因 $\boldsymbol{B} \neq \boldsymbol{0}$,得 $\sum\limits_{j=0}^{n-r} x_j = 0$.把它代入(*)左端又有 $\sum\limits_{j=0}^{n-r} x_j\boldsymbol{\eta}_i = \boldsymbol{0}$,则由 $\boldsymbol{\eta}_1, \boldsymbol{\eta}_2, \cdots, \boldsymbol{\eta}_{n-r}$ 线性无关得 $x_1 = x_2 = \cdots = x_{n-r} = 0$,从而 $x_0 = 0$.

故 $\boldsymbol{AX} = \boldsymbol{B}$ 的任一解向量 $\boldsymbol{\eta}$ 均可由 $n-r+1$ 个线性无关的解向量

$$\boldsymbol{\eta}_0, \boldsymbol{\eta}_0 + \boldsymbol{\eta}_1, \boldsymbol{\eta}_0 + \boldsymbol{\eta}_2, \cdots, \boldsymbol{\eta}_0 + \boldsymbol{\eta}_{n-r}$$

线性表示.

【例 11】 设 $\boldsymbol{\alpha}_1, \boldsymbol{\alpha}_2, \cdots, \boldsymbol{\alpha}_r$ 是 r 个线性无关的 n 维列向量.证明:存在一个含 n 个未知量的齐次线性方程组 $\boldsymbol{AX} = \boldsymbol{0}$ 使 $\boldsymbol{\alpha}_1, \cdots, \boldsymbol{\alpha}_r$ 为 $\boldsymbol{AX} = \boldsymbol{0}$ 的一个基础解系.

证明　设 $\boldsymbol{\alpha}_i = [b_{i1}, b_{i2}, \cdots, b_{in}]^{\mathrm{T}}, i = 1,2,\cdots,r$,则令

$$\boldsymbol{B} = \begin{bmatrix} b_{11} & b_{12} & \cdots & b_{1n} \\ b_{21} & b_{22} & \cdots & b_{2n} \\ \vdots & \vdots & \ddots & \vdots \\ b_{r1} & b_{r2} & \cdots & b_{rn} \end{bmatrix}$$

考虑以 $\boldsymbol{B}$ 为系数矩阵的齐次线性方程组 $\boldsymbol{BX} = \boldsymbol{0}$.由于 $\boldsymbol{B}$ 是 r 行满秩的,所以 $\boldsymbol{BX} = \boldsymbol{0}$ 的基础解系所含的线性无关向量个数为 $n-r=s$.于是可设

$$\boldsymbol{\xi}_j = [a_{j1}, a_{j2}, \cdots, a_{jn}]^{\mathrm{T}}, j = 1,2,\cdots,s$$

为 $\boldsymbol{BX} = \boldsymbol{0}$ 的一个基础解系.令

$$\boldsymbol{A} = \begin{bmatrix} a_{11} & a_{12} & \cdots & a_{1n} \\ a_{21} & a_{22} & \cdots & a_{2n} \\ \vdots & \vdots & \ddots & \vdots \\ a_{s1} & a_{s2} & \cdots & a_{sn} \end{bmatrix}$$

则以 $\boldsymbol{A}$ 为系数矩阵的齐次线性方程组 $\boldsymbol{AX} = \boldsymbol{0}$ 即为所求.

事实上,只需说明 r 个向量 $\boldsymbol{\alpha}_1, \boldsymbol{\alpha}_2, \cdots, \boldsymbol{\alpha}_r$ 为它的一个基础解系即可.由 $R(\boldsymbol{A}) = s$ 知 $\boldsymbol{AX} = \boldsymbol{0}$ 的基础解系含线性无关解向量的个数为 $n-s=r$,再由 $\boldsymbol{\xi}_1, \boldsymbol{\xi}_2, \cdots, \boldsymbol{\xi}_s$ 是 $\boldsymbol{BX} = \boldsymbol{0}$ 的解向量知 $\boldsymbol{\alpha}_1, \boldsymbol{\alpha}_2, \cdots, \boldsymbol{\alpha}_r$ 是 $\boldsymbol{AX} = \boldsymbol{0}$ 的解向量,且又线性

无关,故 $AX=\mathbf{0}$ 就是以 $\boldsymbol{\alpha}_1,\boldsymbol{\alpha}_2,\cdots,\boldsymbol{\alpha}_r$ 为基础解系的 n 元齐次线性方程组.

【例 12】 A 是秩为 r 的行满秩矩阵,A 的 r 个行恰是某一齐次线性方程组的基础解系,而 B 为任意 r 阶可逆矩阵.试证:BA 的 r 个行向量也是该方程组的基础解系.

证明　设 $\boldsymbol{\alpha}_1,\boldsymbol{\alpha}_2,\cdots,\boldsymbol{\alpha}_r$ 是 A 的 r 个行向量,并且它们是齐次线性方程组 $GX=\mathbf{0}$ 的一个基础解系.令 $B=(b_{ij})_{r\times r}$,则

$$BA=\begin{bmatrix} b_{11} & b_{12} & \cdots & b_{1r} \\ b_{21} & b_{22} & \cdots & b_{2r} \\ \vdots & \vdots & \ddots & \vdots \\ b_{r1} & b_{r2} & \cdots & b_{rr} \end{bmatrix}\begin{bmatrix} \boldsymbol{\alpha}_1 \\ \boldsymbol{\alpha}_2 \\ \vdots \\ \boldsymbol{\alpha}_r \end{bmatrix}=\begin{bmatrix} \sum\limits_{j=1}^{r} b_{1j}\boldsymbol{\alpha}_j \\ \sum\limits_{j=1}^{r} b_{2j}\boldsymbol{\alpha}_j \\ \vdots \\ \sum\limits_{j=1}^{r} b_{rj}\boldsymbol{\alpha}_j \end{bmatrix}$$

再令 $\boldsymbol{\beta}_i=\sum\limits_{j=1}^{r} b_{ij}\boldsymbol{\alpha}_j,\ i=1,2,\cdots,r$,于是 $\boldsymbol{\beta}_1,\boldsymbol{\beta}_2,\cdots,\boldsymbol{\beta}_r$ 为矩阵 BA 的所有 r 个行向量.

由于 $\boldsymbol{\alpha}_1,\boldsymbol{\alpha}_2,\cdots,\boldsymbol{\alpha}_r$ 为 $GX=\mathbf{0}$ 的基础解系,故它们的线性组合

$$\boldsymbol{\beta}_i=\sum_{j=1}^{r} b_{ij}\boldsymbol{\alpha}_j,\ i=1,2,\cdots,r$$

必然也是该方程组的解向量.

同时,因为 $R(AB)=R(A)=r$,所以 $\boldsymbol{\beta}_1,\boldsymbol{\beta}_2,\cdots,\boldsymbol{\beta}_r$ 是线性无关的,故矩阵 BA 的 r 个行向量 $\boldsymbol{\beta}_1,\boldsymbol{\beta}_2,\cdots,\boldsymbol{\beta}_r$ 是齐次线性方程组 $GX=\mathbf{0}$ 的 r 个线性无关的解向量.

然而齐次线性方程组 $GX=\mathbf{0}$ 的基础解系含有 r 个解向量,因此矩阵 BA 的 r 个行向量 $\boldsymbol{\beta}_1,\boldsymbol{\beta}_2,\cdots,\boldsymbol{\beta}_r$ 构成了上述方程组的一个基础解系.

练习题

1. 设 $\boldsymbol{\alpha}_m\neq\mathbf{0},\ m>1$,则向量 $\boldsymbol{\alpha}_1,\boldsymbol{\alpha}_2,\cdots,\boldsymbol{\alpha}_m$ 线性无关当且仅当对任给的常数 $b_i(1\leqslant i<m)$,$\boldsymbol{\beta}_1=\boldsymbol{\alpha}_1+b_1\boldsymbol{\alpha}_m,\cdots,\boldsymbol{\beta}_{m-1}=\boldsymbol{\alpha}_{m-1}+b_{m-1}\boldsymbol{\alpha}_m$ 线性无关.

2. 设 $\boldsymbol{\alpha}_1,\boldsymbol{\alpha}_2,\cdots,\boldsymbol{\alpha}_r$ 为一向量组的部分组.若该向量组中每一向量均可被 $\boldsymbol{\alpha}_1,\boldsymbol{\alpha}_2,\cdots,\boldsymbol{\alpha}_r$ 唯一地线性表示,证明:$\boldsymbol{\alpha}_1,\boldsymbol{\alpha}_2,\cdots,\boldsymbol{\alpha}_r$ 为这一向量组的极大无关

组.

3. 若向量组 $\boldsymbol{\alpha}_1,\boldsymbol{\alpha}_2,\cdots,\boldsymbol{\alpha}_r$ 可以由 $\boldsymbol{\beta}_1,\boldsymbol{\beta}_2,\cdots,\boldsymbol{\beta}_s$ 线性表出,并且 $r > s$,则 $\boldsymbol{\alpha}_1,\boldsymbol{\alpha}_2,\cdots,\boldsymbol{\alpha}_r$ 线性相关.

4. 设向量组 $\boldsymbol{\alpha}_1,\boldsymbol{\alpha}_2,\cdots,\boldsymbol{\alpha}_r$ 线性无关,且可以由 $\boldsymbol{\beta}_1,\boldsymbol{\beta}_2,\cdots,\boldsymbol{\beta}_s$ 线性表出,则 $\boldsymbol{\beta}_1,\boldsymbol{\beta}_2,\cdots,\boldsymbol{\beta}_s$ 也线性无关.

5. 设 $f_1(x),f_2(x),f_3(x)\in\mathbb{F}[x]$ 互质,但两两不互质,则 $f_1(x),f_2(x),f_3(x)$ 必线性无关.

6. 设

$$f_i(x) = x^i + a_{i1}x^{i-1} + \cdots + a_{ii}, i = 0,1,\cdots,n-1$$

是数域 $\mathbb{F}$ 上多项式,判定下面的向量组

$$\boldsymbol{\alpha}_1 = [f_0(c_1),f_0(c_2),\cdots,f_0(c_n)]$$
$$\boldsymbol{\alpha}_2 = [f_1(c_1),f_1(c_2),\cdots,f_1(c_n)]$$
$$\cdots$$
$$\boldsymbol{\alpha}_n = [f_{n-1}(c_1),f_{n-1}(c_2),\cdots,f_{n-1}(c_n)]$$

在 $\mathbb{F}^n$ 中的线性相关性,其中 $c_1,c_2,\cdots,c_n$ 为数域 $\mathbb{F}$ 中互不相同的数.

7. 设 $k(k\geqslant 0)$ 个向量 $\boldsymbol{\alpha}_1,\cdots,\boldsymbol{\alpha}_k$ 线性相关,则存在 k 个不全为零的数 $\lambda_1,\cdots,\lambda_k$,使得对任意一向量 $\boldsymbol{\beta}$ 有

$$\boldsymbol{\alpha}_1 + \lambda_1\boldsymbol{\beta},\cdots,\boldsymbol{\alpha}_k + \lambda_k\boldsymbol{\beta}$$

也线性相关.

8. 设 $a_1,\cdots,a_r$ 为互异的数,$r\leqslant n\in\mathbb{Z}^+$,证明:向量组 $\boldsymbol{\alpha}_i = [1,a_i,a_i^2,\cdots,a_i^{n-1}]$,$r = 1,2,\cdots,n$ 线性无关.

9. 设向量组 $\boldsymbol{\alpha}_1,\boldsymbol{\alpha}_2,\cdots,\boldsymbol{\alpha}_m$ 和向量组 $\boldsymbol{\beta}_1,\boldsymbol{\beta}_2,\cdots,\boldsymbol{\beta}_n$ 的秩分别为 p 和 s,而向量组 $\boldsymbol{\alpha}_1,\boldsymbol{\alpha}_2,\cdots,\boldsymbol{\alpha}_m,\boldsymbol{\beta}_1,\boldsymbol{\beta}_2,\cdots,\boldsymbol{\beta}_n$ 的秩为 r.证明:$r\leqslant p + s$.

10. 设 $\boldsymbol{\alpha}_1,\boldsymbol{\alpha}_2,\cdots,\boldsymbol{\alpha}_n$ 为 n 个 n 维向量.若

$$\begin{bmatrix}\boldsymbol{\beta}_1\\ \boldsymbol{\beta}_2\\ \vdots\\ \boldsymbol{\beta}_n\end{bmatrix} = \begin{bmatrix}a_{11} & a_{12} & \cdots & a_{1n}\\ a_{21} & a_{22} & \cdots & a_{2n}\\ \vdots & \vdots & \ddots & \vdots\\ a_{n1} & a_{n2} & \cdots & a_{nn}\end{bmatrix}\begin{bmatrix}\boldsymbol{\alpha}_1\\ \boldsymbol{\alpha}_2\\ \vdots\\ \boldsymbol{\alpha}_n\end{bmatrix}$$

并且行列式

$$D = \begin{vmatrix}a_{11} & a_{12} & \cdots & a_{1n}\\ a_{21} & a_{22} & \cdots & a_{2n}\\ \vdots & \vdots & \ddots & \vdots\\ a_{n1} & a_{n2} & \cdots & a_{nn}\end{vmatrix}\neq 0$$

证明:向量组 $\boldsymbol{\alpha}_1,\boldsymbol{\alpha}_2,\cdots,\boldsymbol{\alpha}_n$ 与 $\boldsymbol{\beta}_1,\boldsymbol{\beta}_2,\cdots,\boldsymbol{\beta}_n$ 等价.

11. 设 $\boldsymbol{A},\boldsymbol{B}\in M_n(\mathbb{F})$,$\boldsymbol{I}$ 是 n 阶单位矩阵,若 $R(\boldsymbol{A}-\boldsymbol{I})=p$,$R(\boldsymbol{B}-\boldsymbol{I})=q$.证明:$R(\boldsymbol{AB}-\boldsymbol{I})\leqslant p+q$.

12. 设 $\boldsymbol{A}\in M_{mn}(\mathbb{F})$,$\boldsymbol{B}\in M_{nm}(\mathbb{F})$,$\boldsymbol{I}_m$ 和 $\boldsymbol{I}_n$ 分别是 m 阶和 n 阶单位矩阵,则 $R(\boldsymbol{I}_m-\boldsymbol{AB})-R(\boldsymbol{I}_n-\boldsymbol{BA})=m-n$.

13. 设 $\boldsymbol{A},\boldsymbol{B}\in M_n(\mathbb{F})$,$\boldsymbol{I}_n$ 是 n 阶单位矩阵,且 $\boldsymbol{ABA}=\boldsymbol{B}^{-1}$.证明

$$R(\boldsymbol{I}_n-\boldsymbol{AB})+R(\boldsymbol{I}_n+\boldsymbol{AB})=n$$

14. 设 $\boldsymbol{A},\boldsymbol{C}\in M_{mn}(\mathbb{F})$,$\boldsymbol{B},\boldsymbol{D}\in M_{np}(\mathbb{F})$,则

$$R(\boldsymbol{AB}-\boldsymbol{CD})\leqslant R(\boldsymbol{A}-\boldsymbol{C})+R(\boldsymbol{B}-\boldsymbol{D})$$

15. 设 $\boldsymbol{I}_m$ 是 m 阶单位矩阵,$\boldsymbol{P}$ 为 m 阶方阵,$\boldsymbol{Q}$ 为 $n\times m$ 矩阵,$R(\boldsymbol{Q})=m$.若 $\boldsymbol{Q}=\boldsymbol{QP}$,则 $\boldsymbol{P}=\boldsymbol{I}_m$;若 $\boldsymbol{QP}=\boldsymbol{0}$,则 $\boldsymbol{P}=\boldsymbol{0}$.

16. 设 $\boldsymbol{A},\boldsymbol{B},\boldsymbol{C},\boldsymbol{D}\in M_n(\mathbb{F})$,$\boldsymbol{A}$ 可逆,$\boldsymbol{AC}=\boldsymbol{CA}$,$\boldsymbol{AD}=\boldsymbol{CB}$,则

$$R\begin{bmatrix}\boldsymbol{A} & \boldsymbol{B}\\ \boldsymbol{C} & \boldsymbol{D}\end{bmatrix}=n$$

17. 设 $\boldsymbol{ABA}=\boldsymbol{A}$,$\boldsymbol{BAB}=\boldsymbol{B}$,则 $R(\boldsymbol{A})=R(\boldsymbol{B})$.

18. 设 $\boldsymbol{A}$ 为 n 阶可逆矩阵,$\boldsymbol{D}$ 为 m 阶矩阵,$\boldsymbol{B},\boldsymbol{C}$ 分别为 $n\times m$,$m\times n$ 阵,则

$$R\begin{bmatrix}\boldsymbol{A} & \boldsymbol{B}\\ \boldsymbol{C} & \boldsymbol{D}\end{bmatrix}=R(\boldsymbol{A})+R(\boldsymbol{D}-\boldsymbol{CA}^{-1}\boldsymbol{B})$$

此命题通常称之为秩的第一降阶定理.

19. 设 $a_i\in\mathbb{R}$,$s_k=\sum\limits_i a_i^k(1\leqslant i\leqslant n)$

$$\boldsymbol{A}=\begin{bmatrix}s_0 & s_1 & \cdots & s_{n-1}\\ s_1 & s_2 & \cdots & s_n\\ \vdots & \vdots & \ddots & \vdots\\ s_{n-1} & s_n & \cdots & s_{2n-2}\end{bmatrix}$$

则 $R(\boldsymbol{A})$ 等于 $a_1,a_2,\cdots,a_n$ 中互异数的个数.

20. 证明:齐次线性方程组

$$\begin{cases}a_{11}x_1+a_{12}x_2+\cdots+a_{1n}x_n=0\\ a_{21}x_1+a_{22}x_2+\cdots+a_{2n}x_n=0\\ \cdots\\ a_{m1}x_1+a_{m2}x_2+\cdots+a_{mn}x_n=0\end{cases}$$

的解全是方程

$$b_1x_1+b_2x_2+\cdots+b_nx_n=0$$

的解的充要条件是向量

$$\boldsymbol{\beta} = [b_1, b_2, \cdots, b_n]$$

可以由向量组 $\boldsymbol{\alpha}_1, \boldsymbol{\alpha}_2, \cdots, \boldsymbol{\alpha}_m$ 线性表示,其中

$$\boldsymbol{\alpha}_i = [a_{i1}, a_{i2}, \cdots, a_{in}], i = 1, 2, \cdots, n$$

21. 设 $M_i(i = 1, 2, \cdots, n)$ 是在齐次线性方程组 $\boldsymbol{AX} = \boldsymbol{0}$ 的系数矩阵 $\boldsymbol{A} \in M_n(\mathbb{F})$ 中划去第 i 列剩下的矩阵的行列式. 证明:$[M_1, -M_2, \cdots, (-1)^{n-1}M_n]$ 是此方程的一个解.

22. 设齐次线性方程组

$$\begin{cases} a_{11}x_1 + a_{12}x_2 + \cdots + a_{1n}x_n = 0 \\ a_{21}x_1 + a_{22}x_2 + \cdots + a_{2n}x_n = 0 \\ \cdots \\ a_{n1}x_1 + a_{n2}x_2 + \cdots + a_{nn}x_n = 0 \end{cases}$$

的系数行列式 $D = 0$,而 D 中某一元素 a_{ij} 的代数余子式 $A_{ij} \neq 0$. 证明:这个方程组的每个解都可以写成

$$[kA_{i1}, kA_{i2}, \cdots, kA_{in}]$$

的形式,此处 k 是任一数.

23. 设线性方程组

$$\sum_{j=1}^{n} a_{ij}x_j = b_i, i = 1, 2, \cdots, n \qquad ①$$

的系数矩阵 $\boldsymbol{A}$ 的秩与矩阵

$$\boldsymbol{C} = \begin{bmatrix} a_{11} & a_{12} & \cdots & a_{1n} & b_1 \\ \vdots & \vdots & \ddots & \vdots & \vdots \\ a_{n1} & a_{n2} & \cdots & a_{nn} & b_n \\ b_1 & b_2 & \cdots & b_n & k \end{bmatrix}$$

的秩相同. 证明:方程组 ① 有解.

24. 证明:系数矩阵的秩为 r 的齐次线性方程组 $\boldsymbol{AX} = \boldsymbol{0}$ 的任意 $n - r$ 个线性无关的解向量都是它的一个基础解系.

25. 在实数域 $\mathbb{R}$ 上,线性方程组

$$\boldsymbol{A}^{\mathrm{T}}\boldsymbol{AX} = \boldsymbol{A}^{\mathrm{T}}\boldsymbol{B}$$

必有解,其中 $\boldsymbol{A} \neq \boldsymbol{0}$ 为任意实矩阵,$\boldsymbol{B}$ 为与 $\boldsymbol{A}^{\mathrm{T}}$ 可乘的任意列向量.

26. 设 $\boldsymbol{A} \in M_{n2n}(\mathbb{F})$,$\boldsymbol{B} \in M_{2nn}(\mathbb{F})$,$\boldsymbol{B}$ 的各列构成齐次线性方程组 $\boldsymbol{AX} = \boldsymbol{0}$ 的基础解系,求 $\boldsymbol{B}^{\mathrm{T}}\boldsymbol{Y} = \boldsymbol{0}$ 的基础解系.

27. 设 $\boldsymbol{I}_n$ 是 n 阶单位矩阵，$\boldsymbol{A}^2 = \boldsymbol{A} \in M_n(\mathbb{F})$，$R(\boldsymbol{A}) = r$，则 $\boldsymbol{A}$ 的任何 r 个线性无关的列构成线性方程组 $(\boldsymbol{I}_n - \boldsymbol{A})\boldsymbol{X} = \boldsymbol{0}$ 的基础解系.

28. 设 $\boldsymbol{\alpha}_1, \boldsymbol{\alpha}_2, \cdots, \boldsymbol{\alpha}_r$ 为齐次线性方程组 $\boldsymbol{AX} = \boldsymbol{0}$ 的基础解系，$\boldsymbol{\alpha} = \sum\limits_{i=1}^{r} c_i \boldsymbol{\alpha}_i$，试讨论 $\boldsymbol{\alpha}$，使得 $\boldsymbol{\alpha}_1 - \boldsymbol{\alpha}, \boldsymbol{\alpha}_2 - \boldsymbol{\alpha}, \cdots, \boldsymbol{\alpha}_r - \boldsymbol{\alpha}$ 为 $\boldsymbol{AX} = \boldsymbol{0}$ 的一个基础解系.

29. 设 $\boldsymbol{A}, \boldsymbol{B} \in M_{mn}(\mathbb{F})$，$\boldsymbol{A} = [\boldsymbol{\alpha}_1, \boldsymbol{\alpha}_2, \cdots, \boldsymbol{\alpha}_n]$，$\boldsymbol{B} = [\boldsymbol{\beta}_1, \boldsymbol{\beta}_2, \cdots, \boldsymbol{\beta}_n]$，并且线性方程组 $\boldsymbol{AX} = \boldsymbol{\beta}_i (i = 1, 2, \cdots, n)$ 都有解. 证明：线性方程组 $\boldsymbol{BY} = \boldsymbol{\alpha}_i (i = 1, 2, \cdots, n)$ 都有解的充要条件是 $R(\boldsymbol{A}) = R(\boldsymbol{B})$.

30. 设 n 阶行列式

$$\begin{vmatrix} a_{11} & a_{12} & \cdots & a_{1n} \\ a_{21} & a_{22} & \cdots & a_{2n} \\ \vdots & \vdots & \ddots & \vdots \\ a_{n1} & a_{n2} & \cdots & a_{nn} \end{vmatrix} \neq 0$$

证明：线性方程组

$$\begin{cases} a_{11}x_1 + a_{12}x_2 + \cdots + a_{1\,n-1}x_{n-1} = a_{1n} \\ a_{21}x_1 + a_{22}x_2 + \cdots + a_{2\,n-1}x_{n-1} = a_{2n} \\ \cdots \\ a_{n1}x_1 + a_{n2}x_2 + \cdots + a_{n\,n-1}x_{n-1} = a_{nn} \end{cases}$$

无解.

31. 设线性方程组

$$\begin{cases} a_{11}x_1 + a_{12}x_2 + \cdots + a_{1n}x_n = b_1 \\ a_{21}x_1 + a_{22}x_2 + \cdots + a_{2n}x_n = b_2 \\ \cdots \\ a_{n1}x_1 + a_{n2}x_2 + \cdots + a_{nn}x_n = b_n \end{cases} \qquad ②$$

与

$$\begin{cases} A_{11}x_1 + A_{12}x_2 + \cdots + A_{1n}x_n = c_1 \\ A_{21}x_1 + A_{22}x_2 + \cdots + A_{2n}x_n = c_2 \\ \cdots \\ A_{n1}x_1 + A_{n2}x_2 + \cdots + A_{nn}x_n = c_n \end{cases} \qquad ③$$

其中 A_{ij} 为元素 a_{ij} 在系数行列式中的代数余子式. 证明：若方程组 ② 有唯一解，则方程组 ③ 有唯一解.

第4章 矩 阵

4.1 矩阵的运算与可逆矩阵

一、相关知识

1. 矩阵的加减乘运算

(1) 设 $A=(a_{ij})_{m\times n}$, $B=(b_{ij})_{m\times n}$, 称矩阵 $A+B=(a_{ij}+b_{ij})_{m\times n}$ 为 A 与 B 的和.

(2) 设 $A=(a_{ij})_{m\times n}$, $k\in\mathbb{F}$, 称 $C=(ka_{ij})_{m\times n}$ 为 k 与 A 相乘(数乘)所得的积.

(3) 设 $A=(a_{ij})_{m\times n}$, $B=(b_{ij})_{n\times p}$. 令 $c_{ij}=\sum\limits_{k=1}^{n}a_{ik}b_{kj}(i=1,\cdots,m;j=1,\cdots,p)$, 称 $C=(c_{ij})_{m\times p}$ 为 A 与 B 的积.

2. 矩阵的转置

将矩阵 A 的每一行变为相应的列所得的矩阵称为矩阵 A 的转置, 记为 A^{T}.

矩阵的转置满足:

(1) $(A^{\mathrm{T}})^{\mathrm{T}}=A$.

(2) $(A+B)^{\mathrm{T}}=A^{\mathrm{T}}+B^{\mathrm{T}}$.

(3) $(AB)^{\mathrm{T}}=B^{\mathrm{T}}A^{\mathrm{T}}$.

(4) $(kA)^{\mathrm{T}}=kA^{\mathrm{T}}, k\in\mathbb{F}$.

3. 可逆矩阵

(1) 定义

A 是数域 $\mathbb{F}$ 上的一个 n 阶矩阵. 若存在 $\mathbb{F}$ 上的 n 阶矩阵 B, 使得 $AB=BA=I$, 则 A 称为一个可逆矩阵, B 称为 A 的逆矩阵.

(2) 性质

① 若 A 可逆, 则 A 的逆矩阵是唯一的, 记为 A^{-1}, 且 $(A^{-1})^{-1}=A$.

② 若 A 可逆, 则 A^{T} 可逆, 且 $(A^{\mathrm{T}})^{-1}=(A^{-1})^{\mathrm{T}}$.

③ 若 $\boldsymbol{A},\boldsymbol{B}$ 都是 n 阶可逆矩阵,则 $\boldsymbol{AB}$ 是可逆矩阵,且 $(\boldsymbol{AB})^{-1}=\boldsymbol{B}^{-1}\boldsymbol{A}^{-1}$.

4. 可逆矩阵的判别方法

n 阶矩阵 $\boldsymbol{A}$ 可逆当且仅当它满足以下三个条件之一:

(1) $\boldsymbol{A}$ 经初等变换可化为 n 阶单位阵.

(2) $\boldsymbol{A}$ 的行列式非零,即 $|\boldsymbol{A}|\neq 0$.

(3) $\boldsymbol{A}$ 的秩为 n.

5. 伴随矩阵

设 A_{ij} 是矩阵

$$\boldsymbol{A}=\begin{bmatrix} a_{11} & a_{12} & \cdots & a_{1n} \\ a_{21} & a_{22} & \cdots & a_{2n} \\ \vdots & \vdots & \ddots & \vdots \\ a_{n1} & a_{n2} & \cdots & a_{nn} \end{bmatrix}$$

中元素 a_{ij} 在 $\boldsymbol{A}$ 的行列式中的代数余子式,则矩阵

$$\boldsymbol{A}^{*}=\begin{bmatrix} A_{11} & A_{21} & \cdots & A_{n1} \\ A_{12} & A_{22} & \cdots & A_{n2} \\ \vdots & \vdots & \ddots & \vdots \\ A_{1n} & A_{2n} & \cdots & A_{nn} \end{bmatrix}$$

称为 $\boldsymbol{A}$ 的伴随矩阵.

由行列式展开定理立即得到:$\boldsymbol{AA}^{*}=\boldsymbol{A}^{*}\boldsymbol{A}=|\boldsymbol{A}|\boldsymbol{I}$,因而若 $\boldsymbol{A}$ 可逆,则

$$\boldsymbol{A}^{-1}=\frac{1}{|\boldsymbol{A}|}\boldsymbol{A}^{*}$$

二、例题

【例 1】 令 $\boldsymbol{E}_{ij}$ 是第 i 行第 j 列的元素是 1 而其余元素都是零的 n 阶矩阵.若 n 阶矩阵 $\boldsymbol{A}$ 满足以下条件:

(1) $\boldsymbol{AE}_{ij}=\boldsymbol{E}_{ij}\boldsymbol{A}$.

(2) $\boldsymbol{AB}=\boldsymbol{BA}$,这里 $\boldsymbol{B}$ 是任意 n 阶矩阵,则 $\boldsymbol{A}$ 必为纯量阵,即 $\boldsymbol{A}=\lambda\boldsymbol{I}_n,\lambda\in\mathbb{F}$.

证明　设 $\boldsymbol{A}=(a_{ij})_{n\times n}$,则

$$\boldsymbol{AE}_{ij}=\begin{bmatrix} 0 & \cdots & 0 & a_{1i} & 0 & \cdots & 0 \\ 0 & \cdots & 0 & a_{2i} & 0 & \cdots & 0 \\ \vdots & \ddots & \vdots & \vdots & \vdots & \ddots & \vdots \\ 0 & \cdots & 0 & a_{ni} & 0 & \cdots & 0 \end{bmatrix}$$

$$E_{ij}A = \begin{bmatrix} 0 & 0 & \cdots & 0 \\ \vdots & \vdots & \ddots & \vdots \\ a_{j1} & a_{j2} & \cdots & a_{jn} \\ \vdots & \vdots & \ddots & \vdots \\ 0 & 0 & \cdots & 0 \end{bmatrix}$$

由 $AE_{ij} = E_{ij}A$ 知 $a_{ii} = a_{jj}$ 且 $a_{ij} = 0$ 对 $i \neq j$. 故满足条件(1)的矩阵 $A = \lambda I_n$，而显然 $A = \lambda I_n$ 满足条件(2).

【例 2】 证明:若 A 为实对称方阵,且 $A^2 = \mathbf{0}$,则 $A = \mathbf{0}$.

证明 设

$$A = \begin{bmatrix} a_{11} & a_{12} & \cdots & a_{1n} \\ a_{21} & a_{22} & \cdots & a_{2n} \\ \vdots & \vdots & \ddots & \vdots \\ a_{n1} & a_{n2} & \cdots & a_{nn} \end{bmatrix}$$

其中 a_{ij} 均为实数,且 $a_{ij} = a_{ji}$. 由于 $A^2 = \mathbf{0}$,故

$$A^2 = AA^{\mathrm{T}} = \begin{bmatrix} a_{11} & a_{12} & \cdots & a_{1n} \\ a_{21} & a_{22} & \cdots & a_{2n} \\ \vdots & \vdots & \ddots & \vdots \\ a_{n1} & a_{n2} & \cdots & a_{nn} \end{bmatrix} \begin{bmatrix} a_{11} & a_{21} & \cdots & a_{n1} \\ a_{12} & a_{22} & \cdots & a_{n2} \\ \vdots & \vdots & \ddots & \vdots \\ a_{1n} & a_{2n} & \cdots & a_{nn} \end{bmatrix} = \mathbf{0}$$

观察 A^2 的主对角线元素有

$$a_{i1}^2 + a_{i2}^2 + \cdots + a_{in}^2 = 0, i = 1,2,\cdots,n$$

因为 a_{ij} 都是实数,故所有 $a_{ij} = 0$,因此 $A = \mathbf{0}$.

【例 3】 设 A 为一个 n 阶方阵,A 的主对角线上所有元素的和称为 A 的迹,记作 $\operatorname{tr} A$. 证明:如果对任意的 n 阶方阵 X,都有 $\operatorname{tr}(AX) = 0$,则 $A = \mathbf{0}$.

证明 设 $A = (a_{ij})$,取 $X = \overline{A^{\mathrm{T}}}$,则

$$\operatorname{tr}(A \cdot \overline{A^{\mathrm{T}}}) = \sum_{i=1}^{n}\sum_{k=1}^{n} a_{ik}\overline{a_{ik}} = \sum_{i=1}^{n}\sum_{k=1}^{n} |a_{ik}|^2 = 0$$

所以 $a_{ik} = 0, i,k = 1,2,\cdots,n$. 因而 $A = \mathbf{0}$.

【例 4】 证明:不可能有 n 阶方阵 A,B 满足 $AB - BA = I_n$.

证明 设

$$A = \begin{bmatrix} a_{11} & a_{12} & \cdots & a_{1n} \\ a_{21} & a_{22} & \cdots & a_{2n} \\ \vdots & \vdots & \ddots & \vdots \\ a_{n1} & a_{n2} & \cdots & a_{nn} \end{bmatrix}, B = \begin{bmatrix} b_{11} & b_{12} & \cdots & b_{1n} \\ b_{21} & b_{22} & \cdots & b_{2n} \\ \vdots & \vdots & \ddots & \vdots \\ b_{n1} & b_{n2} & \cdots & b_{nn} \end{bmatrix}$$

为任意两个 n 阶方阵,则 $\boldsymbol{AB}$ 主对角线上的元素为

$$\sum_{i=1}^{n} a_{1i}b_{i1}, \sum_{i=1}^{n} a_{2i}b_{i2}, \cdots, \sum_{i=1}^{n} a_{ni}b_{in}$$

它们的和为 $\sum_{i=1}^{n}\sum_{j=1}^{n} a_{ji}b_{ij}$.

同样 $\boldsymbol{BA}$ 的主对角线上元素的和为

$$\sum_{i=1}^{n}\sum_{j=1}^{n} b_{ji}a_{ij} = \sum_{i=1}^{n}\sum_{j=1}^{n} a_{ji}b_{ij}$$

亦即 $\boldsymbol{AB}$ 与 $\boldsymbol{BA}$ 的主对角线上的元素的和相等,从而 $\boldsymbol{AB}-\boldsymbol{BA}$ 的主对角线上的元素的和为零.但是单位阵 $\boldsymbol{I}_n$ 的主对角线上的元素的和为 $n\neq 0$,因此 $\boldsymbol{AB}-\boldsymbol{BA}\neq \boldsymbol{I}_n$.

【例5】 设 $\boldsymbol{A}$ 与 $\boldsymbol{B}$ 是两个 n 阶对称方阵.证明:乘积 $\boldsymbol{AB}$ 也是对称方阵当且仅当 $\boldsymbol{A}$ 与 $\boldsymbol{B}$ 可换.

证明 由于 $\boldsymbol{A}$ 与 $\boldsymbol{B}$ 是可换的,故 $\boldsymbol{A}=\boldsymbol{A}^{\mathrm{T}},\boldsymbol{B}=\boldsymbol{B}^{\mathrm{T}}$.如果 $\boldsymbol{AB}=\boldsymbol{BA}$,则可得

$$(\boldsymbol{AB})^{\mathrm{T}} = \boldsymbol{B}^{\mathrm{T}}\boldsymbol{A}^{\mathrm{T}} = \boldsymbol{BA} = \boldsymbol{AB}$$

即乘积 $\boldsymbol{AB}$ 是对称的.

反之,若 $\boldsymbol{AB}$ 是对称的,即 $(\boldsymbol{AB})^{\mathrm{T}}=\boldsymbol{AB}$,则

$$\boldsymbol{AB} = (\boldsymbol{AB})^{\mathrm{T}} = \boldsymbol{B}^{\mathrm{T}}\boldsymbol{A}^{\mathrm{T}} = \boldsymbol{BA}$$

即 $\boldsymbol{A}$ 与 $\boldsymbol{B}$ 可交换.

【例6】 设 $\boldsymbol{A}$ 为方阵.证明:若 $\boldsymbol{A}^k=\boldsymbol{0}$,则 $\boldsymbol{I}-\boldsymbol{A}$ 是可逆的,而且

$$(\boldsymbol{I}-\boldsymbol{A})^{-1} = \boldsymbol{I}+\boldsymbol{A}+\boldsymbol{A}^2+\cdots+\boldsymbol{A}^{k-1}$$

证明 计算知

$$(\boldsymbol{I}-\boldsymbol{A})(\boldsymbol{I}+\boldsymbol{A}+\boldsymbol{A}^2+\cdots+\boldsymbol{A}^{k-1}) = \boldsymbol{I}-\boldsymbol{A}^k = \boldsymbol{I}$$

从而 $\boldsymbol{I}-\boldsymbol{A}$ 为可逆方阵,而且

$$(\boldsymbol{I}-\boldsymbol{A})^{-1} = \boldsymbol{I}+\boldsymbol{A}+\boldsymbol{A}^2+\cdots+\boldsymbol{A}^{k-1}$$

【例7】 称方阵 $\boldsymbol{A}=(a_{ij})$ 为上(下)三角矩阵,若 $i>j(i<j)$ 时,有 $a_{ij}=0$.证明:

(1) 两个上(下)三角矩阵的乘积仍是上(下)三角矩阵.

(2) 可逆的上(下)三角矩阵的逆矩阵仍是上(下)三角矩阵.

证明 (1) 设

$$\boldsymbol{A} = \begin{bmatrix} a_{11} & a_{12} & \cdots & a_{1n} \\ a_{21} & a_{22} & \cdots & a_{2n} \\ \vdots & \vdots & \ddots & \vdots \\ a_{n1} & a_{n2} & \cdots & a_{nn} \end{bmatrix}, \boldsymbol{B} = \begin{bmatrix} b_{11} & b_{12} & \cdots & b_{1n} \\ b_{21} & b_{22} & \cdots & b_{2n} \\ \vdots & \vdots & \ddots & \vdots \\ b_{n1} & b_{n2} & \cdots & b_{nn} \end{bmatrix}$$

$$AB=\begin{bmatrix} c_{11} & c_{12} & \cdots & c_{1n} \\ c_{21} & c_{22} & \cdots & c_{2n} \\ \vdots & \vdots & \ddots & \vdots \\ c_{n1} & c_{n2} & \cdots & c_{nn} \end{bmatrix}$$

其中 $c_{ij} = a_{i1}b_{1j} + \cdots + a_{i,i-1}b_{i-1,j} + a_{ii}b_{ij} + \cdots + a_{in}b_{nj}$.

当 $\boldsymbol{A}$ 和 $\boldsymbol{B}$ 为上三角矩阵,即当 $i > j$ 时 $a_{ij} = b_{ij} = 0$.于是由上面关于 c_{ij} 的表达式可知,当 $i > j$ 时 $c_{ij} = 0$,即乘积 $\boldsymbol{AB}$ 是上三角矩阵.

同样,当 $\boldsymbol{A}$ 和 $\boldsymbol{B}$ 是下三角矩阵时,$\boldsymbol{AB}$ 也是下三角矩阵.

(2) **证法一**　若上三角矩阵 $\boldsymbol{A}$ 可逆,则有 $|\boldsymbol{A}| = a_{11}a_{22}\cdots a_{nn} \neq 0$,从而 $a_{ii} \neq 0(i = 1,2,\cdots,n)$.设 $\boldsymbol{A}^{-1} = (x_{ij})$,则

$$\begin{bmatrix} x_{11} & x_{12} & \cdots & x_{1n} \\ x_{21} & x_{22} & \cdots & x_{2n} \\ \vdots & \vdots & \ddots & \vdots \\ x_{n1} & x_{n2} & \cdots & x_{nn} \end{bmatrix}\begin{bmatrix} a_{11} & a_{12} & \cdots & a_{1n} \\ 0 & a_{22} & \cdots & a_{2n} \\ \vdots & \vdots & \ddots & \vdots \\ 0 & 0 & \cdots & a_{nn} \end{bmatrix}=\begin{bmatrix} 1 & 0 & \cdots & 0 \\ 0 & 1 & \cdots & 0 \\ \vdots & \vdots & \ddots & \vdots \\ 0 & 0 & \cdots & 1 \end{bmatrix}$$

比较等式两端第一列元素,有

$$x_{11}a_{11} = 1, x_{i1}a_{11} = 0, i = 2,\cdots,n$$

于是得

$$x_{11} = a_{11}^{-1}, x_{21} = \cdots = x_{n1} = 0$$

然后比较等式两端第二列元素得

$$x_{32} = x_{42} = \cdots = x_{n2} = 0$$

继续这个过程得 $x_{ij} = 0(i > j)$,即 $\boldsymbol{A}^{-1}$ 为上三角阵.

证法二　设 $\boldsymbol{A}$ 为上三角矩阵,则 $\boldsymbol{A}$ 的元素 $a_{ij}(i < j)$ 的代数余子式 A_{ij} 都是一个上三角行列式,且对角线上至少有一个零,故当 $i < j$ 时 $A_{ij} = 0$,亦即 $\boldsymbol{A}^{-1}$ 是一个上三角矩阵.

对下三角矩阵可同样讨论.

【例8】　设 $\boldsymbol{A}$ 为 n 阶方阵.证明:$|\boldsymbol{A}^*| = |\boldsymbol{A}|^{n-1}$.

证明　由 $\boldsymbol{AA}^* = |\boldsymbol{A}|\boldsymbol{I}$,两边取行列式得

$$|\boldsymbol{A}||\boldsymbol{A}^*| = |\boldsymbol{A}|^n$$

若 $|\boldsymbol{A}| \neq 0$,则 $|\boldsymbol{A}^*| = |\boldsymbol{A}|^{n-1}$.若 $|\boldsymbol{A}| = 0$,则必有 $|\boldsymbol{A}^*| = 0$.事实上若 $|\boldsymbol{A}^*| \neq 0$,则有 $\boldsymbol{A}^*(\boldsymbol{A}^*)^{-1} = \boldsymbol{I}$.由此又得

$$\boldsymbol{A} = \boldsymbol{AA}^*(\boldsymbol{A}^*)^{-1} = |\boldsymbol{A}|\boldsymbol{I}(\boldsymbol{A}^*)^{-1} = \boldsymbol{0}$$

这与 $|\boldsymbol{A}^*| \neq 0$ 矛盾.故当 $|\boldsymbol{A}| = 0$ 时也有 $|\boldsymbol{A}^*| = 0$,即此时也满足 $|\boldsymbol{A}^*| = |\boldsymbol{A}|^{n-1}$.

【例 9】 设 $\boldsymbol{A}$ 为 $n(n \geqslant 2)$ 阶方阵. 证明

$$R(\boldsymbol{A}^*) = \begin{cases} n, R(\boldsymbol{A}) = n \\ 1, R(\boldsymbol{A}) = n-1 \\ 0, R(\boldsymbol{A}) < n-1 \end{cases}$$

证明 当 $R(\boldsymbol{A}) = n$,则 $|\boldsymbol{A}| \neq 0$,而 $|\boldsymbol{A}^*| = |\boldsymbol{A}|^{n-1}$,故 $|\boldsymbol{A}^*| \neq 0$,因而 $R(\boldsymbol{A}^*) = n$;

当 $R(\boldsymbol{A}) = n-1$ 时, $|\boldsymbol{A}| = 0$,而 $\boldsymbol{A}\boldsymbol{A}^* = |\boldsymbol{A}|\boldsymbol{I} = \boldsymbol{0}$,因而 $R(\boldsymbol{A}^*) \leqslant 1$.

又因 $R(\boldsymbol{A}) = n-1$, 所以至少有一个代数余子式 $A_{ij} \neq \boldsymbol{0}$, 从而又有 $R(\boldsymbol{A}^*) \geqslant 1$,于是 $R(\boldsymbol{A}^*) = 1$.

当 $0 \leqslant R(\boldsymbol{A}) < n-1$ 时,$\boldsymbol{A}^* = \boldsymbol{0}$,此时 $R(\boldsymbol{A}^*) = 0$.

【例 10】 设 $\boldsymbol{A}$ 为 $n(n \geqslant 2)$ 阶方阵. 证明:$(\boldsymbol{A}^*)^* = |\boldsymbol{A}|^{n-2}\boldsymbol{A}$.

证明 当 $|\boldsymbol{A}| = 0$ 时, 由上题知,$R(\boldsymbol{A}^*) \leqslant 1$. 如果 $n > 2$, 由上题知 $R((\boldsymbol{A}^*)^*) = 0$. 因此

$$(\boldsymbol{A}^*)^* = |\boldsymbol{A}|^{n-2}\boldsymbol{A}$$

如果 $n = 2$,令 $\boldsymbol{A} = \begin{bmatrix} a & b \\ c & d \end{bmatrix}$,则 $\boldsymbol{A}^* = \begin{bmatrix} d & -b \\ -c & a \end{bmatrix}$,也有

$$(\boldsymbol{A}^*)^* = \begin{bmatrix} a & b \\ c & d \end{bmatrix} = \boldsymbol{A} = |\boldsymbol{A}|^{n-2}\boldsymbol{A}$$

当 $|\boldsymbol{A}| \neq 0$ 时,则也有 $|\boldsymbol{A}^*| \neq 0$,且

$$\boldsymbol{A}^* = |\boldsymbol{A}|\boldsymbol{A}^{-1}$$

又 $|\boldsymbol{A}^*| = |\boldsymbol{A}|^{n-1}$,于是

$$(\boldsymbol{A}^*)^* = |\boldsymbol{A}^*|(\boldsymbol{A}^*)^{-1} = |\boldsymbol{A}|^{n-1}(|\boldsymbol{A}|\boldsymbol{A}^{-1})^{-1} = |\boldsymbol{A}|^{n-2}\boldsymbol{A}$$

【例 11】 设 $\boldsymbol{A}$ 为 $n(n > 1)$ 阶方阵. 证明: 对任意数 k 有 $(k\boldsymbol{A})^* = k^{n-1}\boldsymbol{A}^*$.

证明 由伴随矩阵定义可知,$(k\boldsymbol{A})^*$ 中元素即 $\boldsymbol{A}^*$ 中元素 A_{ij} 附以因子 k. 由于 A_{ij} 是 $n-1$ 阶行列式,故 $(k\boldsymbol{A})^*$ 的元素为

$$k^{n-1}A_{ij}, i, j = 1, 2, \cdots, n$$

因此 $(k\boldsymbol{A})^* = k^{n-1}\boldsymbol{A}^*$.

4.2 分块矩阵与初等矩阵

一、相关知识

1. 分块矩阵

(1) 设 $\boldsymbol{A}, \boldsymbol{B}$ 是两个分块矩阵,在每个分块加或乘有意义的前提下,则 $\boldsymbol{A} + \boldsymbol{B}$

即对应块相加，kA 即把 k 乘到 A 的每一个分块上，AB 即把每个块当元素，并同普通矩阵乘法一样进行.

特别，当 $B = (B_1, B_2, \cdots, B_s)$ 时，则

$$AB = A(B_1, B_2, \cdots, B_s) = (AB_1, AB_2, \cdots, AB_s)$$

(2) 如果 H 是上三角分块矩阵，即

$$H = \begin{bmatrix} A_1 & & & \\ & A_2 & & * \\ & & \ddots & \\ & \mathbf{0} & & \\ & & & A_s \end{bmatrix}$$

其中 $A_1, A_2, \cdots, A_s$ 均为方阵（但阶数不一定相同），则

$$|H| = |A_1| \cdot |A_2| \cdot \cdots \cdot |A_s|$$

2. 下面三种方阵依次称为第1,2,3种初等矩阵：

$$P_{ij} = \begin{bmatrix} 1 & & & & & & & & & \\ & \ddots & & & & & & & & \\ & & 1 & & & & & & & \\ & & & 0 & & \cdots & & 1 & & \\ & & & & 1 & & & & & \\ & & & \vdots & & \ddots & & \vdots & & \\ & & & & & & 1 & & & \\ & & & 1 & & \cdots & & 0 & & \\ & & & & & & & & 1 & \\ & & & & & & & & & \ddots \\ & & & & & & & & & & 1 \end{bmatrix} \begin{matrix} \\ \\ \\ (\text{第 } i \text{ 行}) \\ \\ \\ \\ (\text{第 } j \text{ 行}) \\ \\ \\ \\ \end{matrix}$$

$$D_i(k) = \begin{bmatrix} 1 & & & & & \\ & \ddots & & & & \\ & & 1 & & & \\ & & & k & & \\ & & & & 1 & \\ & & & & & \ddots \\ & & & & & & 1 \end{bmatrix} (\text{第 } i \text{ 行})(k \neq 0)$$

（第 j 列）

$$T_{ij}(k)=\begin{bmatrix}1&&&&&&\\&\ddots&&&&&\\&&1&\cdots&k&&\\&&&\ddots&\vdots&&\\&&&&1&&\\&&&&&\ddots&\\&&&&&&1\end{bmatrix}(\text{第 } i \text{ 行})$$

初等矩阵都是可逆矩阵，而且其逆矩阵仍是可逆矩阵.

对一个矩阵 $\boldsymbol{A}$ 左(右)乘以第 1,2,3 种初等矩阵就相当于对 $\boldsymbol{A}$ 的行(列)进行第 1,2,3 种初等变换.

二、例题

【例 1】 设 n 阶方阵

$$\boldsymbol{A}=\begin{bmatrix}0&1&&&\\&0&1&&\\&&\ddots&\ddots&\\&&&\ddots&1\\&&&&0\end{bmatrix}$$

求证：$\boldsymbol{A}^n=\boldsymbol{0}$.

证明　令

$$\boldsymbol{e}_i=\begin{bmatrix}0\\\vdots\\0\\1\\0\\\vdots\\0\end{bmatrix}(i \text{ 行})$$

则 $\boldsymbol{A}=(0,\boldsymbol{e}_1,\cdots,\boldsymbol{e}_{n-1})$，并且

$$Ae_i = (0, e_1, \cdots, e_{n-1})\begin{bmatrix}0\\ \vdots\\ 0\\ 1\\ 0\\ \vdots\\ 0\end{bmatrix} = e_{i-1}, i = 2, \cdots, n$$

而 $Ae_1 = \mathbf{0}$,因此

$$A^2 = A(0, e_1, \cdots, e_{n-1}) = (0, 0, e_1, \cdots, e_{n-2})$$

如此下去可得 $A^n = \mathbf{0}$.

【例2】 设 A 和 B 分别为 m 与 n 阶方阵.证明:

(1) 当 A 可逆时有

$$\begin{vmatrix} A & D \\ C & B \end{vmatrix} = |A| \cdot |B - CA^{-1}D|$$

(2) 当 B 可逆时有

$$\begin{vmatrix} A & D \\ C & B \end{vmatrix} = |A - DB^{-1}C| \cdot |B|$$

证明 (1) 根据分块矩阵的乘法,有

$$\begin{bmatrix} A & D \\ C & B \end{bmatrix}\begin{bmatrix} I & -A^{-1}D \\ 0 & I \end{bmatrix} = \begin{bmatrix} A & 0 \\ C & B - CA^{-1}D \end{bmatrix}$$

两边取行列式即得(1).

(2) 同样,由于

$$\begin{bmatrix} A & D \\ C & B \end{bmatrix}\begin{bmatrix} I & 0 \\ -B^{-1}C & I \end{bmatrix} = \begin{bmatrix} A - DB^{-1}C & D \\ 0 & B \end{bmatrix}$$

再两边取行列式即得(2).

【例3】 设 A, B, C, D 都是 n 阶方阵.证明:当 $AC = CA$ 时,有

$$\begin{vmatrix} A & D \\ C & B \end{vmatrix} = |AB - CD|$$

证明 当 A 可逆时由上题及 $AC = CA$ 可得

$$\begin{vmatrix} A & D \\ C & B \end{vmatrix} = |A| \cdot |B - CA^{-1}D| = |AB - ACA^{-1}D| = |AB - CD|$$

当 A 不可逆,即 $|A| \neq 0$ 时,由于 $f(x) = |xI + A|$ 是一个关于 x 的多项式,故总存在实数使当 $x \geqslant k$ 时有

$$f(x) = |xI + A| \neq 0$$

即 $xI+A$ 可逆. 由于 $AC = CA$,故有

$$(xI + A)C = C(xI + A)$$

从而可得

$$\begin{vmatrix} xI + A & D \\ C & B \end{vmatrix} = |(xI + A)B - CD|$$

由于这个等式对于 $x \geqslant k$ 的任意 x 都成立,从而上式是一个关于 x 的恒等式. 因此当 $x = 0$ 时该等式也成立,即仍有

$$\begin{vmatrix} A & D \\ C & B \end{vmatrix} = |AB - CD|$$

【例 4】 设 A 和 B 分别是 $n \times m$ 和 $m \times n$ 矩阵,$\lambda \neq 0$. 证明:

$$|\lambda I_n - AB| = \lambda^{n-m} |\lambda I_m - BA|$$

证明 由

$$\begin{bmatrix} I_m & 0 \\ -A & I_n \end{bmatrix} \begin{bmatrix} \lambda I_m & B \\ \lambda A & \lambda I_n \end{bmatrix} = \begin{bmatrix} \lambda I_m & B \\ 0 & \lambda I_n - AB \end{bmatrix}$$

得

$$\begin{vmatrix} \lambda I_m & B \\ \lambda A & \lambda I_n \end{vmatrix} = \begin{vmatrix} I_m & 0 \\ -A & I_n \end{vmatrix} \begin{vmatrix} \lambda I_m & B \\ \lambda A & \lambda I_n \end{vmatrix} = \begin{vmatrix} \lambda I_m & B \\ 0 & \lambda I_n - AB \end{vmatrix} = \lambda^m |\lambda I_n - AB|$$

同理

$$\begin{vmatrix} \lambda I_m & B \\ \lambda A & \lambda I_n \end{vmatrix} = \begin{vmatrix} \lambda I_m & B \\ \lambda A & \lambda I_n \end{vmatrix} \begin{vmatrix} I_m & 0 \\ -A & I_n \end{vmatrix} = \begin{vmatrix} \lambda I_m - BA & B \\ 0 & \lambda I_n \end{vmatrix} = \lambda^n |\lambda I_m - BA|$$

所以

$$|\lambda I_n - AB| = \lambda^{n-m} |\lambda I_m - BA|$$

【例 5】 设

$$A = \begin{bmatrix} a_1 I_1 & 0 & \cdots & 0 \\ 0 & a_2 I_2 & \cdots & 0 \\ \vdots & \vdots & \ddots & \vdots \\ 0 & 0 & \cdots & a_r I_r \end{bmatrix}$$

其中当 $i \neq j$ 时,$a_i \neq a_j (i,j = 1,2,\cdots,r)$,$I_i$ 是 n_i 阶单位方阵,$\sum_{i=1}^{r} n_i = n$. 证明:与 A 可交换的矩阵只能是准对角矩阵

$$\begin{bmatrix} \boldsymbol{A}_1 & & & \\ & \boldsymbol{A}_2 & & \boldsymbol{0} \\ & & \ddots & \\ \boldsymbol{0} & & & \boldsymbol{A}_r \end{bmatrix}, \boldsymbol{A}_i \text{ 为 } n_i \text{ 阶方阵}$$

证明　这种准对角矩阵显然与 $\boldsymbol{A}$ 可交换.其次,设方阵 $\boldsymbol{B}$ 与 $\boldsymbol{A}$ 可交换,将 $\boldsymbol{B}$ 进行同样的分块,设为

$$\boldsymbol{B} = \begin{bmatrix} A_{11} & A_{12} & \cdots & A_{1r} \\ A_{21} & A_{22} & \cdots & A_{2r} \\ \vdots & \vdots & \ddots & \vdots \\ A_{r1} & A_{r2} & \cdots & A_{rr} \end{bmatrix}$$

则根据分块矩阵的乘法由 $\boldsymbol{AB} = \boldsymbol{BA}$ 得

$$\begin{bmatrix} a_1A_{11} & a_1A_{12} & \cdots & a_1A_{1r} \\ a_2A_{21} & a_2A_{22} & \cdots & a_2A_{2r} \\ \vdots & \vdots & \ddots & \vdots \\ a_rA_{r1} & a_rA_{r2} & \cdots & a_rA_{rr} \end{bmatrix} = \begin{bmatrix} a_1A_{11} & a_2A_{12} & \cdots & a_rA_{1r} \\ a_1A_{21} & a_2A_{22} & \cdots & a_rA_{2r} \\ \vdots & \vdots & \ddots & \vdots \\ a_1A_{r1} & a_2A_{r2} & \cdots & a_rA_{rr} \end{bmatrix}$$

于是

$$a_iA_{ij} = a_jA_{ij}, i, j = 1, 2, \cdots, r$$

由于当 $i \neq j$ 时 $a_i \neq a_j$,故当 $i \neq j$ 时 $A_{ij} = 0$,从而

$$\boldsymbol{B} = \begin{bmatrix} A_1 & & & \\ & A_2 & & \boldsymbol{0} \\ & & \ddots & \\ \boldsymbol{0} & & & A_r \end{bmatrix}, \text{其中 } A_i = A_{ii}$$

【例 6】　设方阵 $\boldsymbol{A}$ 的秩为 r,且 $\boldsymbol{A}^2 = \boldsymbol{A}$.证明:$\mathrm{tr}(\boldsymbol{A}) = r$.

证明　因为 $\boldsymbol{A}$ 的秩为 r,存在可逆矩阵 $\boldsymbol{P}, \boldsymbol{Q}$ 使

$$\boldsymbol{P}^{-1}\boldsymbol{A}\boldsymbol{Q}^{-1} = \begin{bmatrix} \boldsymbol{I}_r & \boldsymbol{0} \\ \boldsymbol{0} & \boldsymbol{0} \end{bmatrix}$$

再令

$$\boldsymbol{P} = \begin{bmatrix} \boldsymbol{P}_1 & \boldsymbol{P}_2 \\ \boldsymbol{P}_3 & \boldsymbol{P}_4 \end{bmatrix}, \boldsymbol{Q} = \begin{bmatrix} \boldsymbol{Q}_1 & \boldsymbol{Q}_2 \\ \boldsymbol{Q}_3 & \boldsymbol{Q}_4 \end{bmatrix}$$

其中 P_1, Q_1 均为 r 阶方阵. 于是由 $A^2 = A$ 可得

$$\begin{bmatrix} I_r & 0 \\ 0 & 0 \end{bmatrix} QP \begin{bmatrix} I_r & 0 \\ 0 & 0 \end{bmatrix} = P^{-1}A \cdot AQ^{-1} = P^{-1}AQ^{-1} = \begin{bmatrix} I_r & 0 \\ 0 & 0 \end{bmatrix}$$

由此根据分块矩阵的乘法,得

$$Q_1P_1 + Q_2P_3 = I_r$$

根据迹的性质,得

$$r = \mathrm{tr}(I_r) = \mathrm{tr}(Q_1P_1) + \mathrm{tr}(Q_2P_3)$$

因而得

$$A = P\begin{bmatrix} I_r & 0 \\ 0 & 0 \end{bmatrix} Q = \begin{bmatrix} P_1 & P_2 \\ P_3 & P_4 \end{bmatrix}\begin{bmatrix} I_r & 0 \\ 0 & 0 \end{bmatrix}\begin{bmatrix} Q_1 & Q_2 \\ Q_3 & Q_4 \end{bmatrix} = \begin{bmatrix} P_1Q_1 & P_1Q_2 \\ P_3Q_1 & P_3Q_2 \end{bmatrix}$$

由此得

$$\mathrm{tr}\,(A) = \mathrm{tr}\,(P_1Q_1) + \mathrm{tr}\,(P_3Q_2)$$

而由 $\mathrm{tr}\,(P_3Q_2) = \mathrm{tr}(Q_2P_3)$,知 $\mathrm{tr}(A) = r$.

【例 7】 证明:$2n$ 阶矩阵 $\begin{bmatrix} A & 0 \\ 0 & A^{-1} \end{bmatrix}$ 总可以写成几个形如 $\begin{bmatrix} I & P \\ 0 & I \end{bmatrix}$, $\begin{bmatrix} I & 0 \\ Q & I \end{bmatrix}$ 的矩阵的乘积.

证明 考虑如下等式

$$\begin{bmatrix} I & 0 \\ -A^{-1} & I \end{bmatrix}\begin{bmatrix} I & A(I-A) \\ 0 & I \end{bmatrix}\begin{bmatrix} A & 0 \\ 0 & A^{-1} \end{bmatrix}\begin{bmatrix} I & 0 \\ I & I \end{bmatrix}\begin{bmatrix} I & A-I \\ 0 & I \end{bmatrix} = \begin{bmatrix} I & 0 \\ 0 & I \end{bmatrix}$$

所以

$$\begin{bmatrix} A & 0 \\ 0 & A^{-1} \end{bmatrix} = \begin{bmatrix} I & A(I-A) \\ 0 & I \end{bmatrix}^{-1}\begin{bmatrix} I & 0 \\ -A^{-1} & I \end{bmatrix}^{-1}\begin{bmatrix} I & A-I \\ 0 & I \end{bmatrix}^{-1}\begin{bmatrix} I & 0 \\ I & I \end{bmatrix}^{-1} =$$

$$\begin{bmatrix} I & -A(I-A) \\ 0 & I \end{bmatrix}\begin{bmatrix} I & 0 \\ A^{-1} & I \end{bmatrix}\begin{bmatrix} I & I-A \\ 0 & I \end{bmatrix}\begin{bmatrix} I & 0 \\ -I & I \end{bmatrix}$$

【例8】 设 $A = \begin{bmatrix} A_1 & 0 & \cdots & 0 \\ 0 & A_2 & \cdots & 0 \\ \vdots & \vdots & \ddots & \vdots \\ 0 & 0 & \cdots & A_s \end{bmatrix}$ 是一个对角线分块矩阵. 证明: $|A| = |A_1||A_2|\cdots|A_s|$.

证明 对矩阵 A 对角线上的分块数 s 进行归纳.

当 $s = 1$ 时,命题显然成立.

假设当 $s-1$ 时命题成立,证明 s 时的情形.

$$A=\begin{bmatrix} A_1 & 0 & \cdots & 0 \\ 0 & A_2 & \cdots & 0 \\ \vdots & \vdots & \ddots & \vdots \\ 0 & 0 & \cdots & A_s \end{bmatrix}=\begin{bmatrix} A_1 & 0 & \cdots & 0 \\ 0 & I & \cdots & 0 \\ \vdots & \vdots & \ddots & \vdots \\ 0 & 0 & \cdots & I \end{bmatrix}\begin{bmatrix} I & 0 & \cdots & 0 \\ 0 & A_2 & \cdots & 0 \\ \vdots & \vdots & \ddots & \vdots \\ 0 & 0 & \cdots & A_s \end{bmatrix}$$

因而

$$|A|=\begin{vmatrix} A_1 & 0 & \cdots & 0 \\ 0 & I & \cdots & 0 \\ \vdots & \vdots & \ddots & \vdots \\ 0 & 0 & \cdots & I \end{vmatrix}\begin{vmatrix} I & 0 & \cdots & 0 \\ 0 & A_2 & \cdots & 0 \\ \vdots & \vdots & \ddots & \vdots \\ 0 & 0 & \cdots & A_s \end{vmatrix}=$$

$$|A_1|\begin{vmatrix} A_2 & 0 & \cdots & 0 \\ 0 & A_3 & \cdots & 0 \\ \vdots & \vdots & \ddots & \vdots \\ 0 & 0 & \cdots & A_s \end{vmatrix}=$$

$$|A_1||A_2|\cdots|A_s|$$

4.3 矩阵的分解

一、相关知识

1. 矩阵的分解主要是将矩阵分解为一些特殊矩阵的和或积的形式.

2. 一些常见的 n 阶方阵

(1) 纯量阵

$$kI_n=\begin{bmatrix} k & & & \\ & k & & \\ & & \ddots & \\ & & & k \end{bmatrix}$$

(2) 对角形阵

$$A=\begin{bmatrix} k_1 & & & 0 \\ & k_2 & & \\ & & \ddots & \\ 0 & & & k_n \end{bmatrix}=\mathrm{diag}(k_1,k_2,\cdots,k_n)$$

(3) 对称阵 $\boldsymbol{A}:\boldsymbol{A}^{\mathrm{T}}=\boldsymbol{A}$.

(4) 反对称阵 $\boldsymbol{A}:\boldsymbol{A}^{\mathrm{T}}=-\boldsymbol{A}$.

(5) 上三角形阵

$$\boldsymbol{A}=\begin{bmatrix} a_{11} & & & * \\ & a_{22} & & \\ & & \ddots & \\ \boldsymbol{0} & & & a_{nn} \end{bmatrix}$$

下三角形阵

$$\boldsymbol{A}=\begin{bmatrix} a_{11} & & & \boldsymbol{0} \\ & a_{22} & & \\ & & \ddots & \\ * & & & a_{nn} \end{bmatrix}$$

(6) 幂等阵 $\boldsymbol{A}:\boldsymbol{A}^2=\boldsymbol{A}$.

(7) 正交阵:指的是一个 n 阶实矩阵 $\boldsymbol{A}$,满足 $\boldsymbol{A}\boldsymbol{A}^{\mathrm{T}}=\boldsymbol{A}^{\mathrm{T}}\boldsymbol{A}=\boldsymbol{I}_n$.

(8) 正定阵:指的是一个 n 阶实对称阵 $\boldsymbol{A}$,合同于 n 阶单位阵 $\boldsymbol{I}_n$,即存在一个 n 阶可逆阵 $\boldsymbol{P}$,使 $\boldsymbol{P}^{\mathrm{T}}\boldsymbol{A}\boldsymbol{P}=\boldsymbol{I}_n$.

二、例题

【例 1】 证明:任何一个 n 阶矩阵 $\boldsymbol{A}$ 都可以表为一个对称阵与一个反对称阵的和.

证明 令

$$\boldsymbol{B}=\frac{\boldsymbol{A}}{2}+\frac{\boldsymbol{A}^{\mathrm{T}}}{2},\boldsymbol{C}=\frac{\boldsymbol{A}}{2}-\frac{\boldsymbol{A}^{\mathrm{T}}}{2}$$

易知 $\boldsymbol{B}^{\mathrm{T}}=\boldsymbol{B}$ 为对称阵,$\boldsymbol{C}^{\mathrm{T}}=-\boldsymbol{C}$ 为反对称阵,而 $\boldsymbol{A}=\boldsymbol{B}+\boldsymbol{C}$.

【例 2】 证明:任一秩为 r 的矩阵均可表为 r 个秩为 1 的矩阵的和.

证明 设 $m\times n$ 矩阵 $\boldsymbol{A}$ 的秩为 r,则必存在 m 阶可逆阵 $\boldsymbol{P}$ 和 n 阶可逆阵 $\boldsymbol{Q}$ 使

$$\boldsymbol{PAQ}=\begin{bmatrix} \boldsymbol{I}_r & \boldsymbol{0} \\ \boldsymbol{0} & \boldsymbol{0} \end{bmatrix}$$

而

$$\begin{bmatrix} \boldsymbol{I}_r & \boldsymbol{0} \\ \boldsymbol{0} & \boldsymbol{0} \end{bmatrix}=\mathrm{diag}(1,0,\cdots,0)+\cdots+\mathrm{diag}(0,\cdots,0,1,0,\cdots,0)$$

故

$$\boldsymbol{A} = \boldsymbol{P}^{-1}\begin{bmatrix} \boldsymbol{I}_r & \boldsymbol{0} \\ \boldsymbol{0} & \boldsymbol{0} \end{bmatrix}\boldsymbol{Q}^{-1} =$$

$$\boldsymbol{P}^{-1}\mathrm{diag}(1,0,\cdots,0)\boldsymbol{Q}^{-1} + \cdots + \boldsymbol{P}^{-1}\mathrm{diag}(0,\cdots,0,1,0,\cdots,0)\boldsymbol{Q}^{-1}$$

并且这 r 个 $m \times n$ 矩阵的秩显然都是 1.

【例 3】 任一 n 阶方阵 $\boldsymbol{A}$ 均可表为一个纯量阵与一个迹为零的方阵之和.

证明 设 $\boldsymbol{A} = (a_{ij})$ 为 n 阶方阵,令

$$\boldsymbol{X} = \frac{1}{n}\mathrm{tr}(\boldsymbol{A})\boldsymbol{I}_n$$

$$\boldsymbol{Y} = (\gamma_{ij}), \gamma_{ij} = \begin{cases} a_{ij}, i \neq j \\ a_{ii} - \dfrac{\mathrm{tr}(\boldsymbol{A})}{n}, i = j \end{cases}$$

$\boldsymbol{X}$ 显然是 n 阶纯量阵,而矩阵 $\boldsymbol{Y}$ 的迹为

$$\mathrm{tr}(\boldsymbol{Y}) = \sum_{i=1}^{n}\gamma_{ii} = a_{11} - \frac{\mathrm{tr}(\boldsymbol{A})}{n} + \cdots + a_{nn} - \frac{\mathrm{tr}(\boldsymbol{A})}{n} = \sum_{i=1}^{n} a_{ii} - \mathrm{tr}(\boldsymbol{A}) = 0$$

同时

$$\boldsymbol{X} + \boldsymbol{Y} = \begin{bmatrix} \dfrac{\mathrm{tr}(\boldsymbol{A})}{n} & & \boldsymbol{0} \\ & \ddots & \\ \boldsymbol{0} & & \dfrac{\mathrm{tr}(\boldsymbol{A})}{n} \end{bmatrix} + \begin{bmatrix} a_{11} - \dfrac{\mathrm{tr}(\boldsymbol{A})}{n} & \cdots & a_{1n} \\ \vdots & \ddots & \vdots \\ a_{n1} & \cdots & a_{nn} - \dfrac{\mathrm{tr}(\boldsymbol{A})}{n} \end{bmatrix} =$$

$$\begin{bmatrix} a_{11} & a_{12} & \cdots & a_{1n} \\ a_{21} & a_{22} & \cdots & a_{2n} \\ \vdots & \vdots & \ddots & \vdots \\ a_{n1} & a_{n2} & \cdots & a_{nn} \end{bmatrix} = \boldsymbol{A}$$

【例 4】 证明:任何方阵都可表为一个可逆矩阵与一个幂等方阵的乘积.

证明 设 $\boldsymbol{A}$ 为任意给定的一个方阵.若 $\boldsymbol{A} = \boldsymbol{0}$,则结论是显然的.

设 $\boldsymbol{A} \neq \boldsymbol{0}$,且 $R(\boldsymbol{A}) = r \neq 0$,则存在可逆方阵 $\boldsymbol{P}, \boldsymbol{Q}$ 使

$$\boldsymbol{PAQ} = \begin{bmatrix} \boldsymbol{I}_r & \boldsymbol{0} \\ \boldsymbol{0} & \boldsymbol{0} \end{bmatrix}$$

令 $\boldsymbol{C} = \begin{bmatrix} \boldsymbol{I}_r & \boldsymbol{0} \\ \boldsymbol{0} & \boldsymbol{0} \end{bmatrix}$,则 $\boldsymbol{C}^2 = \boldsymbol{C}$,于是

$$\boldsymbol{A} = \boldsymbol{P}^{-1}\boldsymbol{C}\boldsymbol{Q}^{-1} = \boldsymbol{P}^{-1}\boldsymbol{Q}^{-1}\boldsymbol{Q}\boldsymbol{C}\boldsymbol{Q}^{-1} = \boldsymbol{R}_1\boldsymbol{C}_1 \qquad ①$$

其中 $\boldsymbol{C}_1 = \boldsymbol{QCQ}^{-1}$,从而有 $\boldsymbol{C}_1^2 = \boldsymbol{C}_1$,即 $\boldsymbol{C}_1$ 为幂等方阵,而 $\boldsymbol{R}_1 = \boldsymbol{P}^{-1}\boldsymbol{Q}^{-1}$ 为可逆

矩阵.

另由①,也可把 $\boldsymbol{A}$ 表示成

$$\boldsymbol{A} = \boldsymbol{P}^{-1}\boldsymbol{CP} \cdot \boldsymbol{P}^{-1}\boldsymbol{Q}^{-1} = \boldsymbol{BR}$$

其中 $\boldsymbol{B} = \boldsymbol{P}^{-1}\boldsymbol{CP}$ 为幂等方阵,而 $\boldsymbol{R} = \boldsymbol{P}^{-1}\boldsymbol{Q}^{-1}$ 为可逆矩阵.

【例5】 任一秩为 $r > 0$ 的 $m \times n$ 矩阵 $\boldsymbol{A}$ 均可表为 $m \times r$ 列满秩阵 $\boldsymbol{B}$ 与 $r \times n$ 行满秩阵 $\boldsymbol{C}$ 之乘积.

证明 由于 $R(\boldsymbol{A}) = r > 0$,则存在 m 阶可逆阵 $\boldsymbol{P}$,n 阶可逆阵 $\boldsymbol{Q}$,使

$$\boldsymbol{PAQ} = \begin{bmatrix} \boldsymbol{I}_r & \boldsymbol{0} \\ \boldsymbol{0} & \boldsymbol{0} \end{bmatrix}$$

进而有

$$\boldsymbol{A} = \boldsymbol{P}^{-1}\begin{bmatrix} \boldsymbol{I}_r \\ \boldsymbol{0} \end{bmatrix}(\boldsymbol{I}_r, \boldsymbol{0})\boldsymbol{Q}^{-1}$$

于是令

$$\boldsymbol{B} = \boldsymbol{P}^{-1}\begin{bmatrix} \boldsymbol{I}_r \\ \boldsymbol{0} \end{bmatrix}, \boldsymbol{C} = (\boldsymbol{I}_r, \boldsymbol{0})\boldsymbol{Q}^{-1}$$

易知 $\boldsymbol{B}$ 为 $m \times r$ 列满秩阵,$\boldsymbol{C}$ 为 $r \times n$ 行满秩阵.

【例6】 设 $\boldsymbol{A}$ 为任意 n 阶实阵,则必有分解式 $\boldsymbol{A} = \boldsymbol{QR}$,其中 $\boldsymbol{Q}$ 为 n 阶正交阵,$\boldsymbol{R}$ 为主对角元皆为非负数的 n 阶上(下)三角形阵.

证明 把矩阵 $\boldsymbol{A}$ 按列分块,即

$$\boldsymbol{A} = \begin{bmatrix} a_{11} & a_{12} & \cdots & a_{1n} \\ a_{21} & a_{22} & \cdots & a_{2n} \\ \vdots & \vdots & \ddots & \vdots \\ a_{n1} & a_{n2} & \cdots & a_{nn} \end{bmatrix} = (\boldsymbol{\alpha}_1, \boldsymbol{\alpha}_2, \cdots, \boldsymbol{\alpha}_n)$$

对其阶数 n 用数学归纳法.

当 $n = 1$ 时,因为

$$a_{11} = \begin{cases} 1 \cdot a_{11}, & a_{11} \geqslant 0 \\ (-1) \cdot (-a_{11}), & a_{11} < 0 \end{cases}$$

故结论对 $n = 1$ 的情形是成立的.

假设 $n-1$ 时结论成立,今证 n 的结论亦成立.分两种情形讨论:

(i) 若 $\boldsymbol{\alpha}_1 = \boldsymbol{0}$,则 $\boldsymbol{A} = \begin{bmatrix} \boldsymbol{0} & * \\ \boldsymbol{0} & \boldsymbol{A}_1 \end{bmatrix}$,其中 $\boldsymbol{A}_1$ 为 $n-1$ 阶方阵,故由归纳假设知 $\boldsymbol{A}_1 = \boldsymbol{Q}_1\boldsymbol{R}_1$,其中 $\boldsymbol{Q}_1$ 为 $n-1$ 阶正交阵,$\boldsymbol{R}_1$ 是上三角形阵,且它的主对角元均为

非负数. 于是

$$A=\begin{bmatrix}0 & * \\ 0 & A_1\end{bmatrix}=\begin{bmatrix}1 & 0 \\ 0 & Q_1\end{bmatrix}\begin{bmatrix}0 & * \\ 0 & R_1\end{bmatrix}$$

令

$$Q=\begin{bmatrix}1 & 0 \\ 0 & Q_1\end{bmatrix}, R=\begin{bmatrix}0 & * \\ 0 & R_1\end{bmatrix}$$

易知它们分别是 n 阶正交阵与主对角元都是非负数的 n 阶上三角形阵,故 $A = QR$ 即为所求.

(ii) 若 $\boldsymbol{\alpha}_1 \neq \mathbf{0}$,则令

$$\boldsymbol{\beta}_1=(|\boldsymbol{\alpha}_1|, 0, \cdots, 0)^{\mathrm{T}}$$

显然 $|\boldsymbol{\beta}_1|=|\boldsymbol{\alpha}_1|$,由此存在一个 n 阶实镜象阵 $\boldsymbol{H}$,使 $\boldsymbol{H\alpha}_1=\boldsymbol{\beta}_1$,故

$$HA=(H\boldsymbol{\alpha}_1, H\boldsymbol{\alpha}_2, \cdots, H\boldsymbol{\alpha}_n)=\begin{bmatrix}|\boldsymbol{\alpha}_1| & * \\ 0 & A_1\end{bmatrix}$$

其中 $|\boldsymbol{\alpha}_1|>0$,$A_1$ 为 $n-1$ 阶方阵. 由归纳假设有 $A_1=Q_1R_1$,其中 Q_1 为 $n-1$ 阶正交阵,R_1 为主对角元皆为非负数的 $n-1$ 阶上三角形阵. 又因实镜象阵 H 是正交阵,有 $H^{-1}=H$,于是

$$A=H\begin{bmatrix}|\boldsymbol{\alpha}_1| & * \\ 0 & A_1\end{bmatrix}=H\begin{bmatrix}|\boldsymbol{\alpha}_1| & * \\ 0 & Q_1R_1\end{bmatrix}=H\begin{bmatrix}1 & 0 \\ 0 & Q_1\end{bmatrix}\begin{bmatrix}|\boldsymbol{\alpha}_1| & * \\ 0 & R_1\end{bmatrix}$$

令

$$Q=H\begin{bmatrix}1 & 0 \\ 0 & Q_1\end{bmatrix}, R=\begin{bmatrix}|\boldsymbol{\alpha}_1| & * \\ 0 & R_1\end{bmatrix}$$

易知 Q 与 R 分别是 n 阶正交阵与主对角元皆为非负数的 n 阶上三角形阵. 故 $A=QR$ 即为所求.

【例 7】 设 A 是 n 阶正定矩阵,则

(1) $A=T^{\mathrm{T}}T$,其中 T 为 n 阶实可逆阵.

(2) $A=B^2$,其中 B 为 n 阶正定阵.

(3) $A=R^{\mathrm{T}}R$,其中 R 为主对角元为正的上三角形 n 阶实阵.

证明 (1) 由于 A 为正定阵,则由定义知,存在一 n 阶实可逆阵 P,使

$$P^{\mathrm{T}}AP=I_n$$

于是

$$A=(P^{\mathrm{T}})^{-1}\cdot P^{-1}=(P^{-1})^{T}\cdot P^{-1}$$

令 $T^{\mathrm{T}}=P^{-1}$,使得 $A=T^{\mathrm{T}}T$,其中 T 显然是 n 阶实可逆阵.

(2) 由 $\boldsymbol{A}$ 为正定阵,则存在正交阵 $\boldsymbol{Q}$,使

$$\boldsymbol{Q}'\boldsymbol{A}\boldsymbol{Q} = \begin{bmatrix} \lambda_1 & & & \\ & \lambda_2 & & \boldsymbol{0} \\ \boldsymbol{0} & & \ddots & \\ & & & \lambda_n \end{bmatrix}$$

其中 $\lambda_i > 0, i = 1,\cdots,n$,是 $\boldsymbol{A}$ 的全部特征根,于是有

$$\boldsymbol{A} = \boldsymbol{Q}\begin{bmatrix} \lambda_1 & & & \\ & \lambda_2 & & \boldsymbol{0} \\ \boldsymbol{0} & & \ddots & \\ & & & \lambda_n \end{bmatrix}\boldsymbol{Q}' = \boldsymbol{Q}\begin{bmatrix} \sqrt{\lambda_1} & & & \\ & \sqrt{\lambda_2} & & \boldsymbol{0} \\ \boldsymbol{0} & & \ddots & \\ & & & \sqrt{\lambda_n} \end{bmatrix}\boldsymbol{Q}' \cdot$$

$$\boldsymbol{Q}\begin{bmatrix} \sqrt{\lambda_1} & & & \\ & \sqrt{\lambda_2} & & \boldsymbol{0} \\ \boldsymbol{0} & & \ddots & \\ & & & \sqrt{\lambda_n} \end{bmatrix}\boldsymbol{Q}'$$

令

$$\boldsymbol{B} = \boldsymbol{Q}\begin{bmatrix} \sqrt{\lambda_1} & & & \\ & \sqrt{\lambda_2} & & \boldsymbol{0} \\ \boldsymbol{0} & & \ddots & \\ & & & \sqrt{\lambda_n} \end{bmatrix}\boldsymbol{Q}'$$

则有 $\boldsymbol{A} = \boldsymbol{B}^2$,又因 $\boldsymbol{B}' = \boldsymbol{B}$,并且由

$$\boldsymbol{Q}'\boldsymbol{B}\boldsymbol{Q} = \begin{bmatrix} \sqrt{\lambda_1} & & & \\ & \sqrt{\lambda_2} & & \boldsymbol{0} \\ \boldsymbol{0} & & \ddots & \\ & & & \sqrt{\lambda_n} \end{bmatrix}$$

知 $\boldsymbol{B}$ 的特征根皆大于零,故 $\boldsymbol{B}$ 为正定阵.

(3) 由 $\boldsymbol{A}$ 为正定阵,据(1)有可逆阵 $\boldsymbol{T}$,使 $\boldsymbol{A} = \boldsymbol{T}^{\mathrm{T}}\boldsymbol{T}$,又据实可逆阵的 $\boldsymbol{QR}$ 分解,存在正交阵 $\boldsymbol{Q}$ 及主对角元皆为正的实上三角形阵 $\boldsymbol{R}$,使 $\boldsymbol{T} = \boldsymbol{QR}$,于是

$$\boldsymbol{A} = \boldsymbol{T}^{\mathrm{T}}\boldsymbol{T} = (\boldsymbol{QR})^{\mathrm{T}}(\boldsymbol{QR}) = \boldsymbol{R}^{\mathrm{T}}\boldsymbol{R}$$

【例 8】 设 $\boldsymbol{A}$ 为 n 阶实可逆阵,则 $\boldsymbol{A}$ 必可表为一个正交阵 $\boldsymbol{Q}$ 与一个正定阵 $\boldsymbol{S}$ 之积,即 $\boldsymbol{A} = \boldsymbol{QS}$.

证明 由 A 为实可逆阵,则有

$$(A^{-1})^{T}(A^{T}A)A^{-1}=I$$

因此由例7中结论(2)知,存在正定阵 S,使得 $A^{T}A=S^{2}$.由此即得

$$A=(A^{T})^{-1}S^{2}=(A^{T})^{-1}S\cdot S$$

令 $Q=(A^{T})^{-1}S$,就有 $A=QS$,其中 Q 为正交阵,这是因为

$$Q^{T}Q=S^{T}A^{-1}\cdot(A^{T})^{-1}S=S\cdot(A^{T}A)^{-1}\cdot S=S\cdot S^{-2}\cdot S=I$$

故 $A=QS$,即为所求.

练习题

1.证明:

(1) 若 A 是反对称矩阵,则 A 的主对角线上的元素全为0.

(2) 对任一 n 阶方阵 A,$A-A^{T}$ 为反对称矩阵.

(3) 若 A,B 是两个 n 阶反对称矩阵,k,l 是两个数,则 $kA+lB$,$AB-BA$ 都是反对称矩阵.

2.若 n 阶方阵 A 的行列式不等于0,则 $|A^{-1}|=|A|^{-1}$.

3.若 A 是可逆阵,证明:A^{*} 也是可逆阵,并求 A^{*} 的逆阵.

4.设 A 为 n 阶方阵,$A^{2}=A$,且 $A\neq I_{n}$,则 A 不可逆.

5.设 A,B 及 $A+B$ 都是 n 阶可逆阵,证明:$A^{-1}+B^{-1}$ 也可逆.

6.把一个 $m\times n$ 矩阵 T 分块

$$T=\begin{bmatrix}A & B\\ C & D\end{bmatrix}$$

其中 A 为 r 阶可逆阵,设

$$H=\begin{bmatrix}A & B\\ 0 & D-CA^{-1}B\end{bmatrix}$$

证明:$R(A)=R(H)$.

7.将一个 n 阶可逆阵 T 分块

$$T=\begin{bmatrix}A & B\\ C & D\end{bmatrix}$$

其中 A 为 r 阶可逆阵,则 $D_{1}=D-CA^{-1}B$ 为 $n-r$ 阶可逆阵.

8.设 A 是一个 $m\times n$ 阶矩阵,$R(A)=r$.证明:

(1) 存在 n 阶可逆阵 P,使 AP 的后 $n-r$ 列全为0.

(2) 存在 m 阶可逆阵 Q,使 QA 的后 $m-r$ 行全为0.

9. 设 $\boldsymbol{A}$ 是 n 阶方阵,则 $\boldsymbol{A}$ 的秩是 1 的充分必要条件是

$$\boldsymbol{A} = \begin{bmatrix} a_1 \\ \vdots \\ a_n \end{bmatrix} (b_1, \cdots, b_n)$$

其中 $a_1, \cdots, a_n$ 及 $b_1, \cdots, b_n$ 均不全为 0.

10. 证明:两个矩阵 $\boldsymbol{A}$ 与 $\boldsymbol{B}$ 的乘积 $\boldsymbol{AB}$ 的第 i 行等于 $\boldsymbol{A}$ 的第 i 行右乘以 $\boldsymbol{B}$,第 j 列等于 $\boldsymbol{B}$ 的第 j 列左乘以 $\boldsymbol{A}$.

11. 令 $\boldsymbol{A}$ 是任意 n 阶矩阵,而 $\boldsymbol{I}$ 是 n 阶单位矩阵.证明:

$$(\boldsymbol{I} - \boldsymbol{A})(\boldsymbol{I} + \boldsymbol{A} + \boldsymbol{A}^2 + \cdots + \boldsymbol{A}^{m-1}) = \boldsymbol{I} - \boldsymbol{A}^m$$

12. 设

$$\boldsymbol{A} = \begin{bmatrix} a & b \\ c & d \end{bmatrix}, ad - bc = 1$$

证明:$\boldsymbol{A}$ 总可以表成 $T_{12}(k)$ 和 $T_{21}(k)$ 型初等矩阵的乘积.

13. 设 $\boldsymbol{A}$ 是 n 阶矩阵,且 $\boldsymbol{A} \neq \boldsymbol{0}$,若 $\boldsymbol{A}^{\mathrm{T}} = \boldsymbol{A}^*$,则 $|\boldsymbol{A}| = 1$,且 $\boldsymbol{A}^{-1} = \boldsymbol{A}^{\mathrm{T}}$,其中 $n \geqslant 2$.

14. 设 $\boldsymbol{A}$ 与 $\boldsymbol{B}$ 都是幂等阵,证明:$\boldsymbol{A} + \boldsymbol{B}$ 是幂等阵的充分与必要条件是 $\boldsymbol{AB} = \boldsymbol{BA} = \boldsymbol{0}$.

15. 设 $\boldsymbol{A}, \boldsymbol{B}$ 都是 $m \times n$ 矩阵,$\boldsymbol{A} = \boldsymbol{BU}, \boldsymbol{B} = \boldsymbol{AV}$,其中 $\boldsymbol{U}, \boldsymbol{V}$ 都是 n 阶方阵,证明存在 n 阶可逆阵 $\boldsymbol{T}$,使 $\boldsymbol{B} = \boldsymbol{AT}$.

16. 设 $\boldsymbol{A}$ 为 n 阶可逆阵,且每行元素之和都是 k,试证 $k \neq 0$,且 $\boldsymbol{A}^{-1}$ 的每行元素之和都是 k^{-1}.

17. 设 $\boldsymbol{A}$ 为 2 阶方阵,且 $\boldsymbol{A}^5 = \boldsymbol{0}$.试证

$$(\boldsymbol{I} - \boldsymbol{A})^{-1} = \boldsymbol{I} + \boldsymbol{A}$$

18. 设 $\boldsymbol{A}$ 是 n 阶可逆反对称实阵,$\boldsymbol{B}$ 为任意 $n \times m$ 实阵.试证矩阵

$$\begin{bmatrix} \boldsymbol{A} & \boldsymbol{B} \\ \boldsymbol{B}^{\mathrm{T}} & \boldsymbol{0} \end{bmatrix}$$

的秩为 n.

19. 设 $\boldsymbol{A}, \boldsymbol{B}$ 为 n 阶实阵,证明

(1) $\begin{vmatrix} \boldsymbol{A} & \boldsymbol{B} \\ -\boldsymbol{B} & \boldsymbol{A} \end{vmatrix} \geqslant 0$.

(2) $\begin{vmatrix} \boldsymbol{A} & \boldsymbol{B} & \boldsymbol{B} \\ \boldsymbol{B} & \boldsymbol{A} & \boldsymbol{B} \\ \boldsymbol{B} & \boldsymbol{B} & \boldsymbol{A} \end{vmatrix} = |\boldsymbol{A} + 2\boldsymbol{B}|\,|\boldsymbol{A} - \boldsymbol{B}|^2$.

20. 设 $\boldsymbol{A}$ 为秩是 r 的 n 阶实幂等阵,证明

(1) 存在 n 阶可逆阵 $\boldsymbol{P}$,使 $\boldsymbol{P}^{-1}\boldsymbol{A}\boldsymbol{P}=\begin{bmatrix}\boldsymbol{I}_r & \boldsymbol{0}\\ \boldsymbol{0} & \boldsymbol{0}\end{bmatrix}$.

(2) 存在两个 n 阶实对称矩阵 $\boldsymbol{B}$,$\boldsymbol{C}$,使 $\boldsymbol{A}=\boldsymbol{B}\boldsymbol{C}$,即任一幂等阵必可分解为两个实对称阵的乘积.

21. 任何一个 n 阶方阵均可表为 $\boldsymbol{I}_n+a_{ij}\boldsymbol{E}_{ij}$ 这种形状的矩阵乘积,其中 $\boldsymbol{E}_{ij}$ 是第 i 行第 j 列的元素是1而其余元素都是0的 n 阶矩阵,a_{ij} 是数.

22. 设 $\boldsymbol{A}=(a_{ij})$ 是 n 阶矩阵,$\hat{A}_{ij}$ 是 $\boldsymbol{A}$ 的伴随矩阵 $\boldsymbol{A}^*$ 中元素 A_{ij} 的代数余子式.证明:

$$\hat{A}_{ij}=a_{ij}\,|\,\boldsymbol{A}\,|^{n-2}$$

23. 设 $\boldsymbol{A}$ 是 n 阶矩阵,证明:存在一个 n 阶非零矩阵 $\boldsymbol{B}$ 使得 $\boldsymbol{A}\boldsymbol{B}=\boldsymbol{0}$ 的充分必要条件是 $|\boldsymbol{A}|=0$.

24. 设 $\boldsymbol{A}$ 为 2×2 矩阵,证明:如果 $\boldsymbol{A}^l=\boldsymbol{0}$,$l\geqslant 2$,那么 $\boldsymbol{A}^2=\boldsymbol{0}$.

25. 设 $\boldsymbol{A}$ 是一 n 阶矩阵,$|\boldsymbol{A}|=1$,证明:$\boldsymbol{A}$ 可以表成 $T_{ij}(k)$ 这一类初等矩阵的乘积.

26. 设 $\boldsymbol{A}$ 是一个二阶方阵,且 $\boldsymbol{A}^2=\boldsymbol{I}$,但 $\boldsymbol{A}\neq\pm\boldsymbol{I}$.证明:$\boldsymbol{A}+\boldsymbol{I}$ 与 $\boldsymbol{A}-\boldsymbol{I}$ 的秩都是1.

27. 设 $\boldsymbol{A}=(a_{ij})$ 为 n 阶方阵,而 $\bar{\boldsymbol{A}}=(\bar{a}_{ij})$,这里 $\bar{a}_{ij}$ 是 a_{ij} 的共轭数.证明:如果 $\bar{\boldsymbol{A}}\boldsymbol{A}^{\mathrm{T}}=\boldsymbol{0}$,则 $\boldsymbol{A}=\boldsymbol{0}$.

28. 证明:对任意 $m\times n$ 矩阵 $\boldsymbol{A}$,$\boldsymbol{A}\boldsymbol{A}^{\mathrm{T}}$ 与 $\boldsymbol{A}^{\mathrm{T}}\boldsymbol{A}$ 都是对称方阵;而 $\boldsymbol{A}$ 为对称方阵时,则对任意方阵 $\boldsymbol{C}$,$\boldsymbol{C}^{\mathrm{T}}\boldsymbol{A}\boldsymbol{C}$ 都是对称方阵.

29. 如果 $\boldsymbol{A}^2=\boldsymbol{I}$,则称 $\boldsymbol{A}$ 为对合矩阵.设 $\boldsymbol{A}$,$\boldsymbol{B}$ 都是对合矩阵,证明:$\boldsymbol{A}\boldsymbol{B}$ 是对合矩阵的充分必要条件是 $\boldsymbol{A}$ 与 $\boldsymbol{B}$ 可交换.

30. 设有 n 阶实矩阵

$$\boldsymbol{A}=\begin{bmatrix}a_{11} & \cdots & a_{1n}\\ \vdots & \ddots & \vdots\\ a_{n1} & \cdots & a_{nn}\end{bmatrix}$$

证明:如果 $a_{ii}>\sum\limits_{j\neq i}|a_{ij}|$,$i,j=1,2,\cdots,n$,则 $|\boldsymbol{A}|>0$.

31. 设 $\boldsymbol{A}=(a_{ij})$ 为 n 阶方阵,它的顺序主子式全不为零.证明:存在可逆下三角矩阵 $\boldsymbol{B}$ 与非奇异上三角矩阵 $\boldsymbol{C}$,使 $\boldsymbol{A}=\boldsymbol{B}\boldsymbol{C}$.

32. 设 $\boldsymbol{A}=\begin{bmatrix}a & b\\ c & d\end{bmatrix}$ 为一复数矩阵,$|\boldsymbol{A}|=1$,证明:$\boldsymbol{A}$ 可以表成形式为 $\begin{bmatrix}1 & x\\ \boldsymbol{0} & 1\end{bmatrix}$ 与 $\begin{bmatrix}1 & \boldsymbol{0}\\ x & 1\end{bmatrix}$ 的矩阵的乘积.

第5章　向量空间

5.1　基底与坐标变换

一、相关知识

1. 维数

如果在向量空间 $\boldsymbol{V}$ 中有 n 个线性无关的向量，但是没有更多数目的线性无关的向量，那么 $\boldsymbol{V}$ 就称为 n 维的，如果在 $\boldsymbol{V}$ 中可以找到任意多个线性无关的向量，那么 $\boldsymbol{V}$ 就称为无限维的.

2. 基底

在 n 维向量空间 $\boldsymbol{V}$ 中，n 个线性无关的向量 $\boldsymbol{\varepsilon}_1,\boldsymbol{\varepsilon}_2,\cdots,\boldsymbol{\varepsilon}_n$ 称为 $\boldsymbol{V}$ 的一组基底. 设 $\boldsymbol{\alpha}$ 是 $\boldsymbol{V}$ 中任一向量，则 $\boldsymbol{\varepsilon}_1,\boldsymbol{\varepsilon}_2,\cdots,\boldsymbol{\varepsilon}_n,\boldsymbol{\alpha}$ 线性相关，因此 $\boldsymbol{\alpha}$ 可以被线性表出

$$\boldsymbol{\alpha} = a_1\boldsymbol{\varepsilon}_1 + a_2\boldsymbol{\varepsilon}_2 + \cdots + a_n\boldsymbol{\varepsilon}_n$$

其中系数 $a_1,a_2,\cdots,a_n$ 称为 $\boldsymbol{\alpha}$ 在基 $\boldsymbol{\varepsilon}_1,\boldsymbol{\varepsilon}_2,\cdots,\boldsymbol{\varepsilon}_n$ 下的坐标.

3. 基的确定

如果在向量空间 $\boldsymbol{V}$ 中有 n 个线性无关的向量 $\boldsymbol{\alpha}_1,\boldsymbol{\alpha}_2,\cdots,\boldsymbol{\alpha}_n$，且 $\boldsymbol{V}$ 中的任一向量都可以由它们线性表出，那么 $\boldsymbol{V}$ 是 n 维的，而 $\boldsymbol{\alpha}_1,\boldsymbol{\alpha}_2,\cdots,\boldsymbol{\alpha}_n$ 就是 $\boldsymbol{V}$ 的一组基底.

4. 坐标变换

设 $\boldsymbol{e}_1,\boldsymbol{e}_2,\cdots,\boldsymbol{e}_n$ 与 $\boldsymbol{e}'_1,\boldsymbol{e}'_2,\cdots,\boldsymbol{e}'_n$ 为向量空间 $\boldsymbol{V}$ 中两组基底，它们的关系是

$$\boldsymbol{e}'_1 = a_{11}\boldsymbol{e}_1 + a_{21}\boldsymbol{e}_2 + \cdots + a_{n1}\boldsymbol{e}_n$$

$$\boldsymbol{e}'_2 = a_{12}\boldsymbol{e}_1 + a_{22}\boldsymbol{e}_2 + \cdots + a_{n2}\boldsymbol{e}_n$$

$$\cdots$$

$$\boldsymbol{e}'_n = a_{1n}\boldsymbol{e}_1 + a_{2n}\boldsymbol{e}_2 + \cdots + a_{nn}\boldsymbol{e}_n$$

则矩阵

$$A = \begin{bmatrix} a_{11} & a_{12} & \cdots & a_{1n} \\ a_{21} & a_{22} & \cdots & a_{2n} \\ \vdots & \vdots & \ddots & \vdots \\ a_{n1} & a_{n2} & \cdots & a_{nn} \end{bmatrix}$$

称为由基 $\boldsymbol{e}_1,\boldsymbol{e}_2,\cdots,\boldsymbol{e}_n$ 到 $\boldsymbol{e}'_1,\boldsymbol{e}'_2,\cdots,\boldsymbol{e}'_n$ 的过渡矩阵.设向量 $\boldsymbol{\alpha}$ 在这两组基下的坐标分别是 $(x_1,x_2,\cdots,x_n)$ 与 $(x'_1,x'_2,\cdots,x'_n)$,则有

$$\begin{bmatrix} x_1 \\ x_2 \\ \vdots \\ x_n \end{bmatrix} = \begin{bmatrix} a_{11} & a_{12} & \cdots & a_{1n} \\ a_{21} & a_{22} & \cdots & a_{2n} \\ \vdots & \vdots & \ddots & \vdots \\ a_{n1} & a_{n2} & \cdots & a_{nn} \end{bmatrix} \begin{bmatrix} x'_1 \\ x'_2 \\ \vdots \\ x'_n \end{bmatrix}$$

二、例题

【例1】 证明:如果向量空间 $\boldsymbol{V}$ 中每个向量都可由 $\boldsymbol{V}$ 中 n 个向量 $\boldsymbol{\alpha}_1,\boldsymbol{\alpha}_2,\cdots,\boldsymbol{\alpha}_n$ 线性表示,且有一个向量表示法是唯一的,则 $\boldsymbol{V}$ 必为 n 维空间,且这组向量是它的一组基.

证明 显然,只需证明 $\boldsymbol{\alpha}_1,\boldsymbol{\alpha}_2,\cdots,\boldsymbol{\alpha}_n$ 线性无关.设在 $\boldsymbol{V}$ 中有向量 $\boldsymbol{\alpha}_0$ 用 $\boldsymbol{\alpha}_1,\boldsymbol{\alpha}_2,\cdots,\boldsymbol{\alpha}_n$ 表示为

$$\boldsymbol{\alpha}_0 = k_1\boldsymbol{\alpha}_1 + k_2\boldsymbol{\alpha}_2 + \cdots + k_n\boldsymbol{\alpha}_n$$

且表示法是唯一的.若有数 $l_1,l_2,\cdots,l_n$ 使

$$l_1\boldsymbol{\alpha}_1 + l_2\boldsymbol{\alpha}_2 + \cdots + l_n\boldsymbol{\alpha}_n = \boldsymbol{0}$$

则有

$$\boldsymbol{\alpha}_0 = (k_1 + l_1)\boldsymbol{\alpha}_1 + (k_2 + l_2)\boldsymbol{\alpha}_2 + \cdots + (k_n + l_n)\boldsymbol{\alpha}_n$$

但由于 $\boldsymbol{\alpha}_0$ 的表示法唯一,故

$$k_i + l_i = k_i, i = 1,2,\cdots,n$$

从而 $l_i = 0(i = 1,2,\cdots,n)$.于是 $\boldsymbol{\alpha}_1,\boldsymbol{\alpha}_2,\cdots,\boldsymbol{\alpha}_n$ 线性无关,为 $\boldsymbol{V}$ 的一组基,$\boldsymbol{V}$ 为 n 维空间.

【例2】 设 $\boldsymbol{V}$ 为由零及数域 $\mathbb{F}$ 上次数为 n 的两个未知量的齐次多项式作成的集合.证明:$\boldsymbol{V}$ 作成 $\mathbb{F}$ 上的向量空间,维数为 $n+1$.

证明 由于 n 次齐次多项式相加以及数与 n 次齐次多项式相乘仍为 n 次齐次多项式,且通常的运算规则均成立,故 $\boldsymbol{V}$ 作成 $\mathbb{F}$ 上的向量空间.

其次,显然两个未知量 x,y 的 $n+1$ 个 n 次齐式

$$x^n, x^{n-1}y, \cdots, xy^{n-1}, y^n$$

做成 V 的一组基,故 V 为 $n+1$ 维.

【例 3】 设 $\boldsymbol{\alpha}_1,\boldsymbol{\alpha}_2,\cdots,\boldsymbol{\alpha}_n$ 是 n 维向量空间 V 的一组基,$\boldsymbol{A}$ 是一 $n\times s$ 矩阵

$$(\boldsymbol{\beta}_1,\boldsymbol{\beta}_2,\cdots,\boldsymbol{\beta}_s)=(\boldsymbol{\alpha}_1,\boldsymbol{\alpha}_2,\cdots,\boldsymbol{\alpha}_n)\boldsymbol{A}$$

证明:由 $\boldsymbol{\beta}_1,\cdots,\boldsymbol{\beta}_s$ 生成的向量空间 $\mathscr{L}(\boldsymbol{\beta}_1,\boldsymbol{\beta}_2,\cdots,\boldsymbol{\beta}_s)$ 的维数等于 $\boldsymbol{A}$ 的秩.

证明 令

$$\boldsymbol{A}=\begin{bmatrix} a_{11} & \cdots & a_{1r} & \cdots & a_{1s} \\ \vdots & \ddots & \vdots & \ddots & \vdots \\ a_{n1} & \cdots & a_{nr} & \cdots & a_{ns} \end{bmatrix}$$

设 $R(\boldsymbol{A})=r\leqslant\min\{n,s\}$.

不失一般性,不妨设 $\boldsymbol{A}$ 的前 r 列是极大线性无关组,由 $(\boldsymbol{\beta}_1,\boldsymbol{\beta}_2,\cdots,\boldsymbol{\beta}_s)=(\boldsymbol{\alpha}_1,\boldsymbol{\alpha}_2,\cdots,\boldsymbol{\alpha}_n)\boldsymbol{A}$ 可得

$$\boldsymbol{\beta}_1=a_{11}\boldsymbol{\alpha}_1+a_{21}\boldsymbol{\alpha}_2+\cdots+a_{n1}\boldsymbol{\alpha}_n$$

$$\cdots$$

$$\boldsymbol{\beta}_r=a_{1r}\boldsymbol{\alpha}_1+a_{2r}\boldsymbol{\alpha}_2+\cdots+a_{nr}\boldsymbol{\alpha}_n$$

$$\cdots$$

$$\boldsymbol{\beta}_s=a_{1s}\boldsymbol{\alpha}_1+a_{2s}\boldsymbol{\alpha}_2+\cdots+a_{ns}\boldsymbol{\alpha}_n$$

下面证明 $\boldsymbol{\beta}_1,\boldsymbol{\beta}_2,\cdots,\boldsymbol{\beta}_r$ 是向量组 $\boldsymbol{\beta}_1,\boldsymbol{\beta}_2,\cdots,\boldsymbol{\beta}_s$ 的一个极大线性无关组.

首先,设 $k_1\boldsymbol{\beta}_1+k_2\boldsymbol{\beta}_2+\cdots+k_r\boldsymbol{\beta}_r=\mathbf{0}$,于是得

$$k_1(a_{11}\boldsymbol{\alpha}_1+a_{21}\boldsymbol{\alpha}_2+\cdots+a_{n1}\boldsymbol{\alpha}_n)+\cdots+k_r(a_{1r}\boldsymbol{\alpha}_1+a_{2r}\boldsymbol{\alpha}_2+\cdots+a_{nr}\boldsymbol{\alpha}_n)=\mathbf{0}$$

即

$$(k_1a_{11}+\cdots+k_ra_{1r})\boldsymbol{\alpha}_1+(k_1a_{21}+\cdots+k_ra_{2r})\boldsymbol{\alpha}_2+\cdots+(k_1a_{n1}+\cdots+k_ra_{nr})\boldsymbol{\alpha}_n=\mathbf{0}$$

又 $\boldsymbol{\alpha}_1,\boldsymbol{\alpha}_2,\cdots,\boldsymbol{\alpha}_n$ 线性无关,得

$$\begin{cases} a_{11}k_1+a_{12}k_2+\cdots+a_{1r}k_r=0 \\ \cdots \\ a_{n1}k_1+a_{n2}k_2+\cdots+a_{nr}k_r=0 \end{cases}$$

方程组的系数矩阵的秩为 r,故方程组只有零解 $k_1=k_2=\cdots=k_r=0$,所以 $\boldsymbol{\beta}_1,\boldsymbol{\beta}_2,\cdots,\boldsymbol{\beta}_r$ 线性无关.

其次,可证任意添一个向量 $\boldsymbol{\beta}_j$ 后 $\boldsymbol{\beta}_1,\boldsymbol{\beta}_2,\cdots,\boldsymbol{\beta}_r,\boldsymbol{\beta}_j$ 线性相关.

设 $k_1\boldsymbol{\beta}_1+k_2\boldsymbol{\beta}_2+\cdots+k_r\boldsymbol{\beta}_r+k_j\boldsymbol{\beta}_j=\mathbf{0}$,可得

$$\begin{cases} a_{11}k_1+a_{12}k_2+\cdots+a_{1r}k_r+a_{1j}k_j=0 \\ \cdots \\ a_{n1}k_1+a_{n2}k_2+\cdots+a_{nr}k_r+a_{nj}k_j=0 \end{cases}$$

方程组的系数矩阵的秩 $r < r+1$,所以方程组有非零解 $k_1,k_2,\cdots,k_r,k_j$,即 $\boldsymbol{\beta}_1,\boldsymbol{\beta}_2,\cdots,\boldsymbol{\beta}_r,\boldsymbol{\beta}_j$ 线性相关.

因此 $\boldsymbol{\beta}_1,\boldsymbol{\beta}_2,\cdots,\boldsymbol{\beta}_r$ 是 $\boldsymbol{\beta}_1,\boldsymbol{\beta}_2,\cdots,\boldsymbol{\beta}_s$ 的一个极大线性无关组,所以

$$\dim \mathscr{L}(\boldsymbol{\beta}_1,\boldsymbol{\beta}_2,\cdots,\boldsymbol{\beta}_s) = r = R(\boldsymbol{A})$$

【例 4】 证明:在 $\mathbb{F}_{n-1}[x]$ 中,多项式

$$f_i = (x-a_1)\cdots(x-a_{i-1})(x-a_{i+1})\cdots(x-a_n),\ i=1,2,\cdots,n$$

是一组基,其中 $a_1,\cdots,a_n$ 是互不相同的数.

证明 要证 $f_1,f_2,\cdots,f_n$ 为 $\mathbb{F}_{n-1}[x]$ 的一组基,只需证这 n 个多项式在 $\mathbb{F}_{n-1}[x]$ 中线性无关即可.

事实上,若

$$k_1f_1 + k_2f_2 + \cdots + k_nf_n = 0 \quad ①$$

则令 $x=a_1$,代入式①.由于 $f_j(a_1)=0,j=2,\cdots,n$.而 $f_1(a_1)\neq 0$,得 $k_1=0$.同理,将 $x=a_2,\cdots,a_n$ 分别代入式①,得 $k_2=\cdots=k_n=0$,故 $f_1,f_2,\cdots,f_n$ 线性无关.

【例 5】 设 $\boldsymbol{\alpha}_i=(a_{i1},a_{i2},\cdots,a_{in}),i=1,2,\cdots,n$ 为 n 维向量空间 $\mathbb{F}^n$ 的一组基,而且向量 $\boldsymbol{\beta}=(b_1,b_2,\cdots,b_n)$ 在这组基下的坐标为 $x_1,x_2,\cdots,x_n$.证明:$x_1,x_2,\cdots,x_n$ 是关于 $b_1,b_2,\cdots,b_n$ 的线性组合.

证明 由 $\boldsymbol{\beta}=x_1\boldsymbol{\alpha}_1+x_2\boldsymbol{\alpha}_2+\cdots+x_n\boldsymbol{\alpha}_n$,可得

$$\begin{cases} a_{11}x_1 + a_{21}x_2 + \cdots + a_{n1}x_n = b_1 \\ a_{12}x_1 + a_{22}x_2 + \cdots + a_{n2}x_n = b_2 \\ \cdots \\ a_{1n}x_1 + a_{2n}x_2 + \cdots + a_{nn}x_n = b_n \end{cases}$$

但由于 $\boldsymbol{\alpha}_1,\boldsymbol{\alpha}_2,\cdots,\boldsymbol{\alpha}_n$ 是基,故

$$\boldsymbol{D} = \begin{vmatrix} a_{11} & a_{21} & \cdots & a_{n1} \\ a_{12} & a_{22} & \cdots & a_{n2} \\ \vdots & \vdots & \ddots & \vdots \\ a_{1n} & a_{2n} & \cdots & a_{nn} \end{vmatrix} \neq 0$$

从而由克莱姆法则知

$$x_1 = \frac{\boldsymbol{D}_1}{\boldsymbol{D}},x_2 = \frac{\boldsymbol{D}_2}{\boldsymbol{D}},\cdots,x_n = \frac{\boldsymbol{D}_n}{\boldsymbol{D}}$$

其中

$$D_j = \begin{vmatrix} a_{11} & \cdots & a_{1j-1} & b_1 & a_{1j+1} & \cdots & a_{1n} \\ a_{21} & \cdots & a_{2j-1} & b_2 & a_{2j+1} & \cdots & a_{2n} \\ \vdots & \ddots & \vdots & \vdots & \vdots & \ddots & \vdots \\ a_{n1} & \cdots & a_{nj-1} & b_n & a_{nj+1} & \cdots & a_{nn} \end{vmatrix}, j = 1, \cdots, n$$

按第 j 列展开知，$\boldsymbol{D}_j$ 是 $b_1, b_2, \cdots, b_n$ 的线性组合，从而 $x_1, x_2, \cdots, x_n$ 是 $b_1, b_2, \cdots, b_n$ 的线性组合.

【例 6】 如果 $\boldsymbol{e}_1, \boldsymbol{e}_2, \cdots, \boldsymbol{e}_n$ 是向量空间 $\boldsymbol{V}$ 的基底，$\boldsymbol{\alpha}_1, \boldsymbol{\alpha}_2, \cdots, \boldsymbol{\alpha}_n$ 是 $\boldsymbol{V}$ 中任意 n 个向量，$(\boldsymbol{\alpha}_1, \boldsymbol{\alpha}_2, \cdots, \boldsymbol{\alpha}_n) = (\boldsymbol{e}_1, \boldsymbol{e}_2, \cdots, \boldsymbol{e}_n)\boldsymbol{A}$ 是 $\boldsymbol{V}$ 的基底的充要条件是 n 阶矩阵 $\boldsymbol{A}$ 可逆.

证明 如果矩阵 $\boldsymbol{A}$ 是可逆矩阵，则

$$(\boldsymbol{\alpha}_1, \boldsymbol{\alpha}_2, \cdots, \boldsymbol{\alpha}_n)\boldsymbol{A}^{-1} = (\boldsymbol{e}_1, \boldsymbol{e}_2, \cdots, \boldsymbol{e}_n)\boldsymbol{A}\boldsymbol{A}^{-1}$$

即 $(\boldsymbol{e}_1, \boldsymbol{e}_2, \cdots, \boldsymbol{e}_n) = (\boldsymbol{\alpha}_1, \boldsymbol{\alpha}_2, \cdots, \boldsymbol{\alpha}_n)\boldsymbol{A}^{-1}$. 因而 $\boldsymbol{\alpha}_1, \boldsymbol{\alpha}_2, \cdots, \boldsymbol{\alpha}_n$ 与 $\boldsymbol{e}_1, \boldsymbol{e}_2, \cdots, \boldsymbol{e}_n$ 是等价向量组，故 $\boldsymbol{\alpha}_1, \boldsymbol{\alpha}_2, \cdots, \boldsymbol{\alpha}_n$ 是 $\boldsymbol{V}$ 的基底.

反之，如果 $\boldsymbol{\alpha}_1, \boldsymbol{\alpha}_2, \cdots, \boldsymbol{\alpha}_n$ 是 $\boldsymbol{V}$ 的基底，则存在一个矩阵 $\boldsymbol{B}$ 使得

$$(\boldsymbol{e}_1, \boldsymbol{e}_2, \cdots, \boldsymbol{e}_n) = (\boldsymbol{\alpha}_1, \boldsymbol{\alpha}_2, \cdots, \boldsymbol{\alpha}_n)\boldsymbol{B}$$

故

$$(\boldsymbol{\alpha}_1, \boldsymbol{\alpha}_2, \cdots, \boldsymbol{\alpha}_n) = (\boldsymbol{\alpha}_1, \boldsymbol{\alpha}_2, \cdots, \boldsymbol{\alpha}_n)\boldsymbol{B}\boldsymbol{A}$$

由于 $\boldsymbol{\alpha}_1, \boldsymbol{\alpha}_2, \cdots, \boldsymbol{\alpha}_n$ 是 $\boldsymbol{V}$ 的基，每个元素在基底 $\boldsymbol{\alpha}_1, \boldsymbol{\alpha}_2, \cdots, \boldsymbol{\alpha}_n$ 上的表法是唯一的，因而有 $\boldsymbol{B}\boldsymbol{A} = \boldsymbol{I}_n$，即 $\boldsymbol{A}$ 为可逆阵.

【例 7】 令 $\boldsymbol{S}$ 是数域 $\mathbb{F}$ 上一切 n 阶对称阵组成的向量空间，证明：$\boldsymbol{S}$ 的维数为 $\frac{n(n+1)}{2}$.

证明 以 $\widetilde{\boldsymbol{E}_{ij}}$ 表示 $a_{ij} = a_{ji} = 1$，其余元素为零的 n 阶方阵，显然 $\widetilde{\boldsymbol{E}_{ij}}^{\mathrm{T}} = \widetilde{\boldsymbol{E}_{ij}} \in S$，且

$$\{\widetilde{\boldsymbol{E}_{11}}, \cdots, \widetilde{\boldsymbol{E}_{1n}}, \widetilde{\boldsymbol{E}_{22}}, \cdots, \widetilde{\boldsymbol{E}_{2n}}, \cdots, \widetilde{\boldsymbol{E}_{nn}}\}$$

线性无关，从而 S 的维数为 $\frac{n(n+1)}{2}$.

5.2 子空间

一、相关知识

1. 子空间的相关概念

设 $\boldsymbol{V}$ 是数域 $\mathbb{F}$ 上的向量空间，$\boldsymbol{S}$ 是 $\boldsymbol{V}$ 的非空子集，如果对于向量空间 $\boldsymbol{V}$ 的加

法与数乘运算，S 也构成 $\mathbb{F}$ 上的向量空间，则称 S 为 V 的一个子空间. 由单个零向量所组成的子集合是 V 的一个子空间，称为零子空间. 零子空间和 V 本身称为平凡子空间. V 的非平凡子空间称为 V 的真子空间.

2. 子空间的判别

设 W 为 V 的非空子集，则 W 为 V 的一个子空间 $\Leftrightarrow \forall \boldsymbol{\alpha},\boldsymbol{\beta} \in W, a,b \in \mathbb{F}$，都有 $a\boldsymbol{\alpha} + b\boldsymbol{\beta} \in W$.

3. 子空间的交与和

设 V_1, V_2 都是向量空间 V 的子空间，则

$$V_1 \cap V_2 = \{x \mid x \in V_1, x \in V_2\}$$

与

$$V_1 + V_2 = \{x_1 + x_2 \mid x_1 \in V_1, x_2 \in V_2\}$$

也是 V 的子空间，称为子空间 V_1, V_2 的交与和.

4. 子空间维数的性质

(1) 如果 V_1, V_2 是向量空间 V 的两个子空间，则

$$\dim V_1 + \dim V_2 = \dim(V_1 + V_2) + \dim(V_1 \cap V_2)$$

(2) 如果 n 维向量空间 V 的两个子空间 V_1, V_2 的维数之和大于 n，那么 V_1，V_2 必含有非零的公共向量.

二、例题

【例1】 设 V_1, V_2 都是向量空间 V 的子空间，$V_1 \subseteq V_2$，证明：如果 V_1 的维数和 V_2 的维数相等，那么 $V_1 = V_2$.

证明 若 $\dim V_1 = \dim V_2 = 0$，则 V_1 与 V_2 都是零空间，此时 $V_1 = V_2$.

若 $\dim V_1 = \dim V_2 = r > 0$，取 V_1 的一组基 $\boldsymbol{\alpha}_1, \boldsymbol{\alpha}_2, \cdots, \boldsymbol{\alpha}_r$，由于 $V_1 \subseteq V_2$，且它们的维数相等，自然 $\boldsymbol{\alpha}_1, \boldsymbol{\alpha}_2, \cdots, \boldsymbol{\alpha}_r$ 也是 V_2 的一组基，故 $V_1 = \mathscr{L}(\boldsymbol{\alpha}_1, \boldsymbol{\alpha}_2, \cdots, \boldsymbol{\alpha}_r) = V_2$.

【例2】 设 V 为数域 $\mathbb{F}$ 上的 n 维向量空间，证明：V 有无穷多个 $r(1 \leqslant r < n)$ 维子空间.

证明 设 $\{\boldsymbol{\alpha}_1, \boldsymbol{\alpha}_2, \cdots, \boldsymbol{\alpha}_n\}$ 为 V 的一组基，则 $\boldsymbol{\alpha}_1, \cdots, \boldsymbol{\alpha}_{r-1}, \boldsymbol{\beta}_k = \boldsymbol{\alpha}_r + k\boldsymbol{\alpha}_n$ 是 r 个线性无关的向量，于是 $\mathscr{L}(\boldsymbol{\alpha}_1, \cdots, \boldsymbol{\alpha}_{r-1}, \boldsymbol{\beta}_k)$ 是 r 维子空间.

若 $l \neq k$，则 $\boldsymbol{\beta}_l$ 不能由 $\boldsymbol{\alpha}_1, \cdots, \boldsymbol{\alpha}_{r-1}, \boldsymbol{\beta}_k$ 线性表示，否则

$$\boldsymbol{\beta}_l = a_1\boldsymbol{\alpha}_1 + \cdots + a_{r-1}\boldsymbol{\alpha}_{r-1} + a\boldsymbol{\beta}_k$$

即

$$\boldsymbol{\alpha}_r + l\boldsymbol{\alpha}_n = a_1\boldsymbol{\alpha}_1 + \cdots + a_{r-1}\boldsymbol{\alpha}_{r-1} + a(\boldsymbol{\alpha}_r + k\boldsymbol{\alpha}_n)$$

即

$$a_1\boldsymbol{\alpha}_1 + \cdots + a_{r-1}\boldsymbol{\alpha}_{r-1} + (a-1)\boldsymbol{\alpha}_r + (ak-l)\boldsymbol{\alpha}_n = \mathbf{0}$$

由于 $\boldsymbol{\alpha}_1,\cdots,\boldsymbol{\alpha}_r,\boldsymbol{\alpha}_n$ 线性无关，故

$$a_1 = \cdots = a_{r-1} = a-1 = ak-l = 0$$

进而 $k=l$ 矛盾．因此，当 $l\neq k$ 时，$\mathscr{L}(\boldsymbol{\alpha}_1,\cdots,\boldsymbol{\alpha}_{r-1},\boldsymbol{\beta}_k)\neq\mathscr{L}(\boldsymbol{\alpha}_1,\cdots,\boldsymbol{\alpha}_{r-1},\boldsymbol{\beta}_l)$，故 V 有无穷多个 r 维子空间．

【例3】 设 V_1,V_2 是向量空间 V 的两个非平凡子空间，证明：在 V 中存在 $\boldsymbol{\alpha}$ 使得 $\boldsymbol{\alpha}\notin V_1,\boldsymbol{\alpha}\notin V_2$ 同时成立．

证明 因 V_1,V_2 为非平凡子空间，故存在 $\boldsymbol{\alpha}\notin V_1$，如果 $\boldsymbol{\alpha}\notin V_2$，则命题已证．若 $\boldsymbol{\alpha}\in V_2$，另外存在 $\boldsymbol{\beta}\notin V_2$，如果 $\boldsymbol{\beta}\notin V_1$，则得证．若 $\boldsymbol{\beta}\in V_1$，即 $\boldsymbol{\alpha}\notin V_1$，$\boldsymbol{\alpha}\in V_2$ 且 $\boldsymbol{\beta}\in V_1,\boldsymbol{\beta}\notin V_2$，可得 $\boldsymbol{\alpha}+\boldsymbol{\beta}\notin V_1,V_2$．

【例4】 设 $V_1,V_2,\cdots,V_s$ 是向量空间 V 的 s 个非平凡的子空间，证明：V 中至少有一向量不属于 $V_1,V_2,\cdots,V_s$ 中任意一个．

证明 用数学归纳法．当 $s=2$ 时，由上题知，结论成立．假定对于 $s-1$ 结论成立，那么对于 s 个子空间 $V_1,V_2,\cdots,V_s$，至少存在 V 中一个向量 $\boldsymbol{\alpha}\in V_i,i=1,2,\cdots,s-1$，若 $\boldsymbol{\alpha}\notin V_s$，则结论成立．若 $\boldsymbol{\alpha}\in V_s$，由 V_s 是非平凡子空间知，存在 V 中一个向量 $\boldsymbol{\beta}\notin V_s$，于是向量 $\boldsymbol{\alpha}+\boldsymbol{\beta},\boldsymbol{\alpha}+2\boldsymbol{\beta},\cdots,\boldsymbol{\alpha}+s\boldsymbol{\beta}$ 中至少有一个不属于 $V_1,V_2,\cdots,V_{s-1}$ 中的每一个．否则必有两个这样的向量同属于某个 V_i，这与 $\boldsymbol{\alpha}\notin V_i,i=1,2,\cdots,s-1$ 矛盾．可设 $\boldsymbol{\beta}+m\boldsymbol{\alpha}(1\leqslant m\leqslant s)$ 不属于 $V_1,V_2,\cdots,V_{s-1}$ 中的每一个，又由 $\boldsymbol{\alpha}\in V_s$ 以及 $\boldsymbol{\beta}\notin V_s$ 知 $\boldsymbol{\beta}+m\boldsymbol{\alpha}\notin V_s$，故结论成立．

【例5】 设 W,W_1,W_2 都是向量空间 V 的子空间，其中 $W_1\subseteq W_2$ 且 $W\cap W_1=W\cap W_2,W+W_1=W+W_2$，证明：$W_1=W_2$．

证明 设 $\boldsymbol{\beta}\in W_2$，则 $\boldsymbol{\beta}=\mathbf{0}+\boldsymbol{\beta}\in W+W_2=W+W_1$，于是有 $\boldsymbol{\gamma}\in W$ 及 $\boldsymbol{\alpha}\in W_1\subseteq W_2$，使 $\boldsymbol{\beta}=\boldsymbol{\gamma}+\boldsymbol{\alpha}$，从而 $\boldsymbol{\gamma}=\boldsymbol{\beta}-\boldsymbol{\alpha}\in W_2$．于是得 $\boldsymbol{\gamma}\in W\cap W_2=W\cap W_1$，必有 $\boldsymbol{\gamma}\in W_1$．这样就有 $\boldsymbol{\beta}=\boldsymbol{\gamma}+\boldsymbol{\alpha}\in W_1$，从而 $W_2\subseteq W_1$．又已知 $W_1\subseteq W_2$，故 $W_1=W_2$．

【例6】 设 $\mathbb{F}^n$ 是数域 $\mathbb{F}$ 上全体 n 维向量所组成的向量空间．证明 $\mathbb{F}^n$ 的任一子空间 V_1 必是某个 n 元齐次线性方程组的解空间．

证明 设子空间 V_1 是 r 维的．设 $0<r<n$，任取 V_1 的一组基

$$\boldsymbol{\alpha}_i=(a_{i1},a_{i2},\cdots,a_{in}),i=1,2,\cdots,r$$

则齐次线性方程组

$$\begin{cases} a_{11}x_1 + a_{12}x_2 + \cdots + a_{1n}x_n = 0 \\ a_{21}x_1 + a_{22}x_2 + \cdots + a_{2n}x_n = 0 \\ \cdots \\ a_{r1}x_1 + a_{r2}x_2 + \cdots + a_{rn}x_n = 0 \end{cases} \quad ①$$

的基础解系含 $n - r$ 个向量.任取它的一个基础解系

$$\boldsymbol{\beta}_i = (b_{i1}, b_{i2}, \cdots, b_{in}), i = 1,2,\cdots,n-r$$

则因每个 $\boldsymbol{\beta}_i$ 都满足式 ①,即知每个 $\boldsymbol{\alpha}_i$ 都满足齐次线性方程组

$$\begin{cases} b_{11}x_1 + b_{12}x_2 + \cdots + b_{1n}x_n = 0 \\ b_{21}x_1 + b_{22}x_2 + \cdots + b_{2n}x_n = 0 \\ \cdots \\ b_{n-r,1}x_1 + b_{n-r,2}x_2 + \cdots + b_{n-r,n}x_n = 0 \end{cases} \quad ②$$

但此线性方程组的秩为 $n - r$,它的基础解系含 r 个向量,因此 $\boldsymbol{\alpha}_1, \boldsymbol{\alpha}_2, \cdots, \boldsymbol{\alpha}_r$ 是 ② 的一个基础解系,从而由它生成的子空间 $\boldsymbol{V}_1$ 就是方程组 ② 的解空间.

如果 $r = 0$,则 $\boldsymbol{V}_1$ 仅含零向量,因此它是系数矩阵的秩为 n 的 n 元齐次线性方程组的唯一解.

如果 $r = n$,则 $\boldsymbol{V}_1 = \mathbb{F}^n$是系数皆为0的齐次线性方程组的解空间.

【例7】 设 $\boldsymbol{A}$ 是任一 $m \times n$ 矩阵,将 $\boldsymbol{A}$ 任意分块成$\boldsymbol{A} = \begin{bmatrix} \boldsymbol{A}_1 \\ \boldsymbol{A}_2 \\ \vdots \\ \boldsymbol{A}_s \end{bmatrix}$.证明:$n$ 元齐次线性方程组 $\boldsymbol{AX} = \boldsymbol{0}$ 的解空间 $\boldsymbol{V}$ 是齐次线性方程组$\boldsymbol{A}_i\boldsymbol{X} = \boldsymbol{0}$的解空间 $\boldsymbol{V}_i$ 的交,$i = 1,2,\cdots,s$.

证明 设 $\boldsymbol{\alpha}$ 是 $\boldsymbol{AX} = \boldsymbol{0}$ 的任一解,即有

$$\begin{bmatrix} \boldsymbol{A}_1 \\ \boldsymbol{A}_2 \\ \vdots \\ \boldsymbol{A}_s \end{bmatrix} \boldsymbol{\alpha} = \boldsymbol{0}, \text{即} \begin{bmatrix} \boldsymbol{A}_1\boldsymbol{\alpha} \\ \boldsymbol{A}_2\boldsymbol{\alpha} \\ \vdots \\ \boldsymbol{A}_s\boldsymbol{\alpha} \end{bmatrix} = \boldsymbol{0}$$

由此得 $\boldsymbol{A}_i\boldsymbol{\alpha} = \boldsymbol{0}$,即 $\boldsymbol{\alpha} \in \boldsymbol{V}_i (i = 1,2,\cdots,s)$,从而 $\boldsymbol{\alpha} \in \boldsymbol{V}_1 \cap \boldsymbol{V}_2 \cap \cdots \cap \boldsymbol{V}_s$.

反之,如果 $\boldsymbol{\alpha} \in \boldsymbol{V}_1 \cap \boldsymbol{V}_2 \cap \cdots \cap \boldsymbol{V}_s$,按上面反推回去即得 $\boldsymbol{A\alpha} = \boldsymbol{0}$,从而 $\boldsymbol{\alpha} \in \boldsymbol{V}$,因此 $\boldsymbol{V} = \boldsymbol{V}_1 \cap \boldsymbol{V}_2 \cap \cdots \cap \boldsymbol{V}_s$.

【例8】 证明:$\mathbb{F}^n$的任一子空间(除$\mathbb{F}^n$自身外)都是若干个 $n - 1$ 维子空间的交.

证明 由例 6 知,$\mathbb{F}^n$的子空间 V 是某齐次线性方程组

$$\begin{cases} b_{11}x_1 + b_{12}x_2 + \cdots + b_{1n}x_n = 0 \\ b_{21}x_1 + b_{22}x_2 + \cdots + b_{2n}x_n = 0 \\ \cdots \\ b_{s1}x_1 + a_{s2}x_2 + \cdots + a_{sn}x_n = 0 \end{cases}$$

的解空间;又由例 7 知,此解空间是每个方程

$$b_{i1}x_1 + b_{i2}x_2 + \cdots + b_{in}x_n = 0$$

的解空间 $V_i(i = 1,2,\cdots,s)$ 的交,即 $V = V_1 \cap V_2 \cap \cdots \cap V_s$,而每一个方程的解空间 V_i 是 $n - 1$ 维的.

【例 9】 设 V_1, V_2 为 V 的子空间.若 $\dim(V_1 + V_2) = \dim(V_1 \cap V_2) + 1$,则 $V_1 \cup V_2$ 是 V 的子空间.

证明 由维数定理

$$\dim(V_1 + V_2) = \dim V_1 + \dim V_2 - \dim(V_1 \cap V_2)$$

及题设条件得

$$2\dim(V_1 \cap V_2) + 1 = \dim V_1 + \dim V_2$$

进而有

$$(\dim V_1 - \dim(V_1 \cap V_2)) + (\dim V_2 - \dim(V_1 \cap V_2)) = 1$$

故有两种可能:或 $\dim V_1 = \dim(V_1 \cap V_2)$,则有 $V_1 \cap V_2 = V_1$,即 $V_1 \subseteq V_2$; 或 $\dim V_2 = \dim(V_1 \cap V_2)$,则有 $V_1 \cap V_2 = V_2$,即 $V_2 \subseteq V_1$.因此 $V_1 \cup V_2 = V_1$ 或 V_2.故 $V_1 \cup V_2$ 为 V 的子空间.

5.3 子空间的直和

一、相关知识

1. 直和的定义

设 V_1, V_2 为 V 的两个子空间,若 $V_1 \cap V_2 = \{\mathbf{0}\}$,则称 $V_1 + V_2$ 为直和,记为 $V_1 \oplus V_2$.

2. 子空间直和的性质

(1) 设 V_1, V_2 为 V 的两个子空间,则下列命题等价:

① 和 $V_1 + V_2$ 是直和;

② $V_1 + V_2$ 中零向量的表法唯一;

③$V_1 + V_2$ 中每个向量 $\boldsymbol{\alpha} = \boldsymbol{\alpha}_1 + \boldsymbol{\alpha}_2, \boldsymbol{\alpha}_1 \in V_1, \boldsymbol{\alpha}_2 \in V_2$ 的表法唯一;

④$\dim(V_1 + V_2) = \dim V_1 + \dim V_2$(此时要求 V_1, V_2 都是有限维的).

(2) 设 U 是向量空间 V 的子空间,那么一定存在一个子空间 W 使得 $V = U \oplus W$, 此时 W 称为 U 的余子空间.

二、例题

【例 1】 每一个 n 维向量空间都可以表示成 n 个一维子空间的直和.

证明 设 V 是 n 维向量空间,$\boldsymbol{\alpha}_1, \boldsymbol{\alpha}_2, \cdots, \boldsymbol{\alpha}_n$ 是 V 的一组基, 则 $\mathscr{L}(\boldsymbol{\alpha}_1)$, $\mathscr{L}(\boldsymbol{\alpha}_2), \cdots, \mathscr{L}(\boldsymbol{\alpha}_n)$ 都是 V 的一维子空间. 又

$$\mathscr{L}(\boldsymbol{\alpha}_1) + \mathscr{L}(\boldsymbol{\alpha}_2) + \cdots + \mathscr{L}(\boldsymbol{\alpha}_n) = \mathscr{L}(\boldsymbol{\alpha}_1, \boldsymbol{\alpha}_2, \cdots, \boldsymbol{\alpha}_n)$$

且

$$\dim(\mathscr{L}(\boldsymbol{\alpha}_1)) + \dim(\mathscr{L}(\boldsymbol{\alpha}_2)) + \cdots + \dim(\mathscr{L}(\boldsymbol{\alpha}_n)) = n$$

故

$$V = \mathscr{L}(\boldsymbol{\alpha}_1) \oplus \mathscr{L}(\boldsymbol{\alpha}_2) \oplus \cdots \oplus \mathscr{L}(\boldsymbol{\alpha}_n)$$

【例 2】 设 W 为数域 $\mathbb{F}$ 上 n 维向量空间 V 的一个非平凡子空间,证明: W 在 V 中有不只一个余子空间.

证明 设 $\dim W = r, 0 < r < n$. 设 $\boldsymbol{\alpha}_1, \cdots, \boldsymbol{\alpha}_r$ 为 W 的一组基,将其扩充为 V 的一组基: $\boldsymbol{\alpha}_1, \cdots, \boldsymbol{\alpha}_r, \boldsymbol{\beta}_1, \cdots, \boldsymbol{\beta}_{n-r}$. 令 $W_1 = \mathscr{L}(\boldsymbol{\beta}_1, \cdots, \boldsymbol{\beta}_{n-r})$, 则 W_1 是 W 的一个余子空间. 再令 $W_2 = \mathscr{L}(\boldsymbol{\alpha}_1, \boldsymbol{\beta}_1, \boldsymbol{\beta}_2, \cdots, \boldsymbol{\beta}_{n-r})$, 容易验证 $\boldsymbol{\alpha}_1, \cdots, \boldsymbol{\alpha}_r, \boldsymbol{\alpha}_1 \boldsymbol{\beta}_1, \boldsymbol{\beta}_2, \cdots, \boldsymbol{\beta}_{n-r}$ 线性无关,从而也是 V 的一组基,故 W_2 也是 W 的一个余子空间. 而显然 $\boldsymbol{\alpha}_1 + \boldsymbol{\beta}_1 \notin W_1$, 但 $\boldsymbol{\alpha}_1 + \boldsymbol{\beta}_1 \in W_2$, 故 W 在 V 中有不只一个余子空间.

【例 3】 设 V_1 与 V_2 分别是齐次方程 $x_1 + x_2 + \cdots + x_n = 0$ 与 $x_1 = x_2 = \cdots = x_n$ 的解空间,证明: $\mathbb{F}^n = V_1 \oplus V_2$.

证明 齐次方程组 $x_1 + x_2 + \cdots + x_n = 0$ 解空间的一组基为 $\boldsymbol{\alpha}_1 = (-1, 1, 0, \cdots, 0)$, $\boldsymbol{\alpha}_2 = (-1, 0, 1, 0, \cdots, 0)$, $\cdots$, $\boldsymbol{\alpha}_{n-1} = (-1, 0, \cdots, 0, 1)$, 因此 $V_1 = \mathscr{L}(\alpha_1, \alpha_2, \cdots, \alpha_{n-1})$.

齐次方程组 $x_1 = x_2 = \cdots = x_n$ 的一般解为

$$\begin{cases} x_1 = x_n \\ x_2 = x_n \\ \quad \cdots \\ x_{n-1} = x_n \end{cases}$$

从而它的解空间的一组基为 $\boldsymbol{\beta} = (1, 1, \cdots, 1)$, 因此 $V_2 = \mathscr{L}(\boldsymbol{\beta})$.

取向量组 $\boldsymbol{\alpha}_1,\boldsymbol{\alpha}_2,\cdots,\boldsymbol{\alpha}_{n-1},\boldsymbol{\beta}$,由于

$$\begin{vmatrix} -1 & 1 & 0 & \cdots & 0 \\ -1 & 0 & 1 & \cdots & 0 \\ \vdots & \vdots & \vdots & \ddots & \vdots \\ -1 & 0 & 0 & \cdots & 1 \\ 1 & 1 & 1 & 1 & 1 \end{vmatrix} = (-1)^{n+1} n \neq 0$$

从而 $\boldsymbol{\alpha}_1,\boldsymbol{\alpha}_2,\cdots,\boldsymbol{\alpha}_{n-1},\boldsymbol{\beta}$ 线性无关,于是 $\mathbb{F}^n = \mathscr{L}(\boldsymbol{\alpha}_1,\boldsymbol{\alpha}_2,\cdots,\boldsymbol{\alpha}_{n-1},\boldsymbol{\beta})$. 因为

$$\boldsymbol{V}_1 + \boldsymbol{V}_2 = \mathscr{L}(\boldsymbol{\alpha}_1,\boldsymbol{\alpha}_2,\cdots,\boldsymbol{\alpha}_{n-1}) + \mathscr{L}(\boldsymbol{\beta}) = \mathscr{L}(\boldsymbol{\alpha}_1,\boldsymbol{\alpha}_2,\cdots,\boldsymbol{\alpha}_{n-1},\boldsymbol{\beta}) = \mathbb{F}^n$$

且 $\dim \boldsymbol{V}_1 + \dim \boldsymbol{V}_2 = n$,所以

$$\mathbb{F}^n = \boldsymbol{V}_1 \oplus \boldsymbol{V}_2$$

【例 4】 设 $\boldsymbol{A} \in M_n(\mathbb{F})$,且 $\boldsymbol{A}$ 可逆,令 $\boldsymbol{A} = \begin{bmatrix} \boldsymbol{A}_1 \\ \boldsymbol{A}_2 \end{bmatrix}$. 证明:$n$ 元齐次方程组 $\boldsymbol{A}_1\boldsymbol{X} = \boldsymbol{0}$ 与 $\boldsymbol{A}_2\boldsymbol{X} = \boldsymbol{0}$ 的两个解空间的直和是 $\mathbb{F}^n$.

证明 设 n 元齐次线性方程组 $\boldsymbol{AX} = \boldsymbol{0}, \boldsymbol{A}_1\boldsymbol{X} = \boldsymbol{0}, \boldsymbol{A}_2\boldsymbol{X} = \boldsymbol{0}$ 的解空间分别是 $\boldsymbol{W}, \boldsymbol{W}_1, \boldsymbol{W}_2$. 显然 $\boldsymbol{W}_1, \boldsymbol{W}_2$ 都是 $\mathbb{F}^n$ 的子空间,且 $\boldsymbol{W} = \boldsymbol{W}_1 \cap \boldsymbol{W}_2$. 而由 $\boldsymbol{A}$ 可逆,以 $\boldsymbol{A}$ 为系数阵的 n 元齐次方程组的解空间 $\boldsymbol{W} = \{\boldsymbol{0}\}$,故有 $\boldsymbol{W}_1 \cap \boldsymbol{W}_2 = \{\boldsymbol{0}\}$. 因此 $\boldsymbol{W}_1 + \boldsymbol{W}_2 = \boldsymbol{W}_2 \oplus \boldsymbol{W}_2 \subseteq \mathbb{F}^n$,而

$\dim \boldsymbol{W}_1 = n - \boldsymbol{R}(\boldsymbol{A}_1), \dim \boldsymbol{W}_2 = n - \boldsymbol{R}(\boldsymbol{A}_2) = n - (n - \boldsymbol{R}(\boldsymbol{A}_1)) = \boldsymbol{R}(\boldsymbol{A}_1)$

故

$$\dim(\boldsymbol{W}_1 \oplus \boldsymbol{W}_2) = \dim \boldsymbol{W}_1 + \dim \boldsymbol{W}_2 = n = \dim \mathbb{F}^n$$

即 $\mathbb{F}^n = \boldsymbol{W}_1 \oplus \boldsymbol{W}_2$.

【例 5】 设 $\mathbb{F}^{n\times n}$ 为数域 $\mathbb{F}$ 上全体 n 阶方阵所构成的空间,而 $\boldsymbol{V}_1$ 为 $\mathbb{F}$ 上全体 n 阶对称方阵构成的子空间,$\boldsymbol{V}_2$ 为 $\mathbb{F}$ 上全体 n 阶反对称方阵构成的子空间. 证明:$\mathbb{F}^{n\times n} = \boldsymbol{V}_1 \oplus \boldsymbol{V}_2$.

证明 设 $\boldsymbol{A}$ 为 $\mathbb{F}$ 上任一 n 阶方阵,则 $\boldsymbol{A} = \frac{1}{2}(\boldsymbol{A} + \boldsymbol{A}^{\mathrm{T}}) + \frac{1}{2}(\boldsymbol{A} - \boldsymbol{A}^{\mathrm{T}})$,容易验证 $\frac{1}{2}(\boldsymbol{A} + \boldsymbol{A}^{\mathrm{T}})$ 与 $\frac{1}{2}(\boldsymbol{A} - \boldsymbol{A}^{\mathrm{T}})$ 分别为对称与反对称方阵. 故 $\mathbb{F}^{n\times n} = \boldsymbol{V}_1 + \boldsymbol{V}_2$. 又若 $\boldsymbol{A}$ 既是对称又是反对称的,即 $\boldsymbol{A} = \boldsymbol{A}^{\mathrm{T}} = -\boldsymbol{A}$,必有 $\boldsymbol{A} = \boldsymbol{0}$,故 $\boldsymbol{V}_1 \cap \boldsymbol{V}_2 = \{\boldsymbol{0}\}$,从而 $\mathbb{F}^{n\times n} = \boldsymbol{V}_1 \oplus \boldsymbol{V}_2$.

【例 6】 设 $\boldsymbol{A}$ 是数域 $\mathbb{F}$ 上 n 阶幂等方阵. 证明:n 维向量空间 $\mathbb{F}^n$ 可分解为方程组 $\boldsymbol{AX} = \boldsymbol{0}$ 及 $(\boldsymbol{A} - \boldsymbol{I})\boldsymbol{X} = \boldsymbol{0}$ 的解空间的直和,这里 $\boldsymbol{X} = (x_1, x_2, \cdots, x_n)^{\mathrm{T}}$.

证明　将 $AX=0$ 及 $(A-I)X=0$ 的解空间分别记作 V_1 和 V_2. 对 $\mathbb{F}^n$ 的任意向量 α, 显然有 $\alpha=(A\alpha-\alpha)+A\alpha$. 而

$$A(A\alpha-\alpha)=(A^2-A)\alpha=0$$

即 $A\alpha-\alpha\in V_1$, 且

$$(A-I)(A\alpha)=(A^2-A)\alpha=0$$

即 $A\alpha\in V_2$. 故 $\mathbb{F}^n=V_1+V_2$. 又如果 $\alpha\in V_1\cap V_2$, 即有 $A\alpha=0$ 且 $(A-I\alpha)=0$, 由此得 $\alpha=0$, 即 $V_1\cap V_2=\{0\}$. 于是 $\mathbb{F}^n=V_1\oplus V_2$.

【例7】　设 $f(x)$ 与 $g(x)$ 是数域 $\mathbb{F}$ 上两个互素的多项式, A 是 $\mathbb{F}$ 上的一个 n 阶方阵. 证明: n 元齐次线性方程组 $f(A)g(A)X=0$ 的解空间 V 是 $f(A)X=0$ 与 $g(A)X=0$ 的解空间 V_1 与 V_2 的直和, 这里 $X=(x_1,x_2,\cdots,x_n)^{\mathrm{T}}$.

证明　显然 V_1 与 V_2 都是 V 的子空间. 因为 $f(x)$ 与 $g(x)$ 互素, 故有多项式 $u(x)$ 与 $v(x)$, 使得

$$f(x)u(x)+g(x)v(x)=1$$

由此得

$$f(A)u(A)+g(A)v(A)=I$$

于是对 $\mathbb{F}$ 上任意 n 维向量 α 有

$$\alpha=f(A)u(A)\alpha+g(A)v(A)\alpha=\alpha_1+\alpha_2 \qquad ①$$

其中 $\alpha_1=f(A)u(A)\alpha$, $\alpha_2=g(A)v(A)\alpha$. 现取 $\alpha\in V$, 则

$$g(A)\alpha_1=g(A)f(A)u(A)\alpha=u(A)f(A)g(A)\alpha=0$$

因此 $\alpha_1\in V_2$, 同理有 $\alpha_2\in V_1$. 从而由式①知 $V=V_1+V_2$. 设 $\alpha\in V_1\cap V_2$, 即有 $f(A)\alpha=0$ 且 $g(A)\alpha=0$. 则由式①知 $\alpha=0$, 从而 $V_1\cap V_2=\{0\}$, 于是 $V=V_1\oplus V_2$.

【例8】　设 A,B,C,D 是数域 $\mathbb{F}$ 上两两可换的 n 阶方阵, 且 $AC+BD=I$. 证明: 齐次线性方程组 $ABX=0$ 的解空间 V 是 $BX=0$ 与 $AX=0$ 的解空间 V_1 与 V_2 的直和, 这里 $X=(x_1,x_2,\cdots,x_n)^{\mathrm{T}}$.

证明　因为 $I=AC+BD$, 所以对任一 n 维向量 α 有

$$\alpha=AC\alpha+BD\alpha \qquad ②$$

当 $\alpha\in V$, 即有 $AB\alpha=0$ 时, 由于 A,B,C,D 两两可换, 故

$$B(AC\alpha)=C(AB)\alpha=0,\ A(BD)\alpha=D(AB)\alpha=0$$

即 $AC\alpha\in V_1$, $BD\alpha\in V_2$, 因此 $V=V_1+V_2$. 又设 $\alpha\in V_1\cap V_2$, 即有 $B\alpha=0$ 且 $A\alpha=0$, 从而由式②知 $V_1\cap V_2=\{0\}$, 于是 $V=V_1\oplus V_2$.

5.4 线性空间的同构

一、相关知识

1. 同构的定义

数域$\mathbb{F}$上两个向量空间$\boldsymbol{V}_1$和$\boldsymbol{V}_2$称为同构，如果存在$\boldsymbol{V}_1$到$\boldsymbol{V}_2$的一个双射σ，具有以下性质：

$$\sigma(\boldsymbol{\alpha}+\boldsymbol{\beta})=\sigma(\boldsymbol{\alpha})+\sigma(\boldsymbol{\beta});\sigma(k\boldsymbol{\alpha})=k\sigma(\boldsymbol{\alpha}),\boldsymbol{\alpha},\boldsymbol{\beta}\in \boldsymbol{V}_1,k\in\mathbb{F}$$

映射σ称为同构映射，$\boldsymbol{V}_1$与$\boldsymbol{V}_2$同构记为$\boldsymbol{V}_1\cong\boldsymbol{V}_2$.

2. 同构映射σ的性质

(1)$\sigma(\mathbf{0})=\mathbf{0};\sigma(-\boldsymbol{\alpha})=-\sigma(\boldsymbol{\alpha})$.

(2)$\sigma(k_1\boldsymbol{\alpha}_1+k_2\boldsymbol{\alpha}_2+\cdots+k_r\boldsymbol{\alpha}_r)=k_1\sigma(\boldsymbol{\alpha}_1)+k_2\sigma(\boldsymbol{\alpha}_2)+\cdots+k_r\sigma(\boldsymbol{\alpha}_r)$.

(3)$\boldsymbol{V}$中向量组$\boldsymbol{\alpha}_1,\boldsymbol{\alpha}_2,\cdots,\boldsymbol{\alpha}_r$线性相关的充要条件是$\sigma(\boldsymbol{\alpha}_1),\sigma(\boldsymbol{\alpha}_2),\cdots,\sigma(\boldsymbol{\alpha}_r)$线性相关.

(4) 同构映射的逆映射以及两个同构映射的乘积还是同构映射.

(5) 数域$\mathbb{F}$上两个有限维向量空间同构的充要条件是它们有相同的维数.

二、例题

【例1】 设$f:\boldsymbol{V}\to\boldsymbol{W}$是向量空间$\boldsymbol{V}$到$\boldsymbol{W}$的一个同构映射，$\boldsymbol{V}_1$是$\boldsymbol{V}$的一个子空间. 证明：$f(\boldsymbol{V}_1)$是$\boldsymbol{W}$的一个子空间.

证明 因$\boldsymbol{V}_1\subseteq\boldsymbol{V}$，故$f(\boldsymbol{V}_1)\subseteq f(\boldsymbol{V})=\boldsymbol{W}$. 取$\boldsymbol{\beta}_1,\boldsymbol{\beta}_2\in f(\boldsymbol{V}_1)$，则存在$\boldsymbol{\alpha}_1,\boldsymbol{\alpha}_2\in\boldsymbol{V}_1$，使得$f(\boldsymbol{\alpha}_1)=\boldsymbol{\beta}_1,f(\boldsymbol{\alpha}_2)=\boldsymbol{\beta}_2$. 由于$f$是同构映射，而$\boldsymbol{V}_1$是$\boldsymbol{V}$的子空间，故

$$b_1\boldsymbol{\beta}_1+b_2\boldsymbol{\beta}_2=b_1f(\boldsymbol{\alpha}_1)+b_2f(\boldsymbol{\alpha}_2)=f(b_1\boldsymbol{\alpha}_1+b_2\boldsymbol{\alpha}_2)\in f(\boldsymbol{V}_1)$$

从而证明了$f(\boldsymbol{V}_1)$是$\boldsymbol{W}$的一个子空间.

【例2】 在全体正实数集合$\mathbb{R}^+$中定义加法和数乘：$a\oplus b=ab,k\circ a=a^k$，证明：$\mathbb{R}^+$按此定义构成向量空间且实数域作为它自身的向量空间与$\mathbb{R}^+$同构.

证明 直接验证可知$\mathbb{R}^+$构成向量空间. 任取$x\in\mathbb{R}$，令$\sigma(x)=a^x(a>1)$，下证σ是$\mathbb{R}$到$\mathbb{R}^+$的同构映射. 任意$x,y\in\mathbb{R}$，若$a^x=a^y$，则$a^{x-y}=1$，即有$x=y$，因此σ是单射. 任取$b\in\mathbb{R}^+$，有$\log_a^b\in\mathbb{R}$，使得$\sigma(\log_a^b)=a^{\log_a^b}=b$，因此$\sigma$是满射，所以$\sigma$是$\mathbb{R}$到$\mathbb{R}^+$的双射.

对任意 $x, y, k \in \mathbb{R}$，有

$$\sigma(x+y) = a^{x+y} = a^x a^y = a^x \oplus a^y = \sigma(x) \oplus \sigma(y)$$

$$\sigma(kx) = a^{kx} = (a^x)^k = k \circ \sigma(x)$$

故 σ 是同构映射.

【例 3】　证明：向量空间 $\mathbb{F}[x]$ 可以与它的一个真子空间同构.

证明　设 $G[x]$ 是 $\mathbb{F}[x]$ 中常数项为零的多项式组成的集合，则 $G[x]$ 是 $\mathbb{F}[x]$ 的一个真子空间. 令 $f: \mathbb{F}[x] \to G[x], h(x) \mapsto xh(x)$，则 f 是 $\mathbb{F}[x]$ 到 $G[x]$ 的双射. 又

$$f(ah_1(x) + bh_2(x)) = x(ah_1(x) + bh_2(x)) = af(h_1(x)) + bf(h_2(x))$$

故 $\mathbb{F}[x]$ 与 $G[x]$ 同构.

【例 4】　设 $\boldsymbol{V}$ 与 $\boldsymbol{W}$ 分别是数域 $\mathbb{F}$ 上 n 与 m 维向量空间，$\{\boldsymbol{\alpha}_1, \cdots, \boldsymbol{\alpha}_n\}$ 与 $\{\boldsymbol{\beta}_1, \cdots, \boldsymbol{\beta}_m\}$ 分别为 $\boldsymbol{V}$ 与 $\boldsymbol{W}$ 的基，$L(\boldsymbol{V}, \boldsymbol{W})$ 是所有由 $\boldsymbol{V}$ 到 $\boldsymbol{W}$ 的线性映射构成的向量空间. 证明：$L(\boldsymbol{V}, \boldsymbol{W})$ 与 $\boldsymbol{M}_{mn}(\mathbb{F})$ 同构.

证明　任取 $\sigma \in L(\boldsymbol{V}, \boldsymbol{W})$，有

$$\sigma(\boldsymbol{\alpha}_j) = \sum_{i=1}^{m} a_{ij}\boldsymbol{\beta}_i, j = 1, 2, \cdots, n$$

确定唯一 $m \times n$ 矩阵 $\boldsymbol{A} = (a_{ij})_{mn} \in M_{mn}(\mathbb{F})$，于是

$$f: \sigma \to \boldsymbol{A}, \forall \sigma \in L(\boldsymbol{V}, \boldsymbol{W})$$

是 $L(\boldsymbol{V}, \boldsymbol{W})$ 到 $M_{mn}(\mathbb{F})$ 的一个映射. 设 $\sigma, \tau \in L(\boldsymbol{V}, \boldsymbol{W})$ 有

$$f(\sigma) = \boldsymbol{A} = (a_{ij}), f(\tau) = \boldsymbol{B} = (b_{ij})$$

其中

$$\sigma(\boldsymbol{\alpha}_j) = \sum_{i=1}^{m} a_{ij}\boldsymbol{\beta}_i, j = 1, 2, \cdots, n, ; \tau(\boldsymbol{\alpha}_j) = \sum_{i=1}^{m} b_{ij}\boldsymbol{\beta}_i, j = 1, 2, \cdots, n$$

由此可得

$$(\sigma + \tau)(\boldsymbol{\alpha}_j) = \sigma(\boldsymbol{\alpha}_j) + \tau(\boldsymbol{\alpha}_j) = \sum_{i=1}^{m} a_{ij}\boldsymbol{\beta}_i + \sum_{i=1}^{m} b_{ij}\boldsymbol{\beta}_i =$$

$$\sum_{i=1}^{m} (a_{ij} + b_{ij})\boldsymbol{\beta}_i, j = 1, 2, \cdots, n$$

因而 $f(\sigma + \tau) = \boldsymbol{A} + \boldsymbol{B} = f(\sigma) + f(\tau)$. 同理可证对任意 $k \in \mathbb{F}, \sigma \in L(\boldsymbol{V}, \boldsymbol{W})$，有 $f(k\sigma) = k\boldsymbol{A}$. 下面证明 f 是一个双射. 任意 $\boldsymbol{A} \in M_{mn}(\boldsymbol{F})$，令 $\boldsymbol{A} = (a_{ij})$，定义

$$\sigma: \boldsymbol{V} \to \boldsymbol{W}, \boldsymbol{\xi} = \sum_{j=1}^{n} c_j\boldsymbol{\alpha}_j \to \sum_{i=1}^{m}\sum_{j=1}^{n} a_{ij}c_j\boldsymbol{\beta}_i$$

易知 σ 是 $\boldsymbol{V}$ 到 $\boldsymbol{W}$ 的一个线性映射，即 $\sigma \in L(\boldsymbol{V}, \boldsymbol{W})$，因此有

$$\sigma(\boldsymbol{\alpha}_j) = \sum_{i=1}^{m} a_{ij}\boldsymbol{\beta}_i, j = 1,2,\cdots,n$$

进而使 $f(\sigma) = \boldsymbol{A}$ 成立,故 f 为满射.若 $f(\sigma) = \boldsymbol{A} = (a_{ij}) = f(\tau) = \boldsymbol{B} = (b_{ij})$ 则对任意 $\boldsymbol{\xi} = \sum_{j=1}^{n} c_j\boldsymbol{\alpha}_j \in \boldsymbol{V}$,有

$$\sigma(\boldsymbol{\xi}) = \sum_{i=1}^{m}\sum_{j=1}^{n} a_{ij}c_j\boldsymbol{\beta}_i = \sum_{i=1}^{m}\sum_{j=1}^{n} b_{ij}c_j\boldsymbol{\beta}_i = \tau(\boldsymbol{\xi})$$

从而 $\sigma = \tau$,故 f 是 $L(\boldsymbol{V},\boldsymbol{W})$ 到 $M_{mn}(\mathbb{F})$ 的同构映射,因而 $L(\boldsymbol{V},\boldsymbol{W})$ 与 $M_{mn}(\mathbb{F})$ 同构.

【例 5】 设 $\mathbb{F}$ 为数域.令

$$\mathbb{F}_1[x] = \{\sum a_i x^i \mid a_i \in \mathbb{F}, i \geqslant 1 \text{ 为奇数}\}$$

$$\mathbb{F}_2[x] = \{\sum a_j x^j \mid a_j \in \mathbb{F}, j \geqslant 0 \text{ 为偶数}\}$$

证明:$\mathbb{F}_1[x]$ 与 $\mathbb{F}_2[x]$ 均为多项式空间 $\mathbb{F}[x]$ 的子空间,且 $\mathbb{F}_1[x]$ 与 $\mathbb{F}_2[x]$ 同构.

证明 显然 $\mathbb{F}_1[x]$ 与 $\mathbb{F}_2[x]$ 为 $\mathbb{F}[x]$ 的子空间.对任意不为零的 $\sum a_i x^i \in \mathbb{F}_1[x]$,令

$$\varphi(\sum a_i x^i) = \sum a_i x^{i-1} \in \mathbb{F}_2[x]$$

则 φ 是 $\mathbb{F}_1[x]$ 到 $\mathbb{F}_2[x]$ 的映射.容易证明 φ 是 $\mathbb{F}_1[x]$ 到 $\mathbb{F}_2[x]$ 的同构映射.

【例 6】 设 a,b 为两个复数,令

$$\boldsymbol{V}_a = \{f(x) \mid f(x) \in \mathbb{F}[x], f(a) = 0\}$$

$$\boldsymbol{V}_b = \{g(x) \mid g(x) \in \mathbb{F}[x], g(b) = 0\}$$

为 $\mathbb{F}[x]$ 的两个子空间,证明:$\boldsymbol{V}_a$ 与 $\boldsymbol{V}_b$ 同构.

证明 根据 $\boldsymbol{V}_a$ 与 $\boldsymbol{V}_b$ 中多项式的性质来建立它们之间的一个同构映射.规定

$$\varphi: f(x) = (x-a)h(x) \mapsto g(x) = (x-b)h(x)$$

其中 $f(x) \in \boldsymbol{V}_a$.容易验证 φ 是 $\boldsymbol{V}_a$ 到 $\boldsymbol{V}_b$ 的一个同构映射.

练习题

1.在 $\mathbb{F}^4$ 中,求向量 $\boldsymbol{\xi}$ 在基 $\boldsymbol{\varepsilon}_1,\boldsymbol{\varepsilon}_2,\boldsymbol{\varepsilon}_3,\boldsymbol{\varepsilon}_4$ 下的坐标.

(1) $\boldsymbol{\varepsilon}_1 = (1,1,1,1), \boldsymbol{\varepsilon}_2 = (1,1,-1,-1), \boldsymbol{\varepsilon}_3 = (1,-1,1,-1), \boldsymbol{\varepsilon}_4 = (1,-1,-1,1), \boldsymbol{\xi} = (1,2,1,1)$.

(2) $\boldsymbol{\varepsilon}_1=(1,1,0,1),\boldsymbol{\varepsilon}_2=(2,1,3,1),\boldsymbol{\varepsilon}_3=(1,1,0,0),\boldsymbol{\varepsilon}_4=(0,1,-1,-1)$, $\boldsymbol{\xi}=(0,0,0,1)$.

2. 在 $\mathbb{F}^4$ 中,求由基 $\boldsymbol{\varepsilon}_1,\boldsymbol{\varepsilon}_2,\boldsymbol{\varepsilon}_3,\boldsymbol{\varepsilon}_4$ 到基 $\boldsymbol{\eta}_1,\boldsymbol{\eta}_2,\boldsymbol{\eta}_3,\boldsymbol{\eta}_4$ 的过渡矩阵.

(1)

$$\begin{cases}\boldsymbol{\varepsilon}_1=(1,0,0,0)\\ \boldsymbol{\varepsilon}_2=(0,1,0,0)\\ \boldsymbol{\varepsilon}_3=(0,0,1,0)\\ \boldsymbol{\varepsilon}_4=(0,0,0,1)\end{cases},\begin{cases}\boldsymbol{\eta}_1=(2,1,-1,1)\\ \boldsymbol{\eta}_2=(0,3,1,0)\\ \boldsymbol{\eta}_3=(5,3,2,1)\\ \boldsymbol{\eta}_4=(6,6,1,3)\end{cases}$$

(2)

$$\begin{cases}\boldsymbol{\varepsilon}_1=(1,2,-1,0)\\ \boldsymbol{\varepsilon}_2=(1,-1,1,1)\\ \boldsymbol{\varepsilon}_3=(-1,2,1,1)\\ \boldsymbol{\varepsilon}_4=(-1,-1,0,1)\end{cases},\begin{cases}\boldsymbol{\eta}_1=(2,1,0,1)\\ \boldsymbol{\eta}_2=(0,1,2,2)\\ \boldsymbol{\eta}_3=(-2,1,1,2)\\ \boldsymbol{\eta}_4=(1,3,1,2)\end{cases}$$

3. 设 $\boldsymbol{A}\in\mathbb{F}^{n\times n}$

(1) 证明:全体与 $\boldsymbol{A}$ 可交换的矩阵组成 $\mathbb{F}^{n\times n}$ 的一子空间记作 $C(\boldsymbol{A})$;

(2) 当 $\boldsymbol{A}=\boldsymbol{I}$ 时,求 $C(\boldsymbol{A})$;

(3) 当

$$\boldsymbol{A}=\begin{bmatrix}1&0&0&\cdots&0\\0&2&0&\cdots&0\\\vdots&\vdots&\vdots&\ddots&\vdots\\0&0&0&\cdots&n\end{bmatrix}$$

时,求 $C(\boldsymbol{A})$ 的维数和一组基.

4. 设

$$\boldsymbol{A}=\begin{bmatrix}1&0&0\\0&1&0\\3&1&2\end{bmatrix}$$

求 $\mathbb{F}^{3\times 3}$ 中全体与 $\boldsymbol{A}$ 可交换的矩阵所成子空间的维数和一组基.

5. 如果 $c_1\boldsymbol{\alpha}+c_2\boldsymbol{\beta}+c_3\boldsymbol{\gamma}=\boldsymbol{0}$,且 $c_1c_3\neq 0$,证明:$\mathscr{L}(\boldsymbol{\alpha},\boldsymbol{\beta})=\mathscr{L}(\boldsymbol{\beta},\boldsymbol{\gamma})$.

6. 在 $\mathbb{F}^4$ 中,求出齐次线性方程组

$$\begin{cases}3x_1+2x_2-5x_3+4x_4=0\\3x_1-x_2+3x_3-3x_4=0\\3x_1+5x_2-13x_3+11x_4=0\end{cases}$$

确定的解空间的基与维数.

7. 证明:如果 $\boldsymbol{V}=\boldsymbol{V}_1\oplus\boldsymbol{V}_2,\boldsymbol{V}_1=\boldsymbol{V}_{11}\oplus\boldsymbol{V}_{12}$,那么 $\boldsymbol{V}=\boldsymbol{V}_{11}\oplus\boldsymbol{V}_{12}\oplus\boldsymbol{V}_2$.

8. 若基底 $\boldsymbol{\varepsilon}_1,\boldsymbol{\varepsilon}_2,\cdots,\boldsymbol{\varepsilon}_n$ 到基底 $\boldsymbol{e}_1,\boldsymbol{e}_2,\cdots,\boldsymbol{e}_n$ 的过渡矩阵为 $\boldsymbol{A}$,那么 $\boldsymbol{A}$ 满足什么条件时才能存在这样的向量 $\boldsymbol{\alpha}$,它在两个基底上的坐标完全相同.

9. 若向量组 $\{\boldsymbol{\alpha}_1,\boldsymbol{\alpha}_2,\cdots,\boldsymbol{\alpha}_n\}$ 是向量空间 $\boldsymbol{V}$ 的一组基. 证明:向量组

$$\{\boldsymbol{\alpha}_1,\boldsymbol{\alpha}_1+\boldsymbol{\alpha}_2,\cdots,\boldsymbol{\alpha}_1+\boldsymbol{\alpha}_2+\cdots+\boldsymbol{\alpha}_n\}$$

也是 $\boldsymbol{V}$ 的一组基. 又若向量 $\boldsymbol{\alpha}$ 关于前一组基的坐标是 $(n,n-1,\cdots,2,1)$,试求 $\boldsymbol{\alpha}$ 关于后一组基的坐标.

10. 设 $\boldsymbol{V}_1,\boldsymbol{V}_2$ 都是 $\boldsymbol{V}$ 的子空间,证明: $\boldsymbol{V}$ 中既包含 $\boldsymbol{V}_1$,又包含 $\boldsymbol{V}_2$ 的所有子空间的交是 $\boldsymbol{V}_1+\boldsymbol{V}_2$.

11. 设 $\boldsymbol{W}$ 是 $\mathbb{R}$ 的一个非零子空间,而对于 $\boldsymbol{W}$ 的每一个向量 $(a_1,a_2,\cdots,a_n)$ 来说,要么 $a_1=a_2=\cdots=a_n=0$,要么每一个 a_i 都不等于零,证明: $\dim \boldsymbol{W}=1$.

12. 设 $\boldsymbol{\alpha}_1,\boldsymbol{\alpha}_2,\cdots,\boldsymbol{\alpha}_r$ 与 $\boldsymbol{\beta}_1,\boldsymbol{\beta}_2,\cdots,\boldsymbol{\beta}_s$ 分别是 $\boldsymbol{V}$ 的两个子空间 $\boldsymbol{V}_1$ 与 $\boldsymbol{V}_2$ 的基,证明 $\boldsymbol{V}_1+\boldsymbol{V}_2$ 是直和的充要条件是 $\boldsymbol{\alpha}_1,\boldsymbol{\alpha}_2,\cdots,\boldsymbol{\alpha}_r,\boldsymbol{\beta}_1,\boldsymbol{\beta}_2,\cdots,\boldsymbol{\beta}_s$ 是 $\boldsymbol{V}_1+\boldsymbol{V}_2$ 的基.

13. 设 $\boldsymbol{A}=\begin{bmatrix}0 & -1\\1 & 0\end{bmatrix}$,试证:在实数域 $\mathbb{R}$ 上由矩阵 $\boldsymbol{A}$ 的全体实系数多项式构成的线性空间 $\boldsymbol{V}$ 与复数域 $\mathbb{C}$ 作为实数域 $\mathbb{R}$ 上的线性空间同构.

14. 设 $\boldsymbol{V}$ 是数域 $\mathbb{F}$ 上的向量空间,证明: $\boldsymbol{V}$ 是有限维的充要条件是对任意一组满足 $\bigcup\limits_{i=1}^{\infty}\boldsymbol{V}_i=\boldsymbol{0}$ 的子空间 $\boldsymbol{V}_i$,总可选出有限个子空间 $\boldsymbol{V}_{in},n=1,\cdots,s$,使得 $\bigcap\limits_{n=1}^{s}\boldsymbol{V}_{in}=\boldsymbol{0}$.

15. 设 $\boldsymbol{V}$ 是实数域 $\mathbb{R}$ 上的 n 维向量空间,任给正整数 $m(m\geqslant n)$,证明:存在 m 个向量,其中任取 n 个向量线性无关.

16. 证明:向量空间 $\mathbb{F}[x]$ 可以与它的无穷多个真子空间同构.

17. 设 $\boldsymbol{V}$ 与 $\boldsymbol{V}'$ 都是数域 $\mathbb{F}$ 上的 n 维向量空间,且 $\boldsymbol{V}=\boldsymbol{V}_1\oplus\boldsymbol{V}_2$ ($\boldsymbol{V}_1,\boldsymbol{V}_2$ 是 $\boldsymbol{V}$ 的子空间). 证明: 在 $\boldsymbol{V}'$ 中存在子空间 $\boldsymbol{V}'_1,\boldsymbol{V}'_2$,使得 $\boldsymbol{V}'=\boldsymbol{V}'_1\oplus\boldsymbol{V}'_2$,且 $\boldsymbol{V}_1\cong\boldsymbol{V}'_1,\boldsymbol{V}_2\cong\boldsymbol{V}'_2$.

18. 设 $\mathbb{F}$ 为数域, n 为一固定正整数, $\mathbb{F}[x]$ 为多项式空间. 令

$$\boldsymbol{V}_k=\{\sum a_ix^i \mid a_i\in\mathbb{R},i\geqslant 0,i\equiv k(\operatorname{mod} n)\}$$

这里 $k=0,1,\cdots,n-1$. 证明: $\boldsymbol{V}_k$ 为 $\mathbb{F}[x]$ 的子空间,且有直和

$$\mathbb{F}[x]=\boldsymbol{V}_0\oplus\boldsymbol{V}_1\oplus\cdots\oplus\boldsymbol{V}_{n-1}$$

19. 设 $\boldsymbol{\alpha}_1,\boldsymbol{\alpha}_2,\cdots,\boldsymbol{\alpha}_s$ 与 $\boldsymbol{\beta}_1,\boldsymbol{\beta}_2,\cdots,\boldsymbol{\beta}_l$ 是两组 n 维向量. 证明: 若这两个向量组

都线性无关,则空间 $\mathscr{L}(\boldsymbol{\alpha}_1,\boldsymbol{\alpha}_2,\cdots,\boldsymbol{\alpha}_s)\cap\mathscr{L}(\boldsymbol{\beta}_1,\boldsymbol{\beta}_2,\cdots,\boldsymbol{\beta}_l)$ 的维数等于齐次线性方程组

$$\boldsymbol{\alpha}_1x_1+\cdots+\boldsymbol{\alpha}_sx_s+\boldsymbol{\beta}_1y_1+\cdots+\boldsymbol{\beta}_ly_l=\mathbf{0}$$

的解空间的维数.

20. 设 $\boldsymbol{V}_1,\boldsymbol{V}_2$ 是向量空间 $\boldsymbol{V}$ 的两个子空间,证明:$\boldsymbol{V}_1+\boldsymbol{V}_2=\boldsymbol{V}_1\cup\boldsymbol{V}_2$ 的充要条件是 $\boldsymbol{V}_1\subseteq\boldsymbol{V}_2$ 或 $\boldsymbol{V}_2\subseteq\boldsymbol{V}_1$.

21. 设数域 $\mathbb{F}$ 上线性空间内的向量组 $\boldsymbol{\alpha}_1,\boldsymbol{\alpha}_2,\cdots,\boldsymbol{\alpha}_n$ 的秩为 r. 证明:使 $k_1\boldsymbol{\alpha}_1+k_2\boldsymbol{\alpha}_2+\cdots+k_n\boldsymbol{\alpha}_n=\mathbf{0}$ 的 n 维向量 $(k_1,k_2,\cdots,k_n)$ 的全体作成的集合 $\boldsymbol{V}_1$ 是 n 维向量空间 $\mathbb{F}^n$ 的一个 $n-r$ 维子空间.

第 6 章　线性变换

6.1　线性变换的运算及其矩阵

一、相关知识

1. 设 $\boldsymbol{V}$ 和 $\boldsymbol{W}$ 是数域 $\mathbb{F}$ 上向量空间，σ 是 $\boldsymbol{V}$ 到 $\boldsymbol{W}$ 的一个映射. 如果对任意的 $\boldsymbol{\alpha}$，$\boldsymbol{\beta} \in \boldsymbol{V}$ 和 $k \in \mathbb{F}$ 都有

$$\sigma(\boldsymbol{\alpha} + \boldsymbol{\beta}) = \sigma(\boldsymbol{\alpha}) + \sigma(\boldsymbol{\beta}), \sigma(k\boldsymbol{\alpha}) = k\sigma(\boldsymbol{\alpha})$$

则称 σ 是 $\boldsymbol{V}$ 到 $\boldsymbol{W}$ 的一个线性映射. 如果 $\boldsymbol{W} = \boldsymbol{V}$，就称 σ 是 $\boldsymbol{V}$ 上的一个线性变换.

2. 线性变换的运算

设 $L(\boldsymbol{V})$ 为数域 $\mathbb{F}$ 上向量空间 $\boldsymbol{V}$ 的所有线性变换构成的集合.

(1) 加法：$\forall \sigma, \tau \in L(\boldsymbol{V})$，$\forall \boldsymbol{\alpha} \in \boldsymbol{V}$，令

$$(\sigma + \tau)(\boldsymbol{\alpha}) = \sigma(\boldsymbol{\alpha}) + \tau(\boldsymbol{\alpha})$$

则 $\sigma + \tau \in L(\boldsymbol{V})$，称 $\sigma + \tau$ 为 σ 与 τ 的和.

(2) 数量乘法：$\forall \sigma \in L(\boldsymbol{V})$，$\forall k \in \mathbb{F}$，$\forall \boldsymbol{\alpha} \in \boldsymbol{V}$，令

$$(k\sigma)(\boldsymbol{\alpha}) = k(\sigma(\boldsymbol{\alpha}))$$

则 $k\sigma \in L(\boldsymbol{V})$，称 $k\sigma$ 为数 k 与线性变换 σ 的数积.

(3) 乘法：$\forall \sigma, \tau \in L(\boldsymbol{V})$，$\forall \alpha \in \boldsymbol{V}$，令

$$(\sigma\tau)(\alpha) = \sigma(\tau(\alpha))$$

则 $\sigma\tau \in L(\boldsymbol{V})$，称 $\sigma\tau$ 为 σ 与 τ 的积. 线性变换的乘法运算满足结合律，但不满足交换律.

设 $\sigma \in L(\boldsymbol{V})$，若存在 $\tau \in L(\boldsymbol{V})$，使得

$$\sigma\tau = \tau\sigma = \iota$$

这里 ι 为恒等变换，则称 σ 是可逆的，而称 τ 为 σ 的逆变换，记 $\tau = \sigma^{-1}$.

3. 设 $\boldsymbol{\alpha}_1, \cdots, \boldsymbol{\alpha}_n$ 为 $\boldsymbol{V}_n(\mathbb{F})$ 的一个基，$\sigma \in L(\boldsymbol{V})$. 若

$$\sigma(\boldsymbol{\alpha}_j) = a_{1j}\boldsymbol{\alpha}_j + \cdots + a_{nj}\boldsymbol{\alpha}_n, j = 1, \cdots, n$$

则以每一个基向量 $\boldsymbol{\alpha}_j$ 在 σ 下的象 $\sigma(\boldsymbol{\alpha}_j)$ 关于基 $\boldsymbol{\alpha}_1, \cdots, \boldsymbol{\alpha}_n$ 的坐标为列构成的 n 阶

方阵

$$A=\begin{bmatrix} a_{11} & a_{12} & \cdots & a_{1n} \\ a_{21} & a_{22} & \cdots & a_{2n} \\ \vdots & \vdots & \ddots & \vdots \\ a_{n1} & a_{n2} & \cdots & a_{nn} \end{bmatrix}$$

称为 σ 关于基 $\boldsymbol{\alpha}_1,\cdots,\boldsymbol{\alpha}_n$ 的矩阵，则

$$(\sigma(\boldsymbol{\alpha}_1),\cdots,\sigma(\boldsymbol{\alpha}_n))=(\boldsymbol{\alpha}_1,\cdots,\boldsymbol{\alpha}_n)\boldsymbol{A}$$

4. 设 $\boldsymbol{\alpha}_1,\cdots,\boldsymbol{\alpha}_n$ 为 $\boldsymbol{V}_n(\mathbb{F})$ 的一个基，$\sigma\in L(\boldsymbol{V})$，$\boldsymbol{A}$ 是 σ 关于基 $\boldsymbol{\alpha}_1,\cdots,\boldsymbol{\alpha}_n$ 的矩阵，则

(1) $\mathrm{Im}\,\sigma=\mathscr{L}(\sigma(\boldsymbol{\alpha}_1),\cdots,\sigma(\boldsymbol{\alpha}_n))$.

(2) $\dim \mathrm{Im}\,\sigma=R(\boldsymbol{A})$.

(3) $\dim \mathrm{Im}\,\sigma+\dim\ker\sigma=n$. 通常称 $\dim \mathrm{Im}\,\sigma$ 为 σ 的秩，称 $\dim\ker\sigma$ 为 σ 的零度.

(4) σ 为单射 $\Leftrightarrow \ker\sigma=0$；$\sigma$ 是满射 $\Leftrightarrow \mathrm{Im}\,\sigma=\boldsymbol{V}$；$\sigma$ 是单射 $\Leftrightarrow\sigma$ 是满射.

二、例题

【例 1】 设 $\boldsymbol{\alpha}_1,\cdots,\boldsymbol{\alpha}_s$ 是向量空间 $\boldsymbol{V}$ 的一组向量，σ 是 $\boldsymbol{V}$ 的一个线性变换. 证明：

$$\sigma(\mathscr{L}(\boldsymbol{\alpha}_1,\cdots,\boldsymbol{\alpha}_s))=\mathscr{L}(\sigma(\boldsymbol{\alpha}_1),\cdots,\sigma(\boldsymbol{\alpha}_s))$$

证明　任取 $\boldsymbol{\alpha}\in\sigma(\mathscr{L}(\boldsymbol{\alpha}_1,\cdots,\boldsymbol{\alpha}_s))$，则有 $\boldsymbol{\beta}\in\mathscr{L}(\boldsymbol{\alpha}_1,\cdots,\boldsymbol{\alpha}_s)$，使得 $\boldsymbol{\alpha}=\sigma(\boldsymbol{\beta})$. 设 $\boldsymbol{\beta}=k_1\boldsymbol{\alpha}_1+\cdots+k_s\boldsymbol{\alpha}_s$，则

$$\boldsymbol{\alpha}=\sigma(\boldsymbol{\beta})=\sigma(k_1\boldsymbol{\alpha}_1+\cdots+k_s\boldsymbol{\alpha}_s)=$$
$$k_1\sigma(\boldsymbol{\alpha}_1)+\cdots+k_s\sigma(\boldsymbol{\alpha}_s)\in$$
$$\mathscr{L}(\sigma(\boldsymbol{\alpha}_1),\cdots,\sigma(\boldsymbol{\alpha}_s))$$

所以

$$\sigma(\mathscr{L}(\boldsymbol{\alpha}_1,\cdots,\boldsymbol{\alpha}_s))\subseteq\mathscr{L}(\sigma(\boldsymbol{\alpha}_1),\cdots,\sigma(\boldsymbol{\alpha}_s))$$

另一方面，任取 $\boldsymbol{\alpha}\in\mathscr{L}(\sigma(\boldsymbol{\alpha}_1),\cdots,\sigma(\boldsymbol{\alpha}_s))$. 设

$$\boldsymbol{\alpha}=k_1\sigma(\boldsymbol{\alpha}_1)+\cdots+k_s\sigma(\boldsymbol{\alpha}_s)$$

可得 $\boldsymbol{\alpha}=\sigma(k_1\boldsymbol{\alpha}_1+\cdots+k_s\boldsymbol{\alpha}_s)\in\sigma(\mathscr{L}(\boldsymbol{\alpha}_1,\cdots,\boldsymbol{\alpha}_s))$，所以

$$\mathscr{L}(\sigma(\boldsymbol{\alpha}_1),\cdots,\sigma(\boldsymbol{\alpha}_s))\subseteq\sigma(\mathscr{L}(\boldsymbol{\alpha}_1,\cdots,\boldsymbol{\alpha}_s))$$

【例 2】 设 $\boldsymbol{V}$ 和 $\boldsymbol{W}$ 是数域 $\mathbb{F}$ 上向量空间，$\dim\boldsymbol{V}=n$. 令 σ 是 $\boldsymbol{V}$ 到 $\boldsymbol{W}$ 的线性映射. 取 $\boldsymbol{V}$ 的一个基：

$$\boldsymbol{\alpha}_1,\cdots,\boldsymbol{\alpha}_s,\boldsymbol{\alpha}_{s+1},\cdots,\boldsymbol{\alpha}_n$$

使得 $\boldsymbol{\alpha}_1,\cdots,\boldsymbol{\alpha}_s$ 是 $\ker\sigma$ 的一个基. 证明:

(1)$\sigma(\boldsymbol{\alpha}_{s+1}),\cdots,\sigma(\boldsymbol{\alpha}_n)$ 组成 $\mathrm{Im}\,\sigma$ 的一个基.

(2)$\dim\ker\sigma+\dim\mathrm{Im}\,\sigma=n$.

证明 对任意的 $\boldsymbol{\beta}\in\mathrm{Im}\,\sigma$,存在 $\boldsymbol{\alpha}\in\boldsymbol{V}$,使得 $\sigma(\boldsymbol{\alpha})=\boldsymbol{\beta}$. 因为

$$\boldsymbol{\alpha}_1,\cdots,\boldsymbol{\alpha}_s,\boldsymbol{\alpha}_{s+1},\cdots,\boldsymbol{\alpha}_n$$

是 $\boldsymbol{V}$ 的一组基,存在 $k_1,\cdots,k_n\in\mathbb{F}$,使得

$$\boldsymbol{\alpha}=k_1\boldsymbol{\alpha}_1+\cdots+k_s\boldsymbol{\alpha}_s+k_{s+1}\boldsymbol{\alpha}_{s+1}+\cdots+k_n\boldsymbol{\alpha}_n$$

于是

$$\begin{aligned}\beta=\sigma(\boldsymbol{\alpha})=&\\ &\sigma(k_1\boldsymbol{\alpha}_1+\cdots+k_s\boldsymbol{\alpha}_s+k_{s+1}\boldsymbol{\alpha}_{s+1}+\cdots+k_n\boldsymbol{\alpha}_n)=\\ &k_1\sigma(\boldsymbol{\alpha}_1)+\cdots+k_s\sigma(\boldsymbol{\alpha}_s)+k_{s+1}\sigma(\boldsymbol{\alpha}_{s+1})+\cdots+k_n\sigma(\boldsymbol{\alpha}_n)=\\ &k_{s+1}\sigma(\boldsymbol{\alpha}_{s+1})+\cdots+k_n\sigma(\boldsymbol{\alpha}_n)\end{aligned}$$

即 $\mathrm{Im}\,\sigma$ 中的任一向量可由 $\sigma(\boldsymbol{\alpha}_{s+1}),\cdots,\sigma(\boldsymbol{\alpha}_n)$ 线性表示.

另一方面,若 $k_{s+1},\cdots,k_n\in\mathbb{F}$,使得

$$k_{s+1}\sigma(\boldsymbol{\alpha}_{s+1})+\cdots+k_n\sigma(\boldsymbol{\alpha}_n)=\mathbf{0}$$

即

$$\sigma(k_{s+1}\boldsymbol{\alpha}_{s+1}+\cdots+k_n\boldsymbol{\alpha}_n)=\mathbf{0}$$

于是,$k_{s+1}\boldsymbol{\alpha}_{s+1}+\cdots+k_n\boldsymbol{\alpha}_n\in\ker\sigma$. 因为 $\boldsymbol{\alpha}_1,\cdots,\boldsymbol{\alpha}_s$ 是 $\ker\sigma$ 的基,则存在 $k_{s+1},\cdots,k_n\in\mathbb{F}$,使得

$$k_{s+1}\boldsymbol{\alpha}_{s+1}+\cdots+k_n\boldsymbol{\alpha}_n=k_1\boldsymbol{\alpha}_1+\cdots+k_s\boldsymbol{\alpha}_s$$

因为 $\boldsymbol{\alpha}_1,\cdots,\boldsymbol{\alpha}_s,\boldsymbol{\alpha}_{s+1},\cdots,\boldsymbol{\alpha}_n$ 为 $\boldsymbol{V}$ 的基,所以

$$k_1=\cdots=k_s=k_{s+1}=\cdots=k_n=0$$

故 $\sigma(\boldsymbol{\alpha}_{s+1}),\cdots,\sigma(\boldsymbol{\alpha}_n)$ 线性无关. 所以,(1) 成立.

(2)$\dim\ker\sigma=s$,$\dim\mathrm{Im}(\sigma)=n-s$,所以(2) 成立.

【例 3】 设 $\sigma\in L(\boldsymbol{V}_n(\mathbb{F}))$,$\boldsymbol{W}$ 是 $\boldsymbol{V}_n$ 的子空间,证明

$$\dim(\sigma(\boldsymbol{W}))+\dim(\ker\sigma\cap\boldsymbol{W})=\dim\boldsymbol{W}$$

证明 设 $\dim(\ker\sigma\cap\boldsymbol{W})=r$.

当 $r=0$ 时,令 $\boldsymbol{\alpha}_1,\cdots,\boldsymbol{\alpha}_m$ 为 $\boldsymbol{W}$ 一个基,则

$$\sigma(\boldsymbol{W})=\mathscr{L}(\sigma(\boldsymbol{\alpha}_1),\cdots,\sigma(\boldsymbol{\alpha}_m))$$

此时只需证明 $\sigma(\boldsymbol{\alpha}_1),\cdots,\sigma(\boldsymbol{\alpha}_m)$ 线性无关. 事实上,若

$$k_1\sigma(\boldsymbol{\alpha}_1)+\cdots+k_m\sigma(\boldsymbol{\alpha}_m)=\mathbf{0}$$

则 $\sigma(k_1\boldsymbol{\alpha}_1 + \cdots + k_m\boldsymbol{\alpha}_m) = 0$,即

$$k_1\boldsymbol{\alpha}_1 + \cdots + k_m\boldsymbol{\alpha}_m \in \ker\sigma \cap \boldsymbol{W} = \boldsymbol{0}$$

因此 $k_1 = \cdots = k_m = 0$,故 $\sigma(\boldsymbol{\alpha}_1),\cdots,\sigma(\boldsymbol{\alpha}_m)$ 线性无关.此时

$$\dim(\sigma(\boldsymbol{W})) + \dim(\ker\sigma \cap \boldsymbol{W}) = \dim \boldsymbol{W}$$

当 $r > 0$ 时,令 $\boldsymbol{\alpha}_1,\cdots,\boldsymbol{\alpha}_r$ 为 $\ker\sigma \cap \boldsymbol{W}$ 的一个基.把 $\boldsymbol{\alpha}_1,\cdots,\boldsymbol{\alpha}_r$ 扩为 $\boldsymbol{W}$ 的一个基:$\boldsymbol{\alpha}_1,\cdots,\boldsymbol{\alpha}_r,\boldsymbol{\alpha}_{r+1},\cdots,\boldsymbol{\alpha}_m$.于是

$$\sigma(\boldsymbol{W}) = \mathscr{L}(\sigma(\boldsymbol{\alpha}_1),\cdots,\sigma(\boldsymbol{\alpha}_r),\sigma(\boldsymbol{\alpha}_{r+1}),\cdots,\sigma(\boldsymbol{\alpha}_m)) = \mathscr{L}(\sigma(\boldsymbol{\alpha}_{r+1}),\cdots,\sigma(\boldsymbol{\alpha}_m))$$

只需证明 $\sigma(\boldsymbol{\alpha}_{r+1}),\cdots,\sigma(\boldsymbol{\alpha}_m)$ 线性无关.事实上,若

$$k_{r+1}\sigma(\boldsymbol{\alpha}_{r+1}) + \cdots + k_m\sigma(\boldsymbol{\alpha}_m) = \boldsymbol{0}$$

则 $\sigma(k_{r+1}\boldsymbol{\alpha}_{r+1} + \cdots + k_m\boldsymbol{\alpha}_m) = \boldsymbol{0}$,即

$$k_{r+1}\boldsymbol{\alpha}_{r+1} + \cdots + k_m\boldsymbol{\alpha}_m \in \ker\sigma \cap W = \mathscr{L}(\boldsymbol{\alpha}_1,\cdots,\boldsymbol{\alpha}_r)$$

因此,存在 $k_1,\cdots,k_r \in \mathbb{F}$,使得

$$k_{r+1}\boldsymbol{\alpha}_{r+1} + \cdots + k_m\boldsymbol{\alpha}_m = k_1\boldsymbol{\alpha}_1 + \cdots + k_r\boldsymbol{\alpha}_r$$

由于 $\boldsymbol{\alpha}_1,\cdots,\boldsymbol{\alpha}_m$ 为 $\boldsymbol{W}$ 的一个基,因此 $\boldsymbol{\alpha}_1,\cdots,\boldsymbol{\alpha}_m$ 线性无关,所以 $k_1 = \cdots = k_m = 0$,即 $\sigma(\boldsymbol{\alpha}_{r+1}),\cdots,\sigma(\boldsymbol{\alpha}_m)$ 线性无关.于是

$$\dim(\sigma(\boldsymbol{W})) + \dim(\ker\sigma \cap \boldsymbol{W}) = \dim \boldsymbol{W}$$

【例4】 设 σ 是向量空间 $\boldsymbol{V}(\mathbb{F})$ 上的线性变换,$\boldsymbol{\xi} \in \boldsymbol{V}$,并且 $\sigma^{k-1}(\boldsymbol{\xi}) \neq 0$,但是 $\sigma^k(\boldsymbol{\xi}) = 0$.证明:$\boldsymbol{\xi},\sigma(\boldsymbol{\xi}),\sigma^2(\boldsymbol{\xi}),\cdots,\sigma^{k-1}(\boldsymbol{\xi})$ 线性无关.

证明 若 $a_0,a_1,\cdots,a_{k-1} \in \mathbb{F}$,使得

$$a_0\boldsymbol{\xi} + a_1\sigma(\boldsymbol{\xi}) + \cdots + a_{k-1}\sigma^{k-1}(\boldsymbol{\xi}) = \boldsymbol{0}$$

用 σ^{k-1} 作用上式两边,因为当 $l \geqslant k$ 时,$\sigma^l(\boldsymbol{\xi}) = 0$,得 $a_0\sigma^{k-1}(\boldsymbol{\xi}) = \boldsymbol{0}$,又因为 $\sigma^{k-1}(\boldsymbol{\xi}) \neq \boldsymbol{0}$,所以 $a_0 = 0$.于是

$$a_1\sigma(\boldsymbol{\xi}) + \cdots + a_{k-1}\sigma^{k-1}(\boldsymbol{\xi}) = \boldsymbol{0}$$

再用 σ^{k-2} 作用上式两边,可得 $a_1 = 0$.重复如上讨论可得 $a_0 = a_1 = \cdots = a_{k-1} = 0$.

【例5】 设 $\sigma \in L(\boldsymbol{V}_n(\mathbb{F}))$,$\boldsymbol{\alpha}_1,\boldsymbol{\alpha}_2,\boldsymbol{\alpha}_3 \in \boldsymbol{V}$,且 $\boldsymbol{\alpha}_1$ 非零.若

$$\sigma(\boldsymbol{\alpha}_1) = \boldsymbol{\alpha}_1,\sigma(\boldsymbol{\alpha}_2) = \boldsymbol{\alpha}_1 + \boldsymbol{\alpha}_2,\sigma(\boldsymbol{\alpha}_3) = \boldsymbol{\alpha}_2 + \boldsymbol{\alpha}_3$$

求证:$\boldsymbol{\alpha}_1,\boldsymbol{\alpha}_2,\boldsymbol{\alpha}_3$ 线性无关.

证明 令 $\tau = \sigma - \iota$,则由题设可得

$$\tau(\boldsymbol{\alpha}_1) = \boldsymbol{0},\tau(\boldsymbol{\alpha}_2) = \boldsymbol{\alpha}_1,\tau(\boldsymbol{\alpha}_3) = \boldsymbol{\alpha}_2$$

故 $\tau^2(\boldsymbol{\alpha}_3) = \tau(\boldsymbol{\alpha}_2) = \boldsymbol{\alpha}_1 \neq \boldsymbol{0}$,且 $\tau^3(\boldsymbol{\alpha}_3) = \tau(\boldsymbol{\alpha}_1) = \boldsymbol{0}$.应用上例结论,可得 $\boldsymbol{\alpha}_3$,

$\tau(\boldsymbol{\alpha}_3),\tau^2(\boldsymbol{\alpha}_3)$ 线性无关,即 $\boldsymbol{\alpha}_1,\boldsymbol{\alpha}_2,\boldsymbol{\alpha}_3$ 线性无关.

【例6】 设 $\sigma\in L(V_n(\mathbb{F}))$,$\boldsymbol{W}_1,\boldsymbol{W}_2$ 是 $\boldsymbol{V}$ 的子空间,并且 $\boldsymbol{V}=\boldsymbol{W}_1\oplus\boldsymbol{W}_2$.证明:$\sigma$ 可逆的充分必要条件是 $\boldsymbol{V}=\sigma(\boldsymbol{W}_1)\oplus\sigma(\boldsymbol{W}_2)$.

证明 设 σ 可逆.由 $\boldsymbol{V}=\boldsymbol{W}_1\oplus\boldsymbol{W}_2$,得

$$\sigma(\boldsymbol{V})=\sigma(\boldsymbol{W}_1+\boldsymbol{W}_2)=\sigma(\boldsymbol{W}_1)+\sigma(\boldsymbol{W}_2)$$

任取 $\boldsymbol{\xi}\in\sigma(\boldsymbol{W}_1)\cap\sigma(\boldsymbol{W}_2)$.则存在 $\boldsymbol{\xi}_1\in\boldsymbol{W}_1,\boldsymbol{\xi}_2\in\boldsymbol{W}_2$ 使得 $\boldsymbol{\xi}=\sigma(\boldsymbol{\xi}_1)=\sigma(\boldsymbol{\xi}_2)$.因为 σ 可逆,所以 σ 是单射,于是 $\boldsymbol{\xi}_1=\boldsymbol{\xi}_2\in\boldsymbol{W}_1\cap\boldsymbol{W}_2$.但 $\boldsymbol{W}_1\cap\boldsymbol{W}_2=\boldsymbol{0}$,所以 $\boldsymbol{\xi}_1=\boldsymbol{\xi}_2=0$,于是 $\boldsymbol{\xi}=\boldsymbol{0}$.这样 $\sigma(\boldsymbol{W}_1)\cap\sigma(\boldsymbol{W}_2)=\boldsymbol{0}$,所以 $\boldsymbol{V}=\sigma(\boldsymbol{W}_1)\oplus\sigma(\boldsymbol{W}_2)$.

反之,若 $\boldsymbol{V}=\sigma(\boldsymbol{W}_1)\oplus\sigma(\boldsymbol{W}_2)$,则 σ 是满射,所以 σ 可逆.

【例7】 证明:如果 $\sigma_1,\cdots,\sigma_s$ 是非零向量空间 $\boldsymbol{V}$ 的 s 个两两不同的线性变换,则在 $\boldsymbol{V}$ 中必存在向量 $\boldsymbol{\alpha}$,使得 $\sigma_1(\boldsymbol{\alpha}),\cdots,\sigma_s(\boldsymbol{\alpha})$ 也两两不同.

证明 令 $\boldsymbol{V}_{ij}=\{x\mid x\in\boldsymbol{V},\sigma_i(x)=\sigma_j(x)\},i<j,i,j=1,\cdots,s$.易知 $\boldsymbol{V}_{ij}$ 为 $\boldsymbol{V}$ 的子空间.

因为 $\sigma_1,\cdots,\sigma_s$ 两两不同,故对 $\sigma_i,\sigma_j(i<j)$ 总存在向量 $\boldsymbol{\beta}$,使得 $\sigma_i(\boldsymbol{\beta})\neq\sigma_j(\boldsymbol{\beta})$,即 $\boldsymbol{\beta}\notin\boldsymbol{V}_{ij}$,从而每个 $\boldsymbol{V}_{ij}\neq\boldsymbol{V}$.

由 5.2 节中例 4 知,存在向量 $\boldsymbol{\alpha}$ 不属于每一个 $\boldsymbol{V}_{ij}$,即 $\sigma_1(\boldsymbol{\alpha}),\cdots,\sigma_s(\boldsymbol{\alpha})$ 两两不同.

6.2 不变子空间

一、相关知识

1.设 $\sigma\in L(V_n(\mathbb{F}))$,$\lambda\in\mathbb{F}$.如果存在 $\boldsymbol{V}$ 中的非零向量 $\boldsymbol{\alpha}$,使得

$$\sigma(\boldsymbol{\alpha})=\lambda\boldsymbol{\alpha}$$

就称 λ 是 σ 的一个特征值,而 $\boldsymbol{\alpha}$ 叫做 σ 的属于特征值 λ 的一个特征向量.

类似地,设 $\boldsymbol{A}\in M_n(\mathbb{F})$,$\lambda\in\mathbb{F}$.如果存在非零的 $\boldsymbol{X}\in M_{n\times1}(\mathbb{F})$,使得

$$\boldsymbol{AX}=\lambda\boldsymbol{X}$$

则称 λ 是 $\boldsymbol{A}$ 的一个特征值,而 $\boldsymbol{X}$ 叫做 $\boldsymbol{A}$ 的属于特征值 λ 的一个特征向量.

设 λ 为 $\boldsymbol{A}$ 的一个特征值,称

$$\boldsymbol{V}_\lambda=\{\boldsymbol{X}\mid\boldsymbol{AX}=\lambda\boldsymbol{X}\}$$

为 $\boldsymbol{A}$ 的属于特征值 λ 的特征子空间.称 $\dim\boldsymbol{V}_\lambda$ 为特征值 λ 的几何重数.

2.设 $\boldsymbol{A}\in M_n(\mathbb{F})$.称 $F_{\boldsymbol{A}}(\lambda)=|\lambda\boldsymbol{I}-\boldsymbol{A}|$ 为 $\boldsymbol{A}$ 的特征多项式,它是一个关

于 λ 的 n 次多项式,因此在复数域内有 n 个根(计算重数). $\boldsymbol{A}$ 的特征多项式在复数域$\mathbb{C}$内的根称为矩阵 $\boldsymbol{A}$ 的特征根,若 λ_0 是 $f_{\boldsymbol{A}}(\lambda)$ 的 k 重根,则称 λ_0 的代数重数为 k.

3. 设 $\boldsymbol{A} \in M_n(\mathbb{F})$, λ 是$\boldsymbol{A}$的一个特征根,则 λ 是$\boldsymbol{A}$的特征值当且仅当$\lambda \in \mathbb{F}$.

4. 设 $\sigma \in L(\boldsymbol{V}_n(\mathbb{F}))$, $\boldsymbol{W}$ 是 $\boldsymbol{V}$ 的一个子空间. 若对任意 $\boldsymbol{\xi} \in \boldsymbol{W}$, 都有 $\sigma(\boldsymbol{\xi}) \in \boldsymbol{W}$,则称 $\boldsymbol{W}$ 是σ 的不变子空间,或称 $\boldsymbol{W}$ 是σ - 子空间.

二、例题

【例 1】 设 $\sigma \in L(\boldsymbol{V}_n(\mathbb{F}))$, $\boldsymbol{W}$ 是σ 的一个不变子空间. 求证:

(1) $\boldsymbol{W}$ 是σ^2 的不变子空间.

(2) 设 $f(x) \in \mathbb{F}[x]$,则 $\boldsymbol{W}$ 是$f(\sigma)$ 的不变子空间;

(3) 如果 σ 可逆,则 $\boldsymbol{W}$ 是σ^{-1} 的不变子空间.

证明 (1) 因为 $\boldsymbol{W}$ 是σ - 子空间,所以对于 $\boldsymbol{W}$ 中的任意一个向量 $\boldsymbol{\alpha}$,有 $\sigma(\boldsymbol{\alpha}) \in \boldsymbol{W}$, 又因为 $\sigma(\boldsymbol{\alpha}) \in \boldsymbol{W}$,所以 $\sigma^2(\boldsymbol{\alpha}) \in \boldsymbol{W}$,因此 $\boldsymbol{W}$ 是σ^2 - 子空间.

(2) 由(1) 知 $\boldsymbol{W}$ 是σ^k(k 是任意正整数) 的不变子空间. 设 $f(x) = a_t x^t + a_{t-1}x^{t-1} + \cdots + a_1 x + a_0$,则对于 $\boldsymbol{W}$ 中任意向量$\boldsymbol{\alpha}$,有

$$f(\sigma)(\boldsymbol{\alpha}) = a_t\sigma^t(\boldsymbol{\alpha}) + \cdots + a_1\sigma(\boldsymbol{\alpha}) + a_0\boldsymbol{\alpha} \in \boldsymbol{W}$$

所以 $\boldsymbol{W}$ 是$f(\sigma)$ 的不变子空间.

(3) 因为 $\boldsymbol{W}$ 是σ 的不变子空间,所以 $\sigma(\boldsymbol{W})$ 是 $\boldsymbol{W}$ 的子空间. 由 σ 是双射,所以 $\sigma(\boldsymbol{W}) = \boldsymbol{W}$. 于是,对于任意的 $\boldsymbol{\alpha} \in \boldsymbol{W}$,存在 $\boldsymbol{\beta} \in \boldsymbol{W}$,使得 $\boldsymbol{\alpha} = \sigma(\boldsymbol{\beta})$,即 $\boldsymbol{\beta} = \sigma^{-1}(\boldsymbol{\alpha}) \in \boldsymbol{W}$,所以 $\boldsymbol{W}$ 是σ^{-1} 的不变子空间.

【例 2】 设 $\sigma, \tau \in L(\boldsymbol{V}_n(\mathbb{F}))$,且 $\dim \operatorname{Im} \sigma + \dim \operatorname{Im} \tau < n$. 求证: σ 和 τ 有公共的特征向量.

证明 因为

$$\dim \operatorname{Im} \sigma + \dim \ker \sigma = n, \dim \operatorname{Im} \tau + \dim \ker \tau = n$$

所以

$$\dim \ker \sigma + \dim \ker \tau = n - \dim \operatorname{Im} \sigma + n - \dim \operatorname{Im} \tau > n$$

因此 $\ker \sigma$ 和 $\ker \tau$ 有公共的非零向量$\boldsymbol{\alpha}$,并且 $\sigma(\boldsymbol{\alpha}) = \boldsymbol{0}, \tau(\boldsymbol{\alpha}) = \boldsymbol{0}$,所以 $\boldsymbol{\alpha}$ 是σ 和 τ 公共的特征向量,对应的特征根都是 0.

【例 3】 设 $\boldsymbol{W}_1, \boldsymbol{W}_2$ 是 σ - 子空间,则 $\boldsymbol{W}_1 + \boldsymbol{W}_2$ 也是 σ - 子空间.

证明 对于 $\boldsymbol{W}_1 + \boldsymbol{W}_2$ 中的任意向量 $\boldsymbol{\alpha}$ 可写成$\boldsymbol{\alpha} = \boldsymbol{\alpha}_1 + \boldsymbol{\alpha}_2$,其中 $\boldsymbol{\alpha}_1 \in \boldsymbol{W}_1$, $\boldsymbol{\alpha}_2 \in \boldsymbol{W}_2$. 于是

$$\sigma(\boldsymbol{\alpha}) = \sigma(\boldsymbol{\alpha}_1 + \boldsymbol{\alpha}_2) = \sigma(\boldsymbol{\alpha}_1) + \sigma(\boldsymbol{\alpha}_2)$$

因为 $\boldsymbol{W}_1, \boldsymbol{W}_2$ 都是 σ - 子空间,所以 $\sigma(\boldsymbol{\alpha}_1) \in \boldsymbol{W}_1, \sigma(\boldsymbol{\alpha}_2) \in \boldsymbol{W}_2$,由此得

$$\sigma(\boldsymbol{\alpha}) = \sigma(\boldsymbol{\alpha}_1) + \sigma(\boldsymbol{\alpha}_2) \in \boldsymbol{W}_1 + \boldsymbol{W}_2$$

所以 $\boldsymbol{W}_1 + \boldsymbol{W}_2$ 是 σ - 子空间.

【例 4】 设 $\sigma \in L(V_n), f(x), g(x) \in \mathbb{F}[x], h(x) = f(x)g(x)$. 证明:若 $(f(x), g(x)) = 1$,则 $\ker h(\sigma) = \ker f(\sigma) \oplus \ker g(\sigma)$.

证明 先证明 $\ker h(x) = \ker f(\sigma) + \ker g(\sigma)$. 对任意的 $\boldsymbol{\xi} = \boldsymbol{\alpha} + \boldsymbol{\beta} \in \ker f(\sigma) + \ker g(\sigma)$,这里 $\boldsymbol{\alpha} \in \ker f(\sigma), \boldsymbol{\beta} \in \ker g(\sigma)$,因为 $h(x) = f(x)g(x)$,所以 $h(\sigma) = f(\sigma)g(\sigma)$,于是

$$h(\sigma)(\boldsymbol{\xi}) = f(\sigma)g(\sigma)(\boldsymbol{\alpha} + \boldsymbol{\beta}) = 0$$

因此 $\boldsymbol{\xi} \in \ker h(\sigma)$,故

$$\ker f(\sigma) + \ker g(\sigma) \subseteq \ker h(\sigma)$$

另一方面,因 $(f(x), g(x)) = 1$,存在 $u(x), v(x) \in \mathbb{F}[x]$,使得 $f(x)u(x) + g(x)v(x) = 1$,从而 $f(\sigma)u(\sigma) + g(\sigma)v(\sigma) = \iota$. 于是,对任意的 $\boldsymbol{\xi} \in \ker h(\sigma)$,有

$$\boldsymbol{\xi} = \iota(\boldsymbol{\xi}) = u(\sigma)f(\sigma)(\boldsymbol{\xi}) + v(\sigma)g(\sigma)(\boldsymbol{\xi})$$

而

$$f(\sigma)g(\sigma)(\boldsymbol{\xi}) = g(\sigma)f(\sigma)(\boldsymbol{\xi}) = h(\sigma)(\boldsymbol{\xi}) = \mathbf{0}$$

故

$$u(\sigma)f(\sigma)g(\sigma)(\boldsymbol{\xi}) = \mathbf{0}, v(\sigma)g(\sigma)f(\sigma)(\boldsymbol{\xi}) = \mathbf{0}$$

即

$$g(\sigma)u(\sigma)f(\sigma)(\boldsymbol{\xi}) = \mathbf{0}, f(\sigma)v(\sigma)g(\sigma)(\boldsymbol{\xi}) = \mathbf{0}$$

于是

$$u(\sigma)f(\sigma)(\boldsymbol{\xi}) \in \ker g(\sigma), v(\sigma)g(\sigma)(\boldsymbol{\xi}) \in \ker f(\sigma)$$

所以

$$\ker h(\sigma) \subseteq \ker f(\sigma) + \ker g(\sigma)$$

这样就证明了

$$\ker f(\sigma) + \ker g(\sigma) = \ker h(\sigma)$$

然后证明 $\ker f(\sigma) \cap \ker g(\sigma) = 0$. 对任意的 $\boldsymbol{\xi} \in \ker f(\sigma) \cap \ker g(\sigma)$,有 $f(\sigma)(\boldsymbol{\xi}) = g(\sigma)(\boldsymbol{\xi}) = \mathbf{0}$,因此

$$\boldsymbol{\xi} = u(\sigma)f(\sigma)(\boldsymbol{\xi}) + v(\sigma)g(\sigma)(\boldsymbol{\xi}) = \mathbf{0}$$

故 $\ker f(\sigma) \cap \ker g(\sigma) = \mathbf{0}$. 综上 $\ker f(\sigma) + \ker g(\sigma) = \ker h(\sigma)$.

【例 5】 设 $\sigma \in L(\boldsymbol{V}_n), \boldsymbol{\alpha}_1, \cdots, \boldsymbol{\alpha}_s$ 是 σ 的属于不同特征值 $\lambda_1, \cdots, \lambda_s$ 的特征

向量，W 是 V 的 σ - 子空间. 若 $\boldsymbol{\alpha}_1+\cdots+\boldsymbol{\alpha}_s\in W$，则 $\dim W\geqslant s$.

证明　因为属于不同特征值的特征向量线性无关，所以 $\boldsymbol{\alpha}_1,\cdots,\boldsymbol{\alpha}_s$ 线性无关，要证明 $\dim W\geqslant s$，只需证明 $\boldsymbol{\alpha}_i\in W, i=1,\cdots,s$，对 s 用归纳法.

当 $s=1$ 时，$\boldsymbol{\alpha}_1\in W$，结论显然成立. 假设 $s-1$ 时，结论成立，考虑 s 时的情形. 令 $\boldsymbol{\alpha}=\boldsymbol{\alpha}_1+\cdots+\boldsymbol{\alpha}_s\in W$. 构作多项式

$$f(\lambda)=(\lambda-\lambda_1)\cdots(\lambda-\lambda_{s-1})$$

因为 W 为 σ - 子空间，所以 W 也是 $f(\sigma)$ - 子空间，于是

$$f(\sigma)(\boldsymbol{\alpha})=f(\sigma)(\boldsymbol{\alpha}_1)+\cdots+f(\sigma)(\boldsymbol{\alpha}_s)\in W$$

注意到

$$f(\sigma)(\boldsymbol{\alpha}_i)=(\sigma-\lambda_1\iota)\cdots(\sigma-\lambda_{s-1}\iota)(\boldsymbol{\alpha}_i)=\mathbf{0}$$

这里 $i=1,\cdots,s-1$. 所以 $f(\sigma)(\boldsymbol{\alpha}_s)\in W$. 又因为 $f(\lambda)$ 与 $\lambda-\lambda_s$ 互素，于是存在 $u(\lambda),v(\lambda)\in\mathbb{F}$ 使得

$$u(\lambda)f(\lambda)+v(\lambda)(\lambda-\lambda_s)=1$$

因此

$$u(\sigma)f(\sigma)+v(\sigma)(\sigma-\lambda_s\iota)=\iota$$

进而

$$u(\sigma)f(\sigma)(\boldsymbol{\alpha}_s)+v(\sigma)(\sigma-\lambda_s\iota)(\boldsymbol{\alpha}_s)=\boldsymbol{\alpha}_s$$

由 $(\sigma-\lambda_s\iota)(\boldsymbol{\alpha}_s)=\mathbf{0}$，故 $u(\sigma)f(\sigma)(\boldsymbol{\alpha}_s)=\boldsymbol{\alpha}_s$. 前面证明了 $f(\sigma)(\boldsymbol{\alpha}_s)\in W$，而 W 是 $u(\sigma)$ - 子空间，所以 $\boldsymbol{\alpha}_s=u(\sigma)f(\sigma)(\boldsymbol{\alpha}_s)\in W$. 进而 $\boldsymbol{\alpha}-\boldsymbol{\alpha}_s\in W$，由归纳假设可知 $\boldsymbol{\alpha}_1,\cdots,\boldsymbol{\alpha}_{s-1}\in W$.

【例 6】　设 σ 是数域 $\mathbb{F}$ 上向量空间 V 的一个线性变换，并且满足条件 $\sigma^2=\sigma$. 证明：

(1) $\ker\sigma=\{\boldsymbol{\xi}-\sigma(\boldsymbol{\xi})\mid\boldsymbol{\xi}\in V\}$.

(2) $V=\ker\sigma\oplus\operatorname{Im}\sigma$.

(3) 如果 τ 是 V 的一个线性变换，那么 $\ker\sigma$ 和 $\operatorname{Im}\sigma$ 都在 τ 之下不变的充要条件是 $\sigma\tau=\tau\sigma$.

证明　(1) 令 $M=\{\boldsymbol{\xi}-\sigma(\boldsymbol{\xi})\mid\boldsymbol{\xi}\in V\}$，下证 $\ker\sigma=M$. 对任意 $\boldsymbol{\alpha}\in\ker\sigma$，有 $\sigma(\boldsymbol{\alpha})=\mathbf{0}$，于是 $\boldsymbol{\alpha}=\boldsymbol{\alpha}-\sigma(\boldsymbol{\alpha})\in M$，因此 $\ker\sigma\subseteq M$.

反之，对任意的 $\boldsymbol{\alpha}-\sigma(\boldsymbol{\alpha})\in M$，其中 $\boldsymbol{\alpha}\in V$，都有

$$\sigma(\boldsymbol{\alpha}-\sigma(\boldsymbol{\alpha}))=\sigma(\boldsymbol{\alpha})-\sigma^2(\boldsymbol{\alpha})=\mathbf{0}$$

从而 $\boldsymbol{\alpha}-\sigma(\boldsymbol{\alpha})\in\ker\sigma$，于是 $M\subseteq\ker\sigma$，所以

$$\ker\sigma=M=\{\boldsymbol{\xi}-\sigma(\boldsymbol{\xi})\mid\boldsymbol{\xi}\in V\}$$

(2) 对任意的 $\boldsymbol{\alpha} \in \boldsymbol{V}$,有

$$\boldsymbol{\alpha} = (\boldsymbol{\alpha} - \sigma(\boldsymbol{\alpha})) + \sigma(\boldsymbol{\alpha}) \in \ker \sigma + \operatorname{Im} \sigma$$

所以 $\boldsymbol{V} \subseteq \ker \sigma + \operatorname{Im} \sigma$. 又因为 $\ker \sigma + \operatorname{Im} \sigma \subseteq \boldsymbol{V}$,所以 $\boldsymbol{V} = \ker \sigma + \operatorname{Im} \sigma$. 但 $\dim \boldsymbol{V} = \dim \ker \sigma + \dim \operatorname{Im} \sigma$,从而 $\boldsymbol{V} = \ker \sigma \oplus \operatorname{Im} \sigma$.

(3) 必要性　由(2),对任意的 $\boldsymbol{\alpha} \in \boldsymbol{V}$,有 $\boldsymbol{\alpha} = \boldsymbol{\alpha}_1 + \boldsymbol{\alpha}_2$,其中 $\boldsymbol{\alpha}_1 \in \ker \sigma$, $\boldsymbol{\alpha}_2 \in \operatorname{Im} \sigma$. 于是存在 $\boldsymbol{\beta} \in \boldsymbol{V}$,使得 $\boldsymbol{\alpha}_2 = \sigma(\boldsymbol{\beta})$,而 $\sigma(\boldsymbol{\alpha}_1) = \mathbf{0}$. 由 $\ker \sigma$ 是 τ 的不变子空间,所以由 $\boldsymbol{\alpha}_1 \in \ker \sigma$,得 $\tau(\boldsymbol{\alpha}_1) \in \ker \sigma$,于是 $\sigma\tau(\boldsymbol{\alpha}_1) = \mathbf{0}$.

又因为 $\sigma(\boldsymbol{\beta}) \in \operatorname{Im} \sigma$,而 $\operatorname{Im} \sigma$ 是 τ 的不变子空间,所以 $\tau\sigma(\boldsymbol{\beta}) \in \operatorname{Im} \sigma$,于是存在 $\boldsymbol{\alpha}_3 \in \boldsymbol{V}$,使得 $\tau\sigma(\boldsymbol{\beta}) = \sigma(\boldsymbol{\alpha}_3)$,从而

$$\sigma\tau(\boldsymbol{\alpha}) = \sigma\tau(\boldsymbol{\alpha}_1) + \sigma\tau(\boldsymbol{\alpha}_2) = \sigma\tau(\boldsymbol{\alpha}_2) = \sigma\tau(\sigma(\boldsymbol{\beta})) = \sigma(\tau\sigma(\boldsymbol{\beta})) = \sigma^2(\boldsymbol{\alpha}_3) = \sigma(\boldsymbol{\alpha}_3)$$

$$\tau\sigma(\boldsymbol{\alpha}) = \tau\sigma(\boldsymbol{\alpha}_1) + \tau\sigma(\boldsymbol{\alpha}_2) = \tau(\mathbf{0}) + \tau\sigma^2(\boldsymbol{\beta}) = \tau\sigma(\boldsymbol{\beta}) = \sigma(\boldsymbol{\alpha}_3)$$

所以 $\sigma\tau(\boldsymbol{\alpha}) = \tau\sigma(\boldsymbol{\alpha})$. 由 $\boldsymbol{\alpha}$ 是任意的,得 $\sigma\tau = \tau\sigma$.

充分性　对任意 $\boldsymbol{\xi} \in \ker \sigma$,有 $\sigma(\boldsymbol{\xi}) = \mathbf{0}$. 于是

$$\sigma\tau(\boldsymbol{\xi}) = \tau\sigma(\boldsymbol{\xi}) = \tau(\mathbf{0}) = \mathbf{0}$$

即 $\tau(\boldsymbol{\xi}) \in \ker \sigma$,从而 $\ker \sigma$ 是 τ 的不变子空间.

对任意 $\boldsymbol{\xi} \in \operatorname{Im} \sigma$,存在 $\boldsymbol{\alpha} \in \boldsymbol{V}$,使得 $\sigma(\boldsymbol{\alpha}) = \boldsymbol{\xi}$. 于是

$$\tau(\boldsymbol{\xi}) = \tau(\sigma(\boldsymbol{\alpha})) = \sigma\tau(\boldsymbol{\alpha}) \in \operatorname{Im} \sigma$$

从而 $\operatorname{Im} \sigma$ 是 τ 的不变子空间.

【例 7】　设 σ 为 $\mathbb{F}$ 上 n 维向量空间 $\boldsymbol{V}$ 的线性变换. 令

$$\boldsymbol{V}_0 = \{\boldsymbol{\alpha} \mid \boldsymbol{\alpha} \in \boldsymbol{V}, \text{存在正整数 } m \text{ 使得 } \sigma^m(\boldsymbol{\alpha}) = \mathbf{0}\}$$

$$\boldsymbol{V}_1 = \bigcap_{i=1}^{\infty} \sigma^i(\boldsymbol{V})$$

求证:(1) $\boldsymbol{V}_0, \boldsymbol{V}_1$ 都是 σ - 子空间.

(2) $\sigma|_{\boldsymbol{V}_0}$ 是幂零变换, $\sigma|_{\boldsymbol{V}_1}$ 是可逆的.

(3) $\boldsymbol{V} = \boldsymbol{V}_0 + \boldsymbol{V}_1$.

证明　(1) 由 $\boldsymbol{V} \supseteq \sigma(\boldsymbol{V})$,有 $\sigma(\boldsymbol{V}) \supseteq \sigma^2(\boldsymbol{V})$,因此

$$\boldsymbol{V} \supseteq \sigma(\boldsymbol{V}) \supseteq \sigma^2(\boldsymbol{V}) \supseteq \cdots$$

故必有某正整数 s 使得 $\sigma^s(\boldsymbol{V}) = \sigma^{s+1}(\boldsymbol{V}) = \cdots$,所以

$$\boldsymbol{V}_1 = \sigma^s(\boldsymbol{V}) = \sigma^{s+1}(\boldsymbol{V}) = \cdots$$

又由

$$\ker \sigma \subseteq \ker \sigma^2 \subseteq \cdots$$

故存在正整数 t 使得 $\ker \sigma^t = \ker \sigma^{t+1} = \cdots$,所以

$$V_0 = \ker \sigma^t = \ker \sigma^{t+1} = \cdots$$

由此可见 V_0, V_1 都是 σ - 子空间.

(2) 由于 $\sigma|_{V_1}(V_1) = \sigma(V_1) = V_1$,所以 $\sigma|_{V_1}$ 是可逆线性变换.又对任意 $\boldsymbol{\alpha} \in V_0$,有$(\sigma|_{V_0})^t(\boldsymbol{\alpha}) = \sigma^t(\boldsymbol{\alpha}) = \mathbf{0}$,即 $\sigma|_{V_0}$ 为幂零变换.

(3) 对任意 $\boldsymbol{\xi} \in V_0 \cap V_1$,有 $\boldsymbol{\xi} \in V_0$ 且 $\boldsymbol{\xi} \in V_1$,因此 $\sigma^m(\boldsymbol{\xi}) = \mathbf{0}$,又 $\sigma|_{V_1}$ 为可逆的,故 $\boldsymbol{\xi} = \mathbf{0}$,即

$$V_0 \cap V_1 = \{\mathbf{0}\}$$

又由(1)知 $\sigma^s(V) = \sigma^{2s}(V)$,因此对任意 $\boldsymbol{\alpha} \in V$,必存在 $\boldsymbol{\beta} \in V$,使得 $\sigma^s(\boldsymbol{\alpha}) = \sigma^{2s}(\boldsymbol{\beta})$,所以 $\sigma^s(\boldsymbol{\alpha} - \sigma^s(\boldsymbol{\beta})) = \mathbf{0}$,于是 $\boldsymbol{\alpha} - \sigma^s(\boldsymbol{\beta}) \in V_0$.而 $\sigma^s(\boldsymbol{\beta}) \in V_1$,故

$$\boldsymbol{\alpha} = (\boldsymbol{\alpha} - \sigma^s(\boldsymbol{\beta})) + \sigma^s(\boldsymbol{\beta}) \in V_0 + V_1$$

即 $V \subseteq V_0 + V_1$.反之,显然有 $V_0 + V_1 \subseteq V$,因此

$$V = V_0 + V_1$$

因此 $V = V_0 \oplus V_1$.

6.3　特征值和特征向量

一、相关知识

设 $\boldsymbol{A} = (a_{ij})$ 为 n 阶复矩阵,$\lambda_1,\cdots,\lambda_n$ 为$\boldsymbol{A}$ 的全部特征根,$f_{\boldsymbol{A}}(\lambda)$ 为 $\boldsymbol{A}$ 的特征多项式,则

(1) 设 $f_{\boldsymbol{A}}(\lambda) = \lambda^n + a_1\lambda^{n-1} + \cdots + a_n$,则

$$(-1)^k a_k = \sum_{1 \leqslant i_1 < \cdots < i_k \leqslant n} \lambda_{i_1}\lambda_{i_2}\cdots\lambda_{i_k} = \sum(\boldsymbol{A} \text{ 的 } k \text{ 阶主子式})$$

特别地

$$-a_1 = \sum_i \lambda_i = \operatorname{tr} \boldsymbol{A}$$

$$a_2 = \sum_{i<j} \lambda_i\lambda_j = \sum_{i<j} (a_{ii}a_{jj} - a_{ij}a_{ji})$$

$$(-1)^n a_n = \lambda_1\lambda_2\cdots\lambda_n = |\boldsymbol{A}|$$

(2) 相似矩阵有相同的特征多项式,因此有相同的特征根;$\boldsymbol{A}$ 和$\boldsymbol{A}^{\mathrm{T}}$有相同的特征多项式.

(3) Hamilton - Cayley 定理:$f_{\boldsymbol{A}}(\boldsymbol{A}) = 0$.

(4) $\boldsymbol{A}$ 的属于不同特征值的特征向量必线性无关.具体地说,若 $\boldsymbol{\alpha}_{i1},\cdots,\boldsymbol{\alpha}_{ik_i}$

是A的属于特征值$\lambda_i(1 \leqslant i \leqslant s)$的线性无关的特征向量,则$\{a_{ij} \mid 1 \leqslant j \leqslant k_i, 1 \leqslant i \leqslant s\}$必线性无关.

二、例题

【例1】 A是n阶可逆矩阵,$\lambda_1,\cdots,\lambda_n$为$A$的全部特征根.求证:

$$\lambda_1^{-1},\cdots,\lambda_n^{-1}$$

为A^{-1}的全部特征根.

证明 由题设知$|\lambda I - A| = (\lambda - \lambda_1)\cdots(\lambda - \lambda_n)$.因为$A$可逆,所以$|-A| = (-1)^n\lambda_1\cdots\lambda_n \neq 0$,于是

$$|\lambda I - A^{-1}| = |\lambda A^{-1}A - A^{-1}| = |-\lambda A^{-1}||\frac{1}{\lambda}I - A| =$$
$$(-\lambda)^n(\lambda_1\cdots\lambda_n)^{-1}(\frac{1}{\lambda} - \lambda_1)\cdots(\frac{1}{\lambda} - \lambda_n) =$$
$$(\lambda - \frac{1}{\lambda_1})\cdots(\lambda - \frac{1}{\lambda_n})$$

所以$\lambda_1^{-1},\cdots,\lambda_n^{-1}$为$A^{-1}$的全部特征根.

【例2】 A是n阶矩阵,$\lambda_1,\cdots,\lambda_n$为$A$的全部特征根,$g(x)$是一个$\mathbb{F}$上的多项式,求证:$g(\lambda_1),\cdots,g(\lambda_n)$为$g(A)$的全部特征根.

证明 由题设知$f_A(\lambda) = |\lambda I - A| = (\lambda - \lambda_1)\cdots(\lambda - \lambda_n)$.设$g(x)$的次数为$m$,对给定的$\lambda \in \mathbb{C}$,设$\lambda - g(x) = a(x - c_1)\cdots(x - c_m)$,则有

$$|\lambda I - g(A)| = |a(A - c_1 I)\cdots(A - c_m)I| =$$
$$a^n|A - c_1 I|\cdots|A - c_m I| =$$
$$a^n(-1)^{mn}|c_1 I - A|\cdots|c_m I - A| =$$
$$a^n(-1)^{mn}f_A(c_1)\cdots f_A(c_m) =$$
$$a^n(-1)^{mn}\prod_{i=1}^{m}\prod_{j=1}^{n}(c_i - \lambda_j) =$$
$$a^n\prod_{j=1}^{n}\prod_{i=1}^{m}(\lambda_j - c_i) =$$
$$\prod_{j=1}^{n}a\prod_{i=1}^{m}(\lambda_j - c_i) =$$
$$\prod_{j=1}^{n}(\lambda - g(\lambda_j))$$

即$g(\lambda_1),\cdots,g(\lambda_n)$为$g(A)$的全部特征根.

【例3】 设A是复数域$\mathbb{C}$上的n阶矩阵,证明:存在可逆矩阵P,使得$P^{-1}AP$

为上三角矩阵.

证明 设 $\boldsymbol{A}$ 的特征多项式为 $|\lambda\boldsymbol{I}-\boldsymbol{A}|=(\lambda-\lambda_1)\cdots(\lambda-\lambda_n)$. 对 n 用归纳法.

当 $n=1$ 时,结论显然成立.假定结论对 $n-1$ 阶矩阵成立,考虑 n 时的情形.设 $\boldsymbol{\xi}_1,\cdots,\boldsymbol{\xi}_n$ 是 n 个线性无关的列向量,其中 $\boldsymbol{\xi}_1$ 是属于 $\boldsymbol{A}$ 的特征值 λ_1 的特征向量.记 $\boldsymbol{P}_1=(\boldsymbol{\xi}_1,\cdots,\boldsymbol{\xi}_n)$,于是

$$\boldsymbol{AP}_1=(\boldsymbol{A\xi}_1,\boldsymbol{A\xi}_2,\cdots,\boldsymbol{A\xi}_n)=(\lambda_1\boldsymbol{\xi}_1,\boldsymbol{A\xi}_2,\boldsymbol{A\xi}_n)$$

由于 $\boldsymbol{\xi}_1,\cdots,\boldsymbol{\xi}_n$ 是 $\mathbb{C}^n$ 的基,所以 $\boldsymbol{A\xi}_i$ 可由 $\boldsymbol{\xi}_1,\cdots,\boldsymbol{\xi}_n$ 线性表示,即

$$\boldsymbol{A\xi}_i=b_{1i}\boldsymbol{\xi}_1+b_{2i}\boldsymbol{\xi}_2+\cdots+b_{ni}\boldsymbol{\xi}_n,\ i=2,3,\cdots,n$$

于是

$$\boldsymbol{AP}_1=(\lambda_1\boldsymbol{\xi}_1,\boldsymbol{A\xi}_2,\cdots,\boldsymbol{A\xi}_n)=(\boldsymbol{\xi}_1,\cdots,\boldsymbol{\xi}_n)\begin{bmatrix}\lambda_1 & b_{12} & \cdots & b_{1n}\\ 0 & b_{22} & \cdots & b_{2n}\\ \vdots & \vdots & \ddots & \vdots\\ 0 & b_{n2} & \cdots & b_{nn}\end{bmatrix}$$

即

$$\boldsymbol{P}_1^{-1}\boldsymbol{AP}_1=(\boldsymbol{\xi}_1,\cdots,\boldsymbol{\xi}_n)^{-1}(\lambda_1\boldsymbol{\xi}_1,\boldsymbol{A\xi}_2,\cdots,\boldsymbol{A\xi}_n)=\begin{bmatrix}\lambda_1 & b_{12} & \cdots & b_{1n}\\ 0 & b_{22} & \cdots & b_{2n}\\ \vdots & \vdots & \ddots & \vdots\\ 0 & b_{n2} & \cdots & b_{nn}\end{bmatrix}=\begin{bmatrix}\lambda_1 & b_{12} & \cdots & b_{1n}\\ 0 & & & \\ \vdots & & \boldsymbol{A}_1 & \\ 0 & & & \end{bmatrix}$$

因为相似矩阵有相同的特征多项式,所以 $\boldsymbol{A}_1$ 的特征多项式为

$$f_{\boldsymbol{A}_1}(\lambda)=(\lambda-\lambda_2)\cdots(\lambda-\lambda_n)$$

由归纳假设,有

$$\boldsymbol{Q}^{-1}\boldsymbol{A}_1\boldsymbol{Q}=\begin{bmatrix}\lambda_2 & & *\\ & \ddots & \\ & & \lambda_n\end{bmatrix}$$

令

$$P_2 = \begin{bmatrix} 1 & \mathbf{0} \\ \mathbf{0} & Q \end{bmatrix}, P = P_1 P_2$$

则有

$$P^{-1}AP = (P_1P_2)^{-1}A(P_1P_2) =$$
$$P_2^{-1}(P_1^{-1}AP_1)P_2 =$$
$$P_2^{-1}\begin{bmatrix} \lambda_1 & b_{12} & \cdots & b_{1n} \\ 0 & & & \\ \vdots & & A_1 & \\ 0 & & & \end{bmatrix} P_2 =$$
$$\begin{bmatrix} \lambda_1 & & & * \\ & \lambda_2 & & \\ & & \ddots & \\ & & & \lambda_n \end{bmatrix}$$

【例4】 (Hamilton - Cayley) 设 A 是 n 阶矩阵，$f_A(\lambda)$ 是 A 的特征多项式，那么 $f_A(A) = 0$.

证明 设 $f_A(\lambda) = (\lambda - \lambda_1)(\lambda - \lambda_2)\cdots(\lambda - \lambda_n)$. 存在 n 阶可逆矩阵 P，使得

$$P^{-1}AP = \begin{bmatrix} \lambda_1 & & & * \\ & \lambda_2 & & \\ & & \ddots & \\ & & & \lambda_n \end{bmatrix}$$

于是

$$f_A(P^{-1}AP) = (P^{-1}AP - \lambda_1 I)\cdots(P^{-1}AP - \lambda_n I) =$$
$$\begin{bmatrix} 0 & & & * \\ & \lambda_2 - \lambda_1 & & \\ & & \ddots & \\ & & & \lambda_n - \lambda_1 \end{bmatrix} \times$$
$$\begin{bmatrix} \lambda_1 - \lambda_2 & & & * \\ & 0 & & \\ & & \ddots & \\ & & & \lambda_n - \lambda_2 \end{bmatrix} \times$$

$$(P^{-1}AP-\lambda_3 I)\cdots(P^{-1}AP-\lambda_n I)=$$

$$\begin{bmatrix} 0 & 0 & * & \cdots & * \\ & 0 & * & \cdots & * \\ & & * & \cdots & * \\ & & & \ddots & \vdots \\ & & & & * \end{bmatrix}\times$$

$$\begin{bmatrix} \lambda_1-\lambda_3 & * & * & \cdots & * \\ & \lambda_2-\lambda_3 & * & \cdots & * \\ & & 0 & \cdots & * \\ & & & \ddots & \vdots \\ & & & & \lambda_n-\lambda_3 \end{bmatrix}\times$$

$$\cdots(P^{-1}AP-\lambda_n I)=0$$

所以

$$f_A(A)=PP^{-1}f_A(A)PP^{-1}=Pf_A(P^{-1}AP)P^{-1}=\mathbf{0}$$

【例 5】　设 $A\in M_{nn}(\mathbb{C})$，$B\in M_{mm}(\mathbb{C})$，则 $f_A(B)$ 可逆当且仅当 A 与 B 无公共特征值.

证明　若 $f_A(B)$ 可逆，则 0 不是 $f_A(B)$ 的特征值. 设 $\lambda_1,\cdots,\lambda_m$ 为 B 的全部特征值，由例 2 的结论，$f_A(\lambda_1)\cdots,f_A(\lambda_m)$ 为 B 的全部特征值，于是对 B 的任意特征值 λ 都有 $f_A(\lambda)\neq 0$，即 B 的任意特征值 λ 都不是 A 的特征值.

反之，若 A 与 B 无公共特征值，则对任意 B 的特征值 λ 都有 $f_A(\lambda)\neq 0$. 由例 2 的结论，得 0 不是 $f_A(B)$ 的特征值，即 $f_A(B)$ 可逆.

【例 6】　设 $A\in M_{nn}(\mathbb{C})$ 与 $B\in M_{mm}(\mathbb{C})$ 无公共特征值，且 $\sigma(X)=AX-XB(X\in M_{nm}(\mathbb{C}))$，则 σ 是 $M_{nm}(\mathbb{C})$ 上的线性同构.

证明　显然 σ 是 $M_{nm}(\mathbb{C})$ 上的线性变换，要证明 σ 是同构只需证明 $\ker\sigma=\mathbf{0}$. 设 $X\in M_{nm}(\mathbb{C})$，使得 $\sigma(X)=\mathbf{0}$，即 $AX=XB$. 由归纳法易知 $A^kX=XB^k,\forall k\in\mathbb{N}$. 由此又推出，对任意的多项式 $f(\lambda)\in\mathbb{C}[\lambda]$，有 $f(A)X=Xf(B)$. 特别地，对 A 的特征多项式 $f_A(\lambda)$，有 $\mathbf{0}=f_A(A)X=Xf_A(B)$. 因 A 和 B 无公共的特征值，故由例 5 的结论知 $f_A(B)$ 可逆，于是 $X=\mathbf{0}$，即 σ 是单射.

【例 7】　设 $A\in M_{nn}(\mathbb{C})$ 满足条件若 λ 是 A 的特征值，则 $-\lambda$ 就不是 A 的特征值. 令 $\sigma(X)=AX+XA^{\mathrm{T}}(X\in M_{nn}(\mathbb{C}))$，则 σ 是 $M_{nn}(\mathbb{C})$ 上的一个线性同构.

证明　对 $B=-A^{\mathrm{T}}$ 应用例 6 的结论.

【例8】 设 $\boldsymbol{V}$ 为数域$\mathbb{F}$上 n 维向量空间，σ,τ 为线性变换且满足$\sigma\tau=\tau\sigma$，又设 λ 是σ 的一个特征值，则

(1) $\boldsymbol{V}^{\lambda}=\{\boldsymbol{\alpha}\in\boldsymbol{V}\mid$ 存在正整数 m 使得$(\sigma-\lambda\iota)^{m}(\boldsymbol{\alpha})=\boldsymbol{0}\}$ 是 σ 的不变子空间，其中 ι 是单位变换.

(2) $\boldsymbol{V}^{\lambda}$ 也是τ 的不变子空间.

证明 (1) 显然若 $f(x),g(x)\in\mathbb{F}[x]$，则 $f(\sigma)g(\sigma)=g(\sigma)f(\sigma)$. 对任意 $\boldsymbol{\xi}\in\boldsymbol{V}^{\lambda}$，存在 $m\in\mathbb{N}$，使得$(\sigma-\lambda\iota)^{m}(\boldsymbol{\xi})=\boldsymbol{0}$，从而

$$(\sigma-\lambda\iota)^{m}(\sigma(\boldsymbol{\xi}))=\sigma(\sigma-\lambda\iota)^{m}(\boldsymbol{\xi})=\sigma(0)=\boldsymbol{0}$$

故 $\sigma(\boldsymbol{\xi})\in\boldsymbol{V}^{\lambda}$，即 $\boldsymbol{V}^{\lambda}$ 是σ 的不变子空间.

(2) 设 $\boldsymbol{\xi}\in\boldsymbol{V}^{\lambda}$，则存在 $m\in\mathbb{N}$. 使$(\sigma-\lambda\iota)^{m}(\boldsymbol{\xi})=\boldsymbol{0}$. 由 $\sigma\tau=\tau\sigma$，易知$(\sigma-\lambda\iota)^{m}\tau=\tau(\sigma-\lambda\iota)^{m}$，所以

$$(\sigma-\lambda\iota)^{m}(\tau(\boldsymbol{\xi}))=\tau(\sigma-\lambda\iota)^{m}(\boldsymbol{\xi})=\tau(\boldsymbol{0})=\boldsymbol{0}$$

故 $\tau(\boldsymbol{\xi})\in\boldsymbol{V}^{\lambda}$，即 $\boldsymbol{V}^{\lambda}$ 是τ 的不变子空间.

【例9】 设 $\boldsymbol{A},\boldsymbol{B}$ 分别是n,m 阶复矩阵. 求证：矩阵方程 $\boldsymbol{AX}-\boldsymbol{XB}=\boldsymbol{0}$ 只有零解的充分必要条件是 $\boldsymbol{A}$ 与 $\boldsymbol{B}$ 没有公共特征值.

证明 如果 $\boldsymbol{A},\boldsymbol{B}$ 有共同的特征根λ，则 λ 也是$\boldsymbol{B}^{\mathrm{T}}$ 的特征根. 于是分别存在 $\boldsymbol{A},\boldsymbol{B}^{\mathrm{T}}$ 的属于 λ 的特征向量 $\boldsymbol{\xi},\boldsymbol{\zeta}$，使 $\boldsymbol{A\xi}=\lambda\boldsymbol{\xi},\boldsymbol{B}^{\mathrm{T}}\boldsymbol{\zeta}=\lambda\boldsymbol{\zeta}$，所以

$$\boldsymbol{\zeta}^{\mathrm{T}}\boldsymbol{B}=(\boldsymbol{B}^{\mathrm{T}}\boldsymbol{\zeta})^{\mathrm{T}}=\lambda\boldsymbol{\xi}^{\mathrm{T}}$$

于是 $\boldsymbol{A\xi\zeta}^{\mathrm{T}}=\lambda\boldsymbol{\xi\zeta}^{\mathrm{T}}=\boldsymbol{\xi\zeta}^{\mathrm{T}}\boldsymbol{B}$. 故 $\boldsymbol{AX}=\boldsymbol{XB}$ 有非零解 $\boldsymbol{\xi\zeta}^{\mathrm{T}}$.

反之，设 $\boldsymbol{AX}\neq\boldsymbol{XB}$ 有非零解 X_0. 注意到

$$\boldsymbol{A}^2X_0=\boldsymbol{A}X_0\boldsymbol{B}=X_0\boldsymbol{B}^2$$

由归纳法易得

$$\boldsymbol{A}^nX_0=X_0\boldsymbol{B}^n,\forall n\in\mathbb{N}$$

进而对任意的复系数多项式 $f(x)$，有 $f(\boldsymbol{A})X_0=X_0f(\boldsymbol{B})$. 若 $\boldsymbol{A}$ 和 $\boldsymbol{B}$ 没有公共的特征根，则$(f_{\boldsymbol{A}}(\lambda),f_{\boldsymbol{B}}(\lambda))=1$，其中 $f_{\boldsymbol{A}},f_{\boldsymbol{B}}$ 分别为$\boldsymbol{A},\boldsymbol{B}$ 的特征多项式. 存在多项式 g_1,g_2 使 $g_1f_{\boldsymbol{A}}=1-g_2f_{\boldsymbol{B}}$. 由 Hamiltom – Cayley 定理，$f_{\boldsymbol{A}}(\boldsymbol{A})=0,f_{\boldsymbol{B}}(\boldsymbol{B})=0$. 所以

$$0=g_1(\boldsymbol{A})f_{\boldsymbol{A}}(\boldsymbol{A})X_0=(\boldsymbol{I}-g_2(\boldsymbol{A})f_{\boldsymbol{B}}(\boldsymbol{A}))X_0=$$
$$X_0(\boldsymbol{I}-g_2(\boldsymbol{B})f_{\boldsymbol{B}}(\boldsymbol{B}))=X_0$$

与 X_0 非零矛盾.

6.4　相似矩阵与可对角化

一、相关知识

1. 设 $\boldsymbol{A},\boldsymbol{B}\in M_n(\mathbb{F})$，若存在可逆矩阵 $\boldsymbol{T}\in M_n(\mathbb{F})$ 使得 $\boldsymbol{B}=\boldsymbol{T}^{-1}\boldsymbol{A}\boldsymbol{T}$，则称矩阵 $\boldsymbol{A}$ 与 $\boldsymbol{B}$ 相似，记为 $\boldsymbol{A}\sim\boldsymbol{B}$.

2. 设 $\sigma\in L(V)$，σ 关于基 $\boldsymbol{\alpha}_1,\cdots,\boldsymbol{\alpha}_n$ 与 $\boldsymbol{\beta}_1,\cdots,\boldsymbol{\beta}_n$ 的矩阵分别为 $\boldsymbol{A}$ 和 $\boldsymbol{B}$，并且

$$(\boldsymbol{\beta}_1,\cdots,\boldsymbol{\beta}_n)=(\boldsymbol{\alpha}_1,\cdots,\boldsymbol{\alpha}_n)\boldsymbol{T}$$

其中 $\boldsymbol{T}$ 为由基 $\boldsymbol{\alpha}_1,\cdots,\boldsymbol{\alpha}_n$ 到 $\boldsymbol{\beta}_1,\cdots,\boldsymbol{\beta}_n$ 的过渡矩阵，则 $\boldsymbol{B}=\boldsymbol{T}^{-1}\boldsymbol{A}\boldsymbol{T}$.

3. 线性变换 σ 可对角化指的是 σ 关于 V 的某个基 $\boldsymbol{\alpha}_1,\cdots,\boldsymbol{\alpha}_n$ 的矩阵是对角形

$$\begin{bmatrix}\lambda_1 & & & \\ & \lambda_2 & & \\ & & \ddots & \\ & & & \lambda_n\end{bmatrix}$$

平行地 n 阶矩阵 $\boldsymbol{A}$ 可对角化指的是存在 n 阶可逆矩阵 $\boldsymbol{T}$，使 $\boldsymbol{T}^{-1}\boldsymbol{A}\boldsymbol{T}$ 为对角形

$$\begin{bmatrix}\lambda_1 & & & \\ & \lambda_2 & & \\ & & \ddots & \\ & & & \lambda_n\end{bmatrix}$$

二、例题

【例 1】　设 $\boldsymbol{A},\boldsymbol{B}$ 都是 n 阶方阵，如果方阵 $\boldsymbol{A}$ 可逆，则 $\boldsymbol{AB}$ 与 $\boldsymbol{BA}$ 相似.

证明　由于 $\boldsymbol{A}$ 可逆，所以

$$\boldsymbol{BA}=(\boldsymbol{A}^{-1}\boldsymbol{A})(\boldsymbol{BA})=\boldsymbol{A}^{-1}(\boldsymbol{AB})\boldsymbol{A}$$

即 $\boldsymbol{AB}$ 与 $\boldsymbol{BA}$ 相似.

【例 2】　方阵 $\boldsymbol{A}$ 与 $\boldsymbol{B}$ 相似的充分必要条件是存在方阵 $\boldsymbol{P},\boldsymbol{Q}$ 使 $\boldsymbol{A}=\boldsymbol{PQ}$，$\boldsymbol{B}=\boldsymbol{QP}$，且 $\boldsymbol{P},\boldsymbol{Q}$ 中至少有一个是可逆矩阵.

证明　设 $\boldsymbol{A}$ 与 $\boldsymbol{B}$ 相似，则存在可逆矩阵 $\boldsymbol{P}$，使得 $\boldsymbol{P}^{-1}\boldsymbol{AP}=\boldsymbol{B}$. 令 $\boldsymbol{Q}=\boldsymbol{P}^{-1}\boldsymbol{A}$，则有 $\boldsymbol{A}=\boldsymbol{PQ}$，$\boldsymbol{B}=\boldsymbol{QP}$，其中 $\boldsymbol{P}$ 是可逆的.

反之，设 $\boldsymbol{A}=\boldsymbol{PQ}$，$\boldsymbol{B}=\boldsymbol{QP}$，且 $\boldsymbol{P}$ 可逆，则 $\boldsymbol{P}^{-1}\boldsymbol{A}=\boldsymbol{Q}$，$\boldsymbol{BP}^{-1}=\boldsymbol{Q}$，从而有 $\boldsymbol{P}^{-1}\boldsymbol{AP}=\boldsymbol{B}$，即 $\boldsymbol{A}$ 与 $\boldsymbol{B}$ 相似.

【例 3】 设 $\boldsymbol{A},\boldsymbol{B}$ 都是 n 方阵,且 $\boldsymbol{A}\sim\boldsymbol{B}$,证明:

(1) 对任意数 c,有 $c\boldsymbol{A}\sim c\boldsymbol{B}$;

(2) 对任意正整数 k,有 $\boldsymbol{A}^k\sim\boldsymbol{B}^k$;

(3) 当 $\boldsymbol{A},\boldsymbol{B}$ 可逆时,有 $\boldsymbol{A}^{-1}\sim\boldsymbol{B}^{-1}$;

(4) 对任意多项式 $f(x)$,有 $f(\boldsymbol{A})\sim f(B)$;

(5) $\boldsymbol{A}^*\sim\boldsymbol{B}^*$.

证明 (1) 因为 $\boldsymbol{A}\sim\boldsymbol{B}$,所以存在可逆矩阵 $\boldsymbol{P}$,使 $\boldsymbol{P}^{-1}\boldsymbol{AP}=\boldsymbol{B}$. 于是 $\boldsymbol{P}^{-1}(c\boldsymbol{A})\boldsymbol{P}=c\boldsymbol{P}^{-1}\boldsymbol{AP}=c\boldsymbol{B}$.

(2) 若 $k=0$,由 $\boldsymbol{A}^k=\boldsymbol{B}^k=\boldsymbol{I}$,所以 $\boldsymbol{A}^k\sim\boldsymbol{B}^k$. 若 $k>0$,设 $\boldsymbol{P}^{-1}\boldsymbol{AP}=\boldsymbol{B}$,则 $(\boldsymbol{P}^{-1}\boldsymbol{AP})^k=\boldsymbol{B}^k$,即 $\boldsymbol{P}^{-1}\boldsymbol{A}^k\boldsymbol{P}=\boldsymbol{B}^k$,从而 $\boldsymbol{A}^k=\boldsymbol{B}^k$.

(3) 设 $\boldsymbol{P}^{-1}\boldsymbol{AP}=\boldsymbol{B}$,则 $(\boldsymbol{P}^{-1}\boldsymbol{AP})^{-1}=\boldsymbol{B}^{-1}$,即 $\boldsymbol{P}^{-1}\boldsymbol{A}^{-1}\boldsymbol{P}=\boldsymbol{B}^{-1}$,从而 $\boldsymbol{A}^{-1}\sim\boldsymbol{B}^{-1}$.

(4) 设 $f(x)=a_mx^m+\cdots+a_1x+a_0$,则

$$\begin{aligned}f(\boldsymbol{B})=&a_m\boldsymbol{B}^m+\cdots+a_1\boldsymbol{B}+a_0\boldsymbol{I}=a_m(\boldsymbol{P}^{-1}\boldsymbol{AP})^m+\cdots+a_1(\boldsymbol{P}^{-1}\boldsymbol{AP})+a_0\boldsymbol{I}=\\&a_m\boldsymbol{P}^{-1}\boldsymbol{A}^m\boldsymbol{P}+\cdots+a_1\boldsymbol{P}^{-1}\boldsymbol{AP}+a_0\boldsymbol{P}^{-1}\boldsymbol{IP}=\\&\boldsymbol{P}^{-1}(a_m\boldsymbol{A}^m+\cdots+a_1\boldsymbol{A}+a_0\boldsymbol{I})\boldsymbol{P}=\\&\boldsymbol{P}^{-1}f(\boldsymbol{A})\boldsymbol{P}\end{aligned}$$

从而 $f(\boldsymbol{A})\sim f(\boldsymbol{B})$.

(5) $\boldsymbol{B}^*=(\boldsymbol{P}^{-1}\boldsymbol{AP})^*=\boldsymbol{P}^*\boldsymbol{A}^*(\boldsymbol{P}^{-1})^*=\boldsymbol{P}^*\boldsymbol{A}^*(\boldsymbol{P}^*)^{-1}$,所以 $\boldsymbol{A}^*\sim\boldsymbol{B}^*$.

【例 4】 已知 2 阶矩阵 $\lambda\boldsymbol{A}=\begin{bmatrix}a&b\\c&d\end{bmatrix}$.

(1) 若 $|\boldsymbol{A}|<0$,判定 $\boldsymbol{A}$ 是否可对角化,并说明理由;

(2) 若 $ad-bc=1$, $|a+d|>2$,判定 $\boldsymbol{A}$ 是否可对角化,并说明理由.

证明 (1) $\boldsymbol{A}$ 可对角化. 设 λ_1,λ_2 为 $\boldsymbol{A}$ 的特征值,则由 $\lambda_1\lambda_2=|\boldsymbol{A}|<0$ 知 λ_1 与 λ_2 异号,因而 $\boldsymbol{A}$ 的两个特征值互异,故 $\boldsymbol{A}$ 可对角化.

(2) $\boldsymbol{B}$ 的特征多项式为

$$f_A(\lambda)=|\lambda\boldsymbol{I}-\boldsymbol{A}|=\begin{vmatrix}\lambda-a&-b\\-c&\lambda-d\end{vmatrix}=$$

$$\lambda^2-(a+d)\lambda+ad-bc=\lambda^2-(a+d)\lambda+1$$

因为 $|a+d|>2$,所以 $f_A(\lambda)$ 的判别式 $\Delta=(a+d)-4>0$. 故 $\boldsymbol{A}$ 有两个不等的非零实特征根,从而 $\boldsymbol{A}$ 可对角化.

【例 5】 若 n 阶方阵 $\boldsymbol{A}\neq0$,但 $\boldsymbol{A}^k=0$,这里 k 为某正整数,证明: $\boldsymbol{A}$ 不可对角化.

证明　用反证法.假设 $\boldsymbol{A}$ 可对角化,则存在 n 阶可逆阵 $\boldsymbol{P}$,使得

$$\boldsymbol{P}^{-1}\boldsymbol{A}\boldsymbol{P} = \mathrm{diag}(\lambda_1,\cdots,\lambda_n) = \boldsymbol{B}$$

由 $\boldsymbol{A}^k = \boldsymbol{0}$,得

$$\boldsymbol{B}^k = (\boldsymbol{P}^{-1}\boldsymbol{A}\boldsymbol{P})^k = \boldsymbol{P}^{-1}\boldsymbol{A}^k\boldsymbol{P} = \boldsymbol{0}$$

但 $\boldsymbol{B}^k = \mathrm{diag}(\lambda_1^k,\cdots,\lambda_n^k)$,故 $\lambda_1^k = \cdots = \lambda_n^k = 0$,即 $\lambda_1 = \cdots = \lambda_n = 0$.于是 $\boldsymbol{A} = \boldsymbol{P}\boldsymbol{B}\boldsymbol{P}^{-1} = \boldsymbol{P}\boldsymbol{0}\boldsymbol{P}^{-1} = \boldsymbol{0}$,与 $\boldsymbol{A} \neq \boldsymbol{0}$ 矛盾,所以 $\boldsymbol{A}$ 不可对角化.

【例6】　设向量 $\boldsymbol{\alpha} = (a_1,\cdots,a_n)$,$\boldsymbol{\beta} = (b_1,\cdots,b_n)$,且

$$\boldsymbol{\beta}\boldsymbol{\alpha}^{\mathrm{T}} = a_1b_1 + \cdots + a_nb_n = a \neq 0$$

令 $\boldsymbol{A} = \boldsymbol{\alpha}^{\mathrm{T}}\boldsymbol{\beta}$,证明:$\boldsymbol{A}$ 可对角化.

证明　由题设可得

$$\boldsymbol{A}^2 = (\boldsymbol{\alpha}^{\mathrm{T}}\boldsymbol{\beta})^2 = \boldsymbol{\alpha}^{\mathrm{T}}(\boldsymbol{\beta}\boldsymbol{\alpha}^{\mathrm{T}})\boldsymbol{\beta} = a\boldsymbol{\alpha}^{\mathrm{T}}\boldsymbol{\beta} = a\boldsymbol{A}$$

设 $\boldsymbol{A}\boldsymbol{\xi} = \lambda\boldsymbol{\xi}$,$\boldsymbol{\xi} \neq \boldsymbol{0}$,即 λ 为 $\boldsymbol{A}$ 的特征值,$\boldsymbol{\xi}$ 为 $\boldsymbol{A}$ 的属于 λ 的特征向量,则由 $\boldsymbol{A}^2 = a\boldsymbol{A}$ 得 $\boldsymbol{A}^2\boldsymbol{\xi} = a\boldsymbol{A}\boldsymbol{\xi}$,即 $\lambda^2\boldsymbol{\xi} = a\lambda\boldsymbol{\xi}$,也即 $\lambda(\lambda - a)\boldsymbol{\xi} = \boldsymbol{0}$.由 $\boldsymbol{\xi} \neq \boldsymbol{0}$ 知 $\lambda(\lambda - a) = 0$,所以 $\boldsymbol{A}$ 互异的特征值只有 0 和 a.又因为

$$\lambda_1 + \cdots + \lambda_n = \mathrm{tr}\,\boldsymbol{A} = a_1b_1 + \cdots + a_nb_n = a$$

所以 a 为 $\boldsymbol{A}$ 的单特征值,0 为 $\boldsymbol{A}$ 的 $n-1$ 重特征值.为证明 $\boldsymbol{A}$ 可对角化,只需证明对应于特征值 0 的特征子空间的维数为 $n-1$,即齐次线性方程组 $(0\boldsymbol{I} - \boldsymbol{A})\boldsymbol{X} = \boldsymbol{0}$ 的基础解系中有 $n-1$ 个向量,即 $R(\boldsymbol{A}) = 1$.

由 $\mathrm{tr}\,\boldsymbol{A} = a \neq 0$ 知 $a_ib_i(i = 1,\cdots,n)$ 不全为零,于是 $\boldsymbol{\alpha} \neq \boldsymbol{0}$,$\boldsymbol{\beta} \neq \boldsymbol{0}$,且 $\boldsymbol{\alpha}^{\mathrm{T}}\boldsymbol{\beta} \neq \boldsymbol{0}$,故 $R(\boldsymbol{A}) \geqslant 1$.又有

$$R(\boldsymbol{A}) = R(\boldsymbol{\alpha}^{\mathrm{T}}\boldsymbol{\beta}) \leqslant \min\{R(\boldsymbol{\alpha}),R(\boldsymbol{\beta})\} = 1$$

所以 $R(\boldsymbol{A}) = 1$.因此 $\boldsymbol{A}$ 对应特征值 0 的线性无关特征向量的个数为 $n-1$,所以 $\boldsymbol{A}$ 可对角化.

6.5　最小多项式简介

定义1　设 $\boldsymbol{A} \in M_n(\mathbb{F})$,$f(x) \in \mathbb{F}[x]$,若 $f(\boldsymbol{A}) = \boldsymbol{0}$,则称 $f(x)$ 是矩阵 $\boldsymbol{A}$ 的零化多项式.$\boldsymbol{A}$ 的次数最低的首 1 零化多项式称为 $\boldsymbol{A}$ 的最小多项式,记作 $m_{\boldsymbol{A}}(x)$.

根据 Hamilton - Cayley 定理,矩阵 $\boldsymbol{A}$ 的最小多项式的次数不大于它的特征多项式的次数.

定理1　矩阵 $\boldsymbol{A}$ 的最小多项式能整除 $\boldsymbol{A}$ 的任意零化多项式,且 $m_{\boldsymbol{A}}(x)$ 是唯

一的.

证明 设 $f(x)$ 是 $\boldsymbol{A}$ 的任意一个零化多项式,若 $m_{\boldsymbol{A}}(x)$ 不能整除 $f(x)$,则有

$$f(x)=m_{\boldsymbol{A}}(x)q(x)+r(x)$$

其中 $r(x)$ 的次数小于 $m_{\boldsymbol{A}}(x)$ 的次数.于是由

$$f(\boldsymbol{A})=m_{\boldsymbol{A}}(\boldsymbol{A})q(\boldsymbol{A})+r(\boldsymbol{A})$$

知 $r(\boldsymbol{A})=0$.这与 $m_{\boldsymbol{A}}(x)$ 是 $\boldsymbol{A}$ 的次数最低的零化多项式矛盾.

下面证明唯一性.设 $\boldsymbol{A}$ 有两个不同的最小多项式 $m_{\boldsymbol{A}}(x)$ 与 $m'_{\boldsymbol{A}}(x)$.由最小多项式的定义,可知 $m_{\boldsymbol{A}}(x)$ 与 $m'_{\boldsymbol{A}}(x)$ 的次数相同,而

$$f(x)=m_{\boldsymbol{A}}(x)-m'_{\boldsymbol{A}}(x)$$

是比 $m_{\boldsymbol{A}}(x)$ 次数低的非零多项式.将 $f(x)$ 的首项系数化为 1,它仍是 $\boldsymbol{A}$ 的零化多项式,这与 $m_{\boldsymbol{A}}(x)$ 的次数最低矛盾.

定理 2 矩阵 $\boldsymbol{A}$ 的最小多项式 $m_{\boldsymbol{A}}(x)$ 与其特征多项式 $f_{\boldsymbol{A}}(x)$ 有相同的根(不计重数).

证明 由 Hamilton - Cayley 定理知 $f_{\boldsymbol{A}}(\boldsymbol{A})=\boldsymbol{0}$,再由定理 2 知 $m_{\boldsymbol{A}}(x)$ 能够整除 $f_{\boldsymbol{A}}(x)$,所以 $m_{\boldsymbol{A}}(x)$ 的根都是 $f_{\boldsymbol{A}}(x)$ 的根.

设 λ_0 是 $f_{\boldsymbol{A}}(x)$ 的一个根,即 $\boldsymbol{A}$ 的一个特征根,那么有非零向量 $\boldsymbol{\xi}$,使得 $\boldsymbol{A\xi}=\lambda_0\boldsymbol{\xi}$,进而 $m_{\boldsymbol{A}}(\boldsymbol{A})\boldsymbol{\xi}=m_{\boldsymbol{A}}(\lambda_0)\boldsymbol{\xi}$.因为 $m_{\boldsymbol{A}}(\boldsymbol{A})=\boldsymbol{0}$,所以 $m_{\boldsymbol{A}}(\lambda_0)\boldsymbol{\xi}=\boldsymbol{0}$,从而 $m_{\boldsymbol{A}}(\lambda_0)=0$.故 $f_{\boldsymbol{A}}(x)$ 的根都是 $m_{\boldsymbol{A}}(x)$ 的根.

【例 1】 相似矩阵有相同的最小多项式.

证明 设 $\boldsymbol{B}=\boldsymbol{P}^{-1}\boldsymbol{AP}$,$m_{\boldsymbol{A}}(x)$ 和 $m_{\boldsymbol{B}}(x)$ 分别是 $\boldsymbol{A}$ 和 $\boldsymbol{B}$ 的最小多项式.由 $m_{\boldsymbol{A}}(\boldsymbol{A})=\boldsymbol{0}$,可得

$$m_{\boldsymbol{A}}(\boldsymbol{B})=m_{\boldsymbol{A}}(\boldsymbol{P}^{-1}\boldsymbol{AP})=\boldsymbol{P}^{-1}m_{\boldsymbol{A}}(\boldsymbol{A})\boldsymbol{P}=\boldsymbol{0}$$

由定理 2,$m_{\boldsymbol{B}}(x)$ 能够整除 $m_{\boldsymbol{A}}(x)$.同理可得 $m_{\boldsymbol{A}}(x)$ 能够整除 $m_{\boldsymbol{B}}(x)$.因为 $m_{\boldsymbol{A}}(x)$ 和 $m_{\boldsymbol{B}}(x)$ 都是首 1 多项式,并且可以互相整除,所以 $m_{\boldsymbol{A}}(x)=m_{\boldsymbol{B}}(x)$.

【例 2】 求证:矩阵 $\boldsymbol{A}$ 可逆的充分必要条件是 $\boldsymbol{A}$ 的最小多项式的常数项不为零.

证明 矩阵 $\boldsymbol{A}$ 可逆 $\Leftrightarrow$ $\boldsymbol{A}$ 的特征根都不为零 $\Leftrightarrow$ 零不是 $\boldsymbol{A}$ 的特征多项式的根.由特征多项式和最小多项式有相同的根,所以 $\boldsymbol{A}$ 可逆 $\Leftrightarrow$ 零不是 $\boldsymbol{A}$ 的最小多项式的根 $\Leftrightarrow$ $\boldsymbol{A}$ 的最小多项式的常数项不为零.

【例 3】 求证:n 阶矩阵

$$J = \begin{bmatrix} \lambda & 1 & & \\ & \lambda & \ddots & \\ & & \ddots & 1 \\ & & & \lambda \end{bmatrix}$$

的最小多项式为$(x-\lambda)^n$,这里 $n > 1$.

证明　易知 J 的特征多项式$f_A(x) = (x-\lambda)^n$.因为最小多项式整除特征多项式,所以 J 的最小多项式 $m_A(x)$ 一定是$(x-\lambda)^k$ 的形式,这里 $1 < k \leqslant n$.由归纳法易得

$$A - \lambda I = \begin{bmatrix} 0 & 1 & & \\ & 0 & \ddots & \\ & & \ddots & 1 \\ & & & 0 \end{bmatrix}$$

$$(A - \lambda I)^2 = \begin{bmatrix} 0 & 0 & 1 & & \\ & \ddots & \ddots & \ddots & \\ & & \ddots & \ddots & 1 \\ & & & \ddots & 0 \\ & & & & 0 \end{bmatrix}$$

$$\vdots$$

$$(A - \lambda I)^{n-1} = \begin{bmatrix} 0 & \cdots & 0 & 1 \\ 0 & \cdots & 0 & 0 \\ \vdots & \ddots & \vdots & \vdots \\ 0 & \cdots & 0 & 0 \end{bmatrix}$$

这说明 $k > n-1$,故 $k = n$.

【例 4】　设

$$A = \begin{bmatrix} A_1 & 0 \\ 0 & A_2 \end{bmatrix}$$

是分块对角矩阵,$p_1(x)$ 和 $p_2(x)$ 分别是矩阵 A_1 和 A_2 的最小多项式.求 A 的最小多项式.

证明　设 $m_A(x)$ 为 A 的最小多项式.由 $m_A(A) = 0$ 可得 $m_A(A_1) = 0$,$m_A(A_2) = 0$.因此 $m_A(x)$ 可以同时被 $p_1(x)$ 和 $p_2(x)$ 整除,故 $m_A(x)$ 能够被 $p_1(x)$ 和 $p_2(x)$ 的最小公倍式整除.设 $p_1(x)$ 和 $p_2(x)$ 的首 1 的最小公倍式为 $h(x)$,则 $h(x) \mid m_A(x)$.

另一方面,设 $h(x)=p_1(x)q_1(x)=p_2(x)q_2(x)$,则有

$$h(\boldsymbol{A})=\begin{bmatrix}h(\boldsymbol{A}_1) & \boldsymbol{0}\\ \boldsymbol{0} & h(\boldsymbol{A}_2)\end{bmatrix}=\begin{bmatrix}p_1(\boldsymbol{A}_1)q_1(\boldsymbol{A}_1) & \boldsymbol{0}\\ \boldsymbol{0} & p_2(\boldsymbol{A}_2)q_2(\boldsymbol{A}_2)\end{bmatrix}=\boldsymbol{0}$$

所以 $h(x)$ 是 $\boldsymbol{A}$ 的零化多项式,于是 $m_{\boldsymbol{A}}(x)\mid h(x)$. 又因为 $h(x)$ 和 $m_{\boldsymbol{A}}(x)$ 都是首 1 多项式,因此 $m_{\boldsymbol{A}}(x)=h(x)$.

注 更一般地,设

$$\boldsymbol{A}=\begin{bmatrix}\boldsymbol{A}_1 & & & \\ & \boldsymbol{A}_2 & & \\ & & \ddots & \\ & & & \boldsymbol{A}_k\end{bmatrix}$$

是对角分块矩阵,而 $p_i(x)$ 为 $\boldsymbol{A}_i$ 的最小多项式,$i=1,2,\cdots,k$,则 $\boldsymbol{A}$ 的最小多项式就是 $p_1(x),p_2(x),\cdots,p_k(x)$ 的首 1 的最小公倍式.

定理 3(准素分解定理) 设 $\sigma\in L(V_n)$,$p(x)$ 是 σ 的最小多项式,且

$$p(x)=(x-\lambda_1)^{r_1}\cdots(x-\lambda_k)^{r_k}$$

为 $p(x)$ 在复数域上的典型分解. 令

$$\boldsymbol{V}_i=\ker(\sigma-\lambda_i)^{r_i}=\{\boldsymbol{\xi}\in\boldsymbol{V}\mid(\sigma-\lambda_i)^{r_i}(\boldsymbol{\xi})=\boldsymbol{0}\}$$

$i=1,2,\cdots,k$,那么

(1) 每一个 $\boldsymbol{V}_i$ 都在 σ 下不变.

(2) $\boldsymbol{V}=\bigoplus_{i=1}^{k}\boldsymbol{V}_i$.

(3) 令 $\sigma_i=\sigma|_{\boldsymbol{V}_i}$ 为 σ 在 $\boldsymbol{V}_i$ 上的限制,则 σ_i 的最小多项式为 $(x-\lambda_i)^{r_i}$,$i=1,2,\cdots,k$.

证明 令

$$f_i(x)=\frac{p(x)}{(x-\lambda_i)^{r_i}}=\prod_{j\neq i}(x-\lambda_j)^{r_j},\ i=1,2,\cdots,k$$

因为 $\lambda_1,\cdots,\lambda_k$ 两两不同,所以 $f_1(x),\cdots,f_k(x)$ 互素,于是存在多项式 $u_1(x),\cdots,u_k(x)$ 使得

$$f_1(x)u_1(x)+\cdots+f_k(x)u_k(x)=1$$

令 $g_i(x)=f_i(x)u_i(x)$,$i=1,2,\cdots,k$,那么

$$g_1(x)+\cdots+g_k(x)=1$$

将 σ 代入上式得

$$g_1(\sigma)+\cdots+g_k(\sigma)=\iota$$

这里 ι 是 $\boldsymbol{V}$ 的单位变换. 于是 $\boldsymbol{V}$ 中任意向量 $\boldsymbol{\xi}$ 可以写成

$$\boldsymbol{\xi} = g_1(\sigma)(\boldsymbol{\xi}) + \cdots + g_k(\sigma)(\boldsymbol{\xi}) \qquad ①$$

令 $\boldsymbol{W}_i = g_i(\sigma)(\boldsymbol{V}) = \mathrm{Im}\,(g_i(\sigma)), i = 1,\cdots,k$.因为每个 $g_i(\sigma)$ 作为 σ 的多项式,都与 σ 可交换,因而每个 $\boldsymbol{W}_i$ 在 σ 之下不变.由等式①可知

$$\boldsymbol{V} = \boldsymbol{W}_1 + \cdots + \boldsymbol{W}_k$$

我们证明 $\boldsymbol{W}_i = \boldsymbol{V}_i = \ker(\sigma - \lambda_i)^{r_i}, i = 1,2,\cdots,k$,并且上式的和是直和.因为

$$(x - \lambda_i)^{r_i}g_i(x) = (x - \lambda_i)^{r_i}f_i(x)u_i(x) = u_i(x)p(x)$$

所以对于 $\boldsymbol{W}_i$ 中的任意向量 $g_i(\sigma)(\boldsymbol{\xi})$,其中 $\boldsymbol{\xi} \in \boldsymbol{V}$.

$$(\sigma - \lambda_i)^{r_i}g_i(\sigma)(\boldsymbol{\xi}) = \boldsymbol{0}$$

因此 $W_i \subseteq \boldsymbol{V}_i$.反之,设 $\boldsymbol{\xi}$ 是 $\boldsymbol{V}_i$ 中任意向量.当 $j \neq i$ 时,$g_j(x) = f_j(x)u_j(x)$ 能够被 $(x - \lambda_i)^{r_i}$ 整除,从而 $g_j(\sigma)(\boldsymbol{\xi}) = \boldsymbol{0}$,于是,由式①可得

$$\boldsymbol{\xi} = g_i(\sigma)(\boldsymbol{\xi}) \in \mathrm{Im}\,(g_i(\sigma)) = \boldsymbol{W}_i$$

即 $\boldsymbol{V}_i \subseteq \boldsymbol{W}_i$.于是 $\boldsymbol{V}_i = \boldsymbol{W}_i, i = 1,2,\cdots,k$,并且

$$\boldsymbol{V} = \boldsymbol{V}_1 + \cdots + \boldsymbol{V}_k \qquad ②$$

现在证明上式是直和.设 $\boldsymbol{\xi} \in \boldsymbol{V}$.那么由①

$$\boldsymbol{\xi} = g_1(\sigma)(\boldsymbol{\xi}) + \cdots + g_k(\sigma)(\boldsymbol{\xi})$$

若 $\boldsymbol{\xi}$ 还可以写成

$$\boldsymbol{\xi} = \boldsymbol{\xi}_1 + \cdots + \boldsymbol{\xi}_k, \boldsymbol{\xi}_i \in \boldsymbol{V}_i, i = 1,2,\cdots,k$$

那么由上面的证明,我们有

$$g_i(\sigma)(\boldsymbol{\xi}_i) = \boldsymbol{\xi}_i$$

而

$$g_i(\sigma)(\boldsymbol{\xi}_j) = \boldsymbol{0}, j \neq i$$

因此

$$g_i(\sigma)(\boldsymbol{\xi}) = g_i(\sigma)(\boldsymbol{\xi}_i) = \boldsymbol{\xi}_i, i = 1,2,\cdots,k$$

所以 $\boldsymbol{V}$ 中每个向量 $\boldsymbol{\xi}$ 表示成①的表示法是唯一的,从而②是直和.这就证明了①和②成立.

下面证明③.令 $\sigma_i = \sigma|_{\boldsymbol{V}_i}$.因为 $(\sigma - \lambda_i)^{r_i}(\boldsymbol{V}_i) = \{\boldsymbol{0}\}$,所以 $(x - \lambda_i)^{r_i}$ 一定能够被 σ_i 的最小多项式整除,从而 σ_i 的最小多项式一定有 $(x - \lambda_i)^{s_i}$ 的形式,这里 $0 < s_i \leqslant r_i, i = 1,2,\cdots,k$.而 $(x - \lambda_1)^{s_1},\cdots,(x - \lambda_k)^{s_k}$ 两两互素,所以由例4的注,σ 的最小多项式

$$p(x) = (x - \lambda_1)^{s_1}\cdots(x - \lambda_k)^{s_k}$$

由多项式典型分解的唯一性得出 $s_i = r_i$,即 $(x - \lambda_i)^{r_i}$ 是 σ_i 的最小多项式.

推论 1 n 维向量空间 $\boldsymbol{V}$ 的一个线性变换可对角化的充分必要条件是它的最小多项式无重根.

证明 设 σ 是 $\boldsymbol{V}$ 的一个线性变换，$p(x)$ 是 σ 的最小多项式. 设

$$p(x) = (x-\lambda_1)^{r_1}\cdots(x-\lambda_k)^{r_k}$$

为 $p(x)$ 在复数域上的典型分解. 由准素分解定理

$$\boldsymbol{V} = \boldsymbol{V}_1 \oplus \cdots \oplus \boldsymbol{V}_k$$

这里 $\boldsymbol{V}_i = \ker(\sigma-\lambda_i)^{r_i}, i = 1,2,\cdots,k$.

如果 $p(x)$ 没有重根，那么 $r_1 = \cdots = r_k = 1$，从而 $\boldsymbol{V}_i = \ker(\sigma-\lambda_i)$ 是 σ 属于特征值 λ_i 的特征子空间，因而 $\boldsymbol{V}$ 是 σ 的特征子空间的直和，所以 σ 可以对角化.

反之，如果 σ 可以对角化，那么 $\boldsymbol{V}$ 可以分解为 σ 的特征子空间的直和

$$\boldsymbol{V} = \boldsymbol{V}_1 \oplus \cdots \oplus \boldsymbol{V}_k$$

其中 $\boldsymbol{V}_i = \ker(\sigma-\lambda_i), i = 1,\cdots,k, \lambda_1,\cdots,\lambda_k$ 是 σ 的一切互不相同的特征值. 因此对任意 $\boldsymbol{\xi} \in \boldsymbol{V}_i$，有

$$\sigma(\boldsymbol{\xi}_i) = \lambda_i\boldsymbol{\xi}_i$$

即 $(\sigma-\lambda_i)(\boldsymbol{\xi}) = \boldsymbol{0}$. 所以一次多项式 $x-\lambda_i$ 是 σ 在 $\boldsymbol{V}_i$ 上的限制 $\sigma|_{\boldsymbol{V}_i}$ 的最小多项式. 再由例 4 的注，σ 的最小多项式是

$$p(x) = (x-\lambda_1)\cdots(x-\lambda_k)$$

它没有重根.

【例 5】 若 $\boldsymbol{A}^k = \boldsymbol{I}$，这里 $k \in \mathbb{N}$，则 $\boldsymbol{A}$ 在 $\mathbb{C}$ 上可对角化.

证明 由已知得 $\boldsymbol{A}^k - \boldsymbol{I} = \boldsymbol{0}$，故 $\boldsymbol{A}$ 的最小多项式能整除 x^k-1，注意到 x^k-1 无重根，所以 $\boldsymbol{A}$ 的最小多项式无重根，故 $\boldsymbol{A}$ 在 $\mathbb{C}$ 上可对角化.

6.6 若当标准形简介

定义 1 称形如

$$\begin{bmatrix} \lambda_0 & 1 & & & \\ & \lambda_0 & 1 & & \\ & & \ddots & \ddots & \\ & & & \lambda_0 & 1 \\ & & & & \lambda_0 \end{bmatrix}$$

的矩阵为以 λ_0 为特征值的若当块. 若

$$J=\begin{bmatrix} J_1 & & & \\ & J_2 & & \\ & & \ddots & \\ & & & J_s \end{bmatrix}$$

其中 $J_i(i=1,2,\cdots,s)$ 为若当块,则称 $\boldsymbol{J}$ 为若当矩阵.

定理 1　复数域$\mathbb{C}$上任何一个 n 阶矩阵 $\boldsymbol{A}$ 都相似于一个若当形矩阵 $\boldsymbol{J}$,矩阵 $\boldsymbol{J}$ 称为 $\boldsymbol{A}$ 的若当标准形.若不计若当块的排列次序,$\boldsymbol{A}$ 的若当标准形是唯一的.

【例 1】　设

$$\boldsymbol{J}=\begin{bmatrix} \lambda & 1 & & \\ & \lambda & \ddots & \\ & & \ddots & 1 \\ & & & \lambda \end{bmatrix}$$

求 $\boldsymbol{J}^k$.

证明　令 $\boldsymbol{G}=\boldsymbol{J}-\lambda\boldsymbol{I}$,则 $\boldsymbol{G}(\lambda\boldsymbol{I})=(\lambda\boldsymbol{I})\boldsymbol{G}$.于是

$$\boldsymbol{J}^k=(\lambda\boldsymbol{I}+\boldsymbol{G})k=$$

$$(\lambda\boldsymbol{I})^k+\mathrm{C}_k^1(\lambda\boldsymbol{I})^{k-1}\boldsymbol{G}+\mathrm{C}_k^2(\lambda\boldsymbol{I})^{k-2}\boldsymbol{G}^2+\cdots+\mathrm{C}_k^k\boldsymbol{G}^k=$$

$$\begin{bmatrix} \lambda^k & \mathrm{C}_k^1\lambda^{k-1} & \mathrm{C}_k^2\lambda^{k-2} & \cdots & \mathrm{C}_k^{n-2}\lambda^{k-n+2} & \mathrm{C}_k^{n-1}\lambda^{k-n+1} \\ & \lambda^k & \mathrm{C}_k^1\lambda^{k-1} & \cdots & \mathrm{C}_k^{n-3}\lambda^{k-n+3} & \mathrm{C}_k^{n-2}\lambda^{k-n+2} \\ & & \lambda^k & \cdots & \mathrm{C}_k^{n-4}\lambda^{k-n+4} & \mathrm{C}_k^{n-3}\lambda^{k-n+3} \\ & & & \ddots & \vdots & \vdots \\ & & & & \lambda^k & \mathrm{C}_k^1\lambda^{k-1} \\ & & & & & \lambda^k \end{bmatrix}$$

其中 n 为矩阵 $\boldsymbol{J}$ 的阶数,且规定当 $i>k$ 时,$\mathrm{C}_k^i=0$.

【例 2】　设 $\boldsymbol{A}$ 是 n 阶方阵,且 $\boldsymbol{A}^m=\boldsymbol{I}$.求证:$\boldsymbol{A}$ 与对角阵相似.

证明　设 $\boldsymbol{A}$ 的若当标准形为 $\boldsymbol{J}=\mathrm{diag}(\boldsymbol{J}_1,\cdots,\boldsymbol{J}_s)$,其中 $\boldsymbol{J}_i(i=1,2,\cdots,s)$ 是若当块,且 $\boldsymbol{J}=\boldsymbol{P}^{-1}\boldsymbol{A}\boldsymbol{P}$,于是

$$\boldsymbol{J}^m=(\boldsymbol{P}^{-1}\boldsymbol{A}\boldsymbol{P})^m=\boldsymbol{P}^{-1}\boldsymbol{A}^m\boldsymbol{P}=\boldsymbol{P}^{-1}\boldsymbol{I}\boldsymbol{P}=\boldsymbol{I}$$

所以 $\boldsymbol{J}_i^m=\boldsymbol{I}(i=1,2,\cdots,s)$,因此 $\boldsymbol{J}_i$ 都是 1 阶的,即 $\boldsymbol{J}$ 为对角矩阵.

【例 3】　设 $\boldsymbol{A}$ 是 n 阶方阵,且满足 $\boldsymbol{A}^2=\boldsymbol{A}$.求证:$\boldsymbol{A}$ 与对角矩阵

$$\mathrm{diag}(1,\cdots,1,0\cdots,0)$$

相似.

证明　设 $\boldsymbol{A}$ 的若当标准形为

$$J=\begin{bmatrix} J_1 & & & \\ & J_2 & & \\ & & \ddots & \\ & & & J_s \end{bmatrix}$$

其中 $J_i(i=1,2,\cdots,s)$ 是 n_i 阶若当块，且 $J=P^{-1}AP$. 由 $A^2=A$，所以

$$J^2=(P^{-1}AP)^2=P^{-1}A^2P=P^{-1}AP=J$$

从而 $J_i^2=J_i(i=1,2,\cdots,s)$，即

$$\begin{bmatrix} \lambda_i^2 & 2\lambda_i^2 & 1 & & \\ & \lambda_i^2 & 2\lambda_i^2 & \ddots & \\ & & \lambda_i^2 & \ddots & 1 \\ & & & \ddots & 2\lambda_i \\ & & & & \lambda_i^2 \end{bmatrix}=\begin{bmatrix} \lambda_i & 1 & & \\ & \lambda_i & \ddots & \\ & & \ddots & 1 \\ & & & \lambda_i \end{bmatrix}$$

上式成立当且仅当 J_i 的阶数为 1，且 $\lambda_i=\lambda_i^2$. 所以 $J_i=\mathbf{0}$，或 $J_i=I$，适当的调整 J_i 的次序，可得 $\mathrm{diag}(1,\cdots,1,0,\cdots,0)$ 仍与 A 相似.

【例 4】 设 A 是 n 阶复矩阵，则存在可对角化矩阵 D 和幂零矩阵 N，使得

(1) $A=D+N$;

(2) $DN=ND$.

证明 设 A 的若当标准形为

$$J=\begin{bmatrix} J_1 & & & \\ & J_2 & & \\ & & \ddots & \\ & & & J_s \end{bmatrix}$$

其中 $J_i(i=1,2,\cdots,s)$ 是 n_i 阶若当块，且 $J=P^{-1}AP$. 由于

$$J_i=\begin{bmatrix} \lambda_i & 1 & & \\ & \ddots & \ddots & \\ & & \ddots & 1 \\ & & & \lambda_i \end{bmatrix}=$$

$$\begin{bmatrix} 0 & 1 & & \\ & 0 & \ddots & \\ & & \ddots & 1 \\ & & & 0 \end{bmatrix}+\begin{bmatrix} \lambda_i & & & \\ & \lambda_i & & \\ & & \ddots & \\ & & & \lambda_i \end{bmatrix}=$$

$$B_i + C_i$$

记

$$B = \begin{bmatrix} B_1 & & \\ & \ddots & \\ & & B_s \end{bmatrix}, C = \begin{bmatrix} C_1 & & \\ & \ddots & \\ & & C_s \end{bmatrix}$$

令 $N = PBP^{-1}, D = PCP^{-1}$,则

$$A = PJP^{-1} = P(B + C)P^{-1} = N + D$$

注意到 $B_i^n = 0, B_iC_i = C_iB_i (i = 1,2,\cdots,s)$,所以

$$N^n = PB^nP^{-1} = 0$$

D 与对角阵 C 相似,并且

$$DN = (PCP^{-1})(PBP^{-1}) = PCBP^{-1} = PBCP^{-1} = ND$$

【例 5】 证明:任一复方阵 A 都可以表示成两个对称矩阵的乘积,并且其中一个是可逆的.

证明　设 A 的若当标准形为

$$J = \begin{bmatrix} J_1 & & & \\ & J_2 & & \\ & & \ddots & \\ & & & J_s \end{bmatrix}$$

其中 $J_i (i = 1,2,\cdots,s)$ 是 n_i 阶若当块,且 $J = P^{-1}AP$. 由于

$$J_i = \begin{bmatrix} \lambda_i & 1 & & \\ & \lambda_i & \ddots & \\ & & \ddots & 1 \\ & & & \lambda_i \end{bmatrix}_{n_i \times n_i} =$$

$$\begin{bmatrix} & & 1 & \lambda_i \\ & \iddots & \lambda_i & \\ 1 & \iddots & & \\ \lambda_i & & & \end{bmatrix}_{n_i \times n_i} \begin{bmatrix} & & 1 \\ & 1 & \\ \iddots & & \\ 1 & & \end{bmatrix}_{n_i \times n_i} =$$

$$C_iD_i$$

所以

$$J=\begin{bmatrix}J_1 & & & \\ & J_2 & & \\ & & \ddots & \\ & & & J_s\end{bmatrix}=$$

$$\begin{bmatrix}C_1 & & & \\ & C_2 & & \\ & & \ddots & \\ & & & C_s\end{bmatrix}\begin{bmatrix}D_1 & & & \\ & D_2 & & \\ & & \ddots & \\ & & & D_s\end{bmatrix}=CD$$

于是

$$A=PJP^{-1}=PCDP^{-1}=(PCP^{\mathrm{T}})((P^{\mathrm{T}})^{-1}DP^{-1})=(PCP^{\mathrm{T}})((P^{-1})^{\mathrm{T}}DP^{-1})$$

其中 PCP^{T} 和 $(P^{-1})^{\mathrm{T}}DP^{-1}$ 都是对称矩阵,并且 $(P^{-1})^{\mathrm{T}}DP^{-1}$ 可逆.

【例6】 设 $A\in M_n(\mathbb{C})$,则 $R(A+I)+R(A-I)\geqslant n$,且仅当 $A^2=I$ 时等号成立.

证明 设 A 的若当标准形为 $\mathrm{diag}(J_1,\cdots,J_s)$,其中 $J_i(i=1,2,\cdots,s)$ 是 n_i 阶若当块.易知,对 $i=1,2,\cdots,s$

$$R(J_i+I_{n_i})=\begin{cases}n_i-1,\lambda_i=-1\\ n_i,\lambda_i\neq-1\end{cases}$$

$$R(J_i-I_{n_i})=\begin{cases}n_i-1,\lambda_i=1\\ n_i,\lambda_i\neq 1\end{cases}$$

于是

$$\begin{aligned}&R(A+I)+R(A-I)=\\&\sum_{i=1}^{s}(R(J_i+I_{n_i})+R(J_i-I_{n_i}))=\\&\sum_{\lambda_i=1}(n_i+n_i-1)+\sum_{\lambda_i=-1}(n_i-1+n_i)+\sum_{\lambda\neq\pm1}2n_i=\\&2n-(\lambda_i\text{ 为 }1\text{ 和 }-1\text{ 的次数之和})\geqslant n\end{aligned}$$

最后的大于等于取等号当且仅当所有的 $\lambda_i=\pm1$ 并且 $n_i=1$,即等号成立当且仅当 $A^2=I$.

【例7】 设 $A\in M_n(\mathbb{C})$,则 $R(A)+R(I-A)\geqslant n$,且仅当 $A^2=A$ 时等号成立.

证明 设 A 的若当标准形为 $\mathrm{diag}(J_1,\cdots,J_s)$,其中 $J_i(i=1,2,\cdots,s)$ 是 n_i 阶若当块.易知,对 $i=1,2,\cdots,s$

$$R(\boldsymbol{J}_i)=\begin{cases}n_i-1,\lambda_i=0\\ n_i,\lambda_i\neq 0\end{cases}$$

$$R(\boldsymbol{J}_i-\boldsymbol{I}_{n_i})=\begin{cases}n_i-1,\lambda_i=1\\ n_i,\lambda_i\neq 1\end{cases}$$

于是

$$\begin{aligned}&R(\boldsymbol{A})+R(\boldsymbol{A}-\boldsymbol{I})=\\&\sum_{i=1}^{s}(R(\boldsymbol{J}_i)+R(\boldsymbol{J}_i-\boldsymbol{I}_{n_i}))=\\&\sum_{\lambda_i=0}(n_i+n_i-1)+\sum_{\lambda_i=1}(n_i-1+n_i)+\sum_{\lambda\neq 0,1}2n_i=\\&2n-(\lambda_i\text{ 为 0 和 1 的次数之和})\geqslant n\end{aligned}$$

其中等号成立当且仅当所有的 $\lambda_i\in\{0,1\}$ 并且 $n_i=1$，即当且仅当 $\boldsymbol{A}^2=\boldsymbol{A}$ 时等号成立.

【例 8】 设 $\boldsymbol{A}$ 是 n 阶复矩阵，且 0 是 $\boldsymbol{A}$ 的 k 重特征值，则 $R(\boldsymbol{A})=R(\boldsymbol{A}^2)$ 当且仅当 $R(\boldsymbol{A})=n-k$.

证明 设 $\boldsymbol{A}$ 的若当标准形为 $\mathrm{diag}(\boldsymbol{J}_1,\cdots,\boldsymbol{J}_s)$，其中 $\boldsymbol{J}_i(i=1,2,\cdots,s)$ 是 n_i 阶若当块，且 $\boldsymbol{J}=\boldsymbol{P}^{-1}\boldsymbol{AP}$. 则 $R(\boldsymbol{A})=R(\boldsymbol{A}^2)\Leftrightarrow R(\boldsymbol{J})=R(\boldsymbol{J}^2)\Leftrightarrow R(\boldsymbol{J}_i)=R(\boldsymbol{J}_i^2),i=1,2,\cdots,s$.

当 $\lambda_i\neq 0$ 时，有 $R(\boldsymbol{J}_i)=R(\boldsymbol{J}_i^2)$. 当 $\lambda_i=0$ 时，若 $n_i=1$，则 $R(\boldsymbol{J}_i)=R(\boldsymbol{J}_i^2)$；若 $n_i>1$，则 $R(\boldsymbol{J}_i)>R(\boldsymbol{J}_i^2)$. 这说明了 $R(\boldsymbol{J}_i)=R(\boldsymbol{J}_i^2)\Leftrightarrow\lambda_i=0$ 时，$n_i=1\Leftrightarrow n=R(\boldsymbol{A})+\lambda_i$ 为 0 的次数 $=R(\boldsymbol{A})+k$.

6.7　可交换的线性变换

【例 1】 设 $\sigma,\tau\in L(V_n(\mathbb{F}))$，且 σ 和 τ 可交换. 求证：σ 的象和核都是 τ 的不变子空间.

证明 对任意的 $\boldsymbol{\alpha}\in\mathrm{Im}\,\sigma$，存在 $\boldsymbol{\beta}\in\boldsymbol{V}$，使得 $\boldsymbol{\alpha}=\sigma(\boldsymbol{\beta})$，所以

$$\tau(\boldsymbol{\alpha})=\tau(\sigma(\boldsymbol{\beta}))=\sigma(\tau(\boldsymbol{\beta}))\in\mathrm{Im}\,\sigma$$

即 $\mathrm{Im}\,\sigma$ 是 τ - 子空间.

对任意的 $\boldsymbol{\alpha}\in\ker\sigma$，有 $\sigma(\boldsymbol{\alpha})=\boldsymbol{0}$，所以

$$\sigma(\tau(\boldsymbol{\alpha}))=\tau(\sigma(\boldsymbol{\alpha}))=\tau(\boldsymbol{0})=\boldsymbol{0}$$

即 $\tau(\boldsymbol{\alpha})\in\ker\sigma$，所以 $\ker\sigma$ 是 τ - 子空间.

【例 2】 设 $\boldsymbol{S}$ 是复数域上 n 维向量空间 $\boldsymbol{V}$ 的一些两两可交换的线性变换构

成的集合.求证:

(1)S 中任一线性变换的特征子空间是 S 中每个线性变换的不变子空间.

(2)S 中所有线性变换具有公共的特征向量.

证明 (1) 设 σ,τ 是 S 中的任意两个线性变换,V_λ 为 σ 的属于特征值 λ 的特征子空间.对任意的 $\boldsymbol{\alpha}\in V_\lambda$,有

$$\sigma(\tau(\boldsymbol{\alpha}))=\tau(\sigma(\boldsymbol{\alpha}))=\tau(\lambda\boldsymbol{\alpha})=\lambda\tau(\boldsymbol{\alpha})$$

所以 $\tau(\boldsymbol{\alpha})\in V_\lambda$,这说明 V_λ 是 τ - 子空间.

(2) 对 V 的维数 n 用数学归纳法.

当 $n=1$ 时.设 $V=\mathscr{L}(\boldsymbol{\alpha}),\boldsymbol{\alpha}\neq\mathbf{0}$,对任意的 $\sigma\in S$,有 $\sigma(\boldsymbol{\alpha})\in V=\mathscr{L}(\boldsymbol{\alpha})$,即存在 $\lambda_\sigma\in\mathbb{C}$,使 $\sigma(\boldsymbol{\alpha})=\lambda_\sigma\boldsymbol{\alpha}$.所以 $\boldsymbol{\alpha}$ 是 S 中线性变换的公共特征向量.

假设对维数小于等于 $n-1$ 的线性空间结论成立,考虑 n 时的情形.若 V 中每个非零向量都是 S 中每个线性变换的特征向量,则结论成立.否则,存在 $\boldsymbol{\alpha}\in V,\boldsymbol{\alpha}\neq\mathbf{0}$,它不是 S 中某一线性变换 σ 的特征向量.由于 σ 在复数域 $\mathbb{C}$ 中至少有一个特征向量 $\boldsymbol{\xi}$,于是 σ 的属于特征根 λ 的特征子空间 V_λ 是 V 的非平凡子空间,所以 $\dim V_\lambda\leqslant n-1$.由(1)知 V_λ 是 S 中每个线性变换的不变子空间,于是对任意的 $\tau\in S$ 诱导了一个 V_λ 上的线性变换 $\tau|_{V_\lambda}$,并且这些 $\tau|_{V_\lambda}$ 还是两两可交换的线性映射.由归纳假设,在 V_λ 中有公共的特征向量 $\boldsymbol{\xi}$.设 $\boldsymbol{\xi}$ 是 $\tau|_{V_\lambda}$ 的属于特征值 λ_τ 的特征向量,则有 $\tau(\boldsymbol{\xi})=\tau|_{V_\lambda}(\boldsymbol{\xi})=\lambda_\tau\boldsymbol{\xi}$,所以 $\boldsymbol{\xi}$ 是 S 中每个线性变换的公共特征向量.

【例 3】 设 $\boldsymbol{A},\boldsymbol{B},\boldsymbol{AB}$ 皆为实对称矩阵,λ 为 $\boldsymbol{AB}$ 的一个特征值.证明:存在 $\boldsymbol{A}$ 的特征值 s 与 $\boldsymbol{B}$ 的特征值 t 使得 $\lambda=st$.

证明 因为 $\boldsymbol{A},\boldsymbol{B},\boldsymbol{AB}$ 皆为对称矩阵,所以

$$\boldsymbol{AB}=(\boldsymbol{AB})^{\mathrm{T}}=\boldsymbol{B}^{\mathrm{T}}\boldsymbol{A}^{\mathrm{T}}=\boldsymbol{BA}$$

进而 $(\boldsymbol{AB})\boldsymbol{B}=\boldsymbol{B}(\boldsymbol{AB})$.设 $\boldsymbol{A},\boldsymbol{B},\boldsymbol{AB}$ 在实数域 $\mathbb{R}$ 上某 n 维向量空间 V 中关于给定的基所确定的线性变换分别为 $\sigma,\tau,\sigma\tau$,于是有 $(\sigma\tau)\tau=\tau(\sigma\tau)$.

因为 λ 为 $\boldsymbol{AB}$ 的一个特征值,所以 λ 也是 $\sigma\tau$ 的一个特征值.令 V_λ 为 $\sigma\tau$ 的属于 λ 的特征子空间.对任意的 $\boldsymbol{\xi}\in V_\lambda$,有

$$\sigma\tau(\tau(\boldsymbol{\xi}))=\tau(\sigma\tau(\boldsymbol{\xi}))=\tau(\lambda\boldsymbol{\xi})=\lambda(\tau(\boldsymbol{\xi}))$$

因而 $\tau(\boldsymbol{\xi})\in V_\lambda$,由此说明 V_λ 为 τ - 子空间.记 $\tau_0=\tau|_{V_\lambda}$.由实对称矩阵 $\boldsymbol{B}$ 的特征值全为实数,且均为 τ 的特征值,因此 τ_0 必有实特征值 t.于是存在 $\boldsymbol{\alpha}\in V_\lambda$,$\boldsymbol{\alpha}\neq\mathbf{0}$,使得 $\tau_0(\boldsymbol{\alpha})=t\boldsymbol{\alpha}$.因此

$$\tau(\boldsymbol{\alpha})=\tau_0(\boldsymbol{\alpha})=t\boldsymbol{\alpha}$$

另一方面,由 $\boldsymbol{\alpha} \in V_\lambda$,有 $\sigma\tau(\boldsymbol{\alpha}) = \lambda\boldsymbol{\alpha}$.所以

$$t\sigma(\boldsymbol{\alpha}) = \sigma(t\boldsymbol{\alpha}) = \sigma\tau(\boldsymbol{\alpha}) = \lambda\boldsymbol{\alpha}$$

若 $t \neq 0$,则 $\sigma(\boldsymbol{\alpha}) = \dfrac{\lambda}{t}\boldsymbol{\alpha}$,令 $s = \dfrac{\lambda}{t}$,有 $\sigma(\boldsymbol{\alpha}) = s\boldsymbol{\alpha}$,于是 s 是 σ 的特征值,因此结论成立.若 $t = 0$,则 $\lambda\boldsymbol{\alpha} = \boldsymbol{0}$,由 $\boldsymbol{\alpha} \neq \boldsymbol{0}$,有 $\lambda = 0$,于是对 σ 的任意特征值 s,都有 $\lambda = st$ 成立.

【例4】 设 $\boldsymbol{A},\boldsymbol{B}$ 是复数域$\mathbb{C}$上的 n 阶方阵,且 $\boldsymbol{AB} = \boldsymbol{BA}$,则必存在 n 阶可逆复矩阵 $\boldsymbol{P}$ 使得 $\boldsymbol{P}^{-1}\boldsymbol{AP}$ 和 $\boldsymbol{P}^{-1}\boldsymbol{BP}$ 均为上三角矩阵.

证明 设 $\boldsymbol{A},\boldsymbol{B}$ 分别是 n 维复向量空间 $\boldsymbol{V}$ 的线性变换 σ 和 τ 关于基 $\boldsymbol{\alpha}_1,\cdots,\boldsymbol{\alpha}_n$ 的矩阵.由 $\boldsymbol{AB} = \boldsymbol{BA}$,可得 $\sigma\tau = \tau\sigma$.

先证明 σ 和 τ 有公共的一维不变子空间.设 λ_1 为 σ 的一个特征值,而 $\boldsymbol{V}_{\lambda_1}$ 为 σ 的属于 λ_1 的特征子空间.对任意的 $\boldsymbol{\alpha} \in \boldsymbol{V}_{\lambda_1}$,有

$$\sigma(\tau(\boldsymbol{\alpha})) = (\sigma\tau)(\boldsymbol{\alpha}) = (\tau\sigma)(\boldsymbol{\alpha}) = \tau(\sigma(\boldsymbol{\alpha})) = \tau(\lambda_1\boldsymbol{\alpha}) = \lambda_1\tau(\boldsymbol{\alpha})$$

故 $\tau(\boldsymbol{\alpha}) \in \boldsymbol{V}_{\lambda_1}$,即 $\tau(\boldsymbol{V}_{\lambda_1}) \subseteq \boldsymbol{V}_{\lambda_1}$.于是 τ 可看成 $\boldsymbol{V}_{\lambda_1}$ 上的线性变换,因此 τ 必有复特征值 μ_1,及属于 μ_1 的特征向量 $\boldsymbol{\beta}_1 \in \boldsymbol{V}_{\lambda_1}$,使得 $\tau(\boldsymbol{\beta}_1) = \mu_1\boldsymbol{\beta}_1$.因为 $\boldsymbol{\beta}_1 \in \boldsymbol{V}_{\lambda_1}$,所以 $\sigma(\boldsymbol{\beta}_1) = \lambda_1\boldsymbol{\beta}_1$.因此 σ 和 τ 有公共的一维不变子空间 $\mathscr{L}(\boldsymbol{\beta}_1)$.

把 $\boldsymbol{\beta}_1$ 扩为 $\boldsymbol{V}$ 的一个基 $\boldsymbol{\beta}_1,\cdots,\boldsymbol{\beta}_n$,则 σ 和 τ 关于基 $\boldsymbol{\beta}_1,\cdots,\boldsymbol{\beta}_n$ 的矩阵为

$$\begin{bmatrix} \lambda_1 & * \\ \boldsymbol{0} & \boldsymbol{A}_1 \end{bmatrix} \text{和} \begin{bmatrix} \mu_1 & * \\ \boldsymbol{0} & \boldsymbol{B}_1 \end{bmatrix}$$

其中 $\boldsymbol{A}_1,\boldsymbol{B}_1$ 都是 $n-1$ 阶方阵.设由基 $\boldsymbol{\alpha}_1,\cdots,\boldsymbol{\alpha}_n$ 到基 $\boldsymbol{\beta}_1,\cdots,\boldsymbol{\beta}_n$ 的过渡矩阵为 $\boldsymbol{P}_1$,则

$$\boldsymbol{P}_1^{-1}\boldsymbol{AP}_1 = \begin{bmatrix} \lambda_1 & * \\ \boldsymbol{0} & \boldsymbol{A}_1 \end{bmatrix},\boldsymbol{P}_1^{-1}\boldsymbol{BP}_1 = \begin{bmatrix} \mu_1 & * \\ \boldsymbol{0} & \boldsymbol{B}_1 \end{bmatrix}$$

再由 $\boldsymbol{AB} = \boldsymbol{BA}$ 及上式易得 $\boldsymbol{A}_1\boldsymbol{B}_1 = \boldsymbol{B}_1\boldsymbol{A}_1$.于是,对可交换的 $n-1$ 阶阵 $\boldsymbol{A}_1$ 和 $\boldsymbol{B}_1$ 用归纳法,必存在 $n-1$ 阶复可逆矩阵 $\boldsymbol{P}_2$,使得

$$\boldsymbol{P}_2^{-1}\boldsymbol{A}_1\boldsymbol{P}_2 = \begin{bmatrix} \lambda_2 & & * \\ & \ddots & \\ & & \lambda_n \end{bmatrix},\boldsymbol{P}_2^{-1}\boldsymbol{B}_2\boldsymbol{P}_2 = \begin{bmatrix} \mu_2 & & * \\ & \ddots & \\ & & \mu_n \end{bmatrix}$$

令

$$\boldsymbol{P} = \boldsymbol{P}_1\begin{bmatrix} 1 & \boldsymbol{0} \\ \boldsymbol{0} & \boldsymbol{P}_2 \end{bmatrix}$$

则

$$P^{-1}AP=\begin{bmatrix}1&0\\0&P_2\end{bmatrix}^{-1}P_1^{-1}AP_1\begin{bmatrix}1&0\\0&P_2\end{bmatrix}=$$

$$\begin{bmatrix}1&0\\0&P_2^{-1}\end{bmatrix}\begin{bmatrix}\lambda_1&*\\0&A_1\end{bmatrix}\begin{bmatrix}1&0\\0&P_2\end{bmatrix}=$$

$$\begin{bmatrix}\lambda_1&*\\0&P_2^{-1}A_1P_2\end{bmatrix}=\begin{bmatrix}\lambda_1&&*\\&\ddots&\\&&\lambda_n\end{bmatrix}$$

$$P^{-1}BP=\begin{bmatrix}1&0\\0&P_2\end{bmatrix}^{-1}P_1^{-1}BP_1\begin{bmatrix}1&0\\0&P_2\end{bmatrix}=$$

$$\begin{bmatrix}1&0\\0&P_2^{-1}\end{bmatrix}\begin{bmatrix}\mu_1&*\\0&B_1\end{bmatrix}\begin{bmatrix}1&0\\0&P_2\end{bmatrix}=$$

$$\begin{bmatrix}\mu_1&*\\0&P_2^{-1}B_1P_2\end{bmatrix}=\begin{bmatrix}\mu_1&&*\\&\ddots&\\&&\mu_n\end{bmatrix}$$

即为所求.

【例 5】　设矩阵 A 的特征值互异，$AB=BA$，则存在可逆矩阵 P，使得 $P^{-1}AP$ 与 $P^{-1}BP$ 均为对角形.

证明　设 A 的 n 个互异的特征值为 $\lambda_1,\cdots,\lambda_n$，则存在 n 阶可逆方阵 P，使得

$$P^{-1}AP=\mathrm{diag}(\lambda_1,\cdots,\lambda_n)=C$$

由题设 $AB=BA$，有 $P^{-1}ABP=P^{-1}BAP$，即

$$(P^{-1}AP)(P^{-1}BP)=(P^{-1}BP)(P^{-1}AP)$$

也即 $C(P^{-1}BP)=(P^{-1}BP)C$. 设 $D=P^{-1}BP=(d_{ij})$，则由 $CD=DC$ 得 $\lambda_i d_{ij}=\lambda_j d_{ij}$，即 $(\lambda_i-\lambda_j)d_{ij}=0$. 于是由 $\lambda_i\neq\lambda_j(i\neq j)$ 得 $d_{ij}=0(i\neq j)$，即 $D=\mathrm{diag}(d_{11},\cdots,d_{nn})$，故 $P^{-1}BP$ 可为对角形.

【例 6】　设 A,B 均为 n 阶复矩阵，且 A 的 n 个特征值互异，则 $AB=BA$ 当且仅当 A 的特征向量均为 B 的特征向量.

证明　必要性　假设 $AB=BA$. 设 α 为 A 的属于特征值 λ 的特征向量，即 $A\alpha=\lambda\alpha$. 因为 $AB\alpha=BA\alpha=\lambda B\alpha$，所以 $B\alpha$ 也是 A 的属于 λ 的特征向量. 又因为 A 有 n 个互异特征值，所以 A 的特征子空间都是 1 维的，于是 $B\alpha\in\mathscr{L}(\alpha)$，即存在 $\mu\in\mathbb{C}$，使得 $B\alpha=\mu\alpha$，所以 α 是 B 的属于特征值 μ 的特征向量.

充分性　设 $\xi_1,\cdots,\xi_n$ 分别为 A 的特征值 $\lambda_1,\cdots,\lambda_n$ 的特征向量，则 $A\xi_i=\lambda_i\xi_i$，$i=1,\cdots,n$. 令 $P=(\xi_1,\cdots,\xi_n)$，则

$$AP = P\mathrm{diag}(\lambda_1, \cdots, \lambda_n)$$

由 A 的特征值互异,所以 $\xi_1, \cdots, \xi_n$ 线性无关,于是 P 为可逆矩阵.所以

$$P^{-1}AP = \mathrm{diag}(\lambda_1, \cdots, \lambda_n) = C$$

另一方面,由于 A 的特征向量都是 B 的特征向量,可设 $\xi_1, \cdots, \xi_n$ 分别为 B 的属于特征值 $\mu_1, \cdots, \mu_n$ 的特征向量,则

$$BP = P\mathrm{diag}(\mu_1, \cdots, \mu_n)$$

于是

$$P^{-1}BP = \mathrm{diag}(\mu_1, \cdots, \mu_n) = D$$

所以

$$AB = PCP^{-1}PDP^{-1} = PCDP^{-1} = PDCP^{-1} = BA$$

【例 7】 $A, B \in M_n(\mathbb{F})$,如果 A, B 可交换,求证:

$$R(A + B) \leqslant R(A) + R(B) - R(AB)$$

证明　分别记 V_0, V_1, V_2, V_3 为齐次线性方程组 $ABX = 0, AX = 0, BX = 0, (A + B)X = 0$ 的解空间.显然,若 $AX = 0$,由 $AB = BA$,得 $ABX = BAX = 0$,故 $AX = 0$ 的解是 $ABX = 0$ 的解,于是 $V_1 \subseteq V_0$.同理 $V_2 \subseteq V_0$.由维数公式

$$\dim V_0 \geqslant \dim(V_1 + V_2) = \dim V_1 + \dim V_2 - \dim (V_1 \cap V_2)$$

所以

$$n - R(AB) \geqslant (n - R(A)) + (n - R(B)) - \dim (V_1 \cap V_2)$$

另一方面,如果 $X \in V_1 \cap V_2$,即 $AX = BX = 0$,那么$(A + B)X = 0$,所以 $\dim (V_1 \cap V_2) \leqslant \dim V_3 = n - R(A + B)$.故结论成立.

练习题

1. 设 $V_n(\mathbb{F})$ 是其子空间 $V_1, \cdots, V_t$ 的直和,即

$$V = V_1 \oplus V_2 \oplus \cdots \oplus V_t$$

设 $\sigma_i \in L(V_i), i = 1,2,\cdots,t$.求证:存在一个线性变换 $\sigma \in L(V)$,使得 V_i 为 σ - 子空间,$i = 1,2,\cdots,t$,并且

$$\sigma|_{V_i} = \sigma_i, i = 1,2,\cdots,t$$

2. 设 $\sigma, \tau \in L(V_n), f_\sigma(\lambda), f_\tau(\lambda)$ 分别为 σ, τ 的特征多项式,若$(f_\sigma(\lambda), f_\tau(\lambda)) = 1$,则

$$\ker f_\sigma(\tau) = \ker f_\tau(\sigma)$$

3. 设 $\sigma, \tau \in L(V_n), \lambda \neq 0$ 为 $\sigma\tau$ 与 $\tau\sigma$ 的特征值.求证:$\sigma\tau$ 和 $\tau\sigma$ 属于λ 的两

个特征子空间的维数相等.

4. 设 $\boldsymbol{W}$ 是 n 维向量空间 $\boldsymbol{V}$ 的一个子空间. 证明：一定存在 $\boldsymbol{V}$ 的线性变换 σ，使得 $\operatorname{Im}\sigma = \boldsymbol{W}$，并且存在 $\boldsymbol{V}$ 的一个线性变换 τ，使得 $\ker\tau = \boldsymbol{W}$.

5. 设 $\boldsymbol{V}$ 是 $\mathbb{R}$ 上的 n 维向量空间，$\boldsymbol{\alpha}(\neq \boldsymbol{0}) \in \boldsymbol{V}$，$\sigma \in L(\boldsymbol{V})$，则 $\boldsymbol{V}$ 的由 $\boldsymbol{\alpha}$，$\sigma(\boldsymbol{\alpha}),\sigma^2(\boldsymbol{\alpha}),\cdots$ 生成的子空间 $\boldsymbol{V}_1$ 是 σ - 子空间. 若 $\dim \boldsymbol{V}_1 = r$，证明：$\boldsymbol{\alpha}$，$\sigma(\boldsymbol{\alpha}),\cdots,\sigma^r(\boldsymbol{\alpha})$ 为 $\boldsymbol{V}_1$ 的一个基，并求 σ 关于 $\boldsymbol{V}_1$ 的基 $\boldsymbol{\alpha},\sigma(\boldsymbol{\alpha}),\cdots,\sigma^r(\boldsymbol{\alpha})$ 的矩阵.

6. 设 $\lambda_1,\cdots,\lambda_n$ 为 n 阶实方阵 $\boldsymbol{A}$ 的全部特征根，但 $-\lambda_i(i = 1,2,\cdots,n)$ 均不是 $\boldsymbol{A}$ 的特征根. 求证：n^2 维线性空间 $M_n(\mathbb{R})$ 的变换 σ

$$\sigma(\boldsymbol{X}) = \boldsymbol{A}^{\mathrm{T}}\boldsymbol{X} + \boldsymbol{X}\boldsymbol{A},\ \forall\, \boldsymbol{X} \in \boldsymbol{M}_n(\mathbb{R})$$

是 $M_n(\mathbb{R})$ 的可逆线性变换.

7. 设 $\boldsymbol{A}$ 为 $m \times n$ 矩阵，$\boldsymbol{B}$ 为 $n \times m$ 矩阵. 证明：

$$|\boldsymbol{I}_m - \boldsymbol{A}\boldsymbol{B}| = |\boldsymbol{I}_n - \boldsymbol{B}\boldsymbol{A}|$$

8. 设 σ,τ 是线性空间 $\boldsymbol{V}$ 的两个线性变换，若有可逆线性变换 δ，使得 $\tau = \delta^{-1}\sigma\delta$，则称 τ 与 σ 相似. 证明：τ 与 σ 相似的充分必要条件是存在可逆线性变换 δ，使得对任意的 $\boldsymbol{\alpha} \in \boldsymbol{V}$，若 $\tau(\boldsymbol{\alpha}) = \boldsymbol{\beta}$，则 $\sigma\delta(\boldsymbol{\alpha}) = \delta(\boldsymbol{\beta})$.

9. 设 n 阶方阵 $\boldsymbol{A}$ 的行列式为 d，而 $\boldsymbol{I}_{\boldsymbol{A}}$ 的特征根的绝对值都小于 1. 证明：$0 < |d| < 2^n$.

10. 试证：若 $\boldsymbol{AC} = \boldsymbol{CB}$，则 $\boldsymbol{A}$，$\boldsymbol{B}$ 必为方阵. 又若 $\boldsymbol{C}$ 的秩为 r，则 $\boldsymbol{A}$ 与 $\boldsymbol{B}$ 的特征多项式有 r 次公因式.

11. 设 $\sigma \in L(\boldsymbol{V})$，$f(x),g(x) \in \mathbb{F}[x]$，且 $(f(x),g(x)) = 1$，而 $f(\sigma)g(\sigma) = 0$. 求证：$\boldsymbol{V} = \ker f(\sigma) \oplus \ker g(\sigma)$.

12. 设 $\sigma,\tau \in L(V)$，$\sigma + \tau = \iota$(恒等变换)，$\sigma\tau = 0$. 求证：$V = \operatorname{Im}\sigma \oplus \operatorname{Im}\tau$，$\operatorname{Im}\tau = \ker\sigma$.

13. 设 $\sigma \in L(V)$，满足 $\sigma^2 = \iota$. 求证：对任意的 $\boldsymbol{\alpha} \in \boldsymbol{V}$，$\boldsymbol{\alpha}$ 可唯一地表成 $\boldsymbol{\alpha}_1$ 与 $\boldsymbol{\alpha}_2$ 之和，即 $\boldsymbol{\alpha} = \boldsymbol{\alpha}_1 + \boldsymbol{\alpha}_2$，使得 $\sigma(\boldsymbol{\alpha}_1) = \boldsymbol{\alpha}_1$，$\sigma(\boldsymbol{\alpha}_2) = -\boldsymbol{\alpha}_2$.

14. 设 $\sigma \in L(\boldsymbol{V})$，满足 $\sigma^2 = \sigma$. 求证：

(1) $\boldsymbol{V} = \boldsymbol{V}_0 + \boldsymbol{V}_1$，其中 $\boldsymbol{V}_0,\boldsymbol{V}_1$ 分别是 σ 的属于特征值 0,1 的特征子空间.

(2) 若 $\tau \in L(\boldsymbol{V})$，则 $\boldsymbol{V}_0$ 与 $\boldsymbol{V}_1$ 都是 τ - 子空间的充要条件是 $\sigma\tau = \tau\sigma$.

15. 设 $\boldsymbol{\alpha},\boldsymbol{\beta}$ 都是 $n \times 1$ 实矩阵，$n \geqslant 2$.

(1) 求 $\boldsymbol{I}_n - \boldsymbol{\alpha}\boldsymbol{\beta}^{\mathrm{T}}$ 的全部特征值.

(2) 试确定在什么条件下，$\boldsymbol{I}_n - \boldsymbol{\alpha}\boldsymbol{\beta}^{\mathrm{T}}$ 可对角化.

16. 设 $\boldsymbol{A} \in M_n(\mathbb{F})$，$R(\boldsymbol{A}) = r$，$k(\neq 0) \in \mathbb{F}$. 证明下列条件等价：

(1) A 相似于 $k\begin{bmatrix} I_r & 0 \\ 0 & 0 \end{bmatrix}$;

(2) $A^2 = kA$;

(3) $R(A) + R(A - kI_n) = n$.

17. 设 3 阶复矩阵 A,B,C,D 有相同的特征多项式,求证:它们之中必有两个相似.

18. 设 σ,τ,δ 均为复数域上 n 维向量空间 V 的线性变换,若 $\sigma\tau - \tau\sigma = \delta$, $\sigma\delta = \delta\sigma, \tau\delta = \delta\tau$,则 δ 的特征根全为零.

19. 在 $\mathbb{F}[x]_n$ 中, $n > 1$, σ 表示求导变换,证明: σ 在任何基下的矩阵都不可能是对角矩阵.

20. 设 $\sigma \in L(V)$,若 σ 可逆,则 σ 与 σ^{-1} 有完全相同的特征向量.

21. 设 V 是数域 $\mathbb{F}$ 上的 $n(n > 1)$ 维向量空间,线性变换 σ 在基 $\alpha_1,\alpha_2,\cdots,\alpha_n$ 下的矩阵为

$$A = \begin{bmatrix} a & 1 & 0 & \cdots & 0 & 0 \\ 0 & a & 1 & \cdots & 0 & 0 \\ 0 & 0 & a & \cdots & 0 & 0 \\ \vdots & \vdots & \vdots & \ddots & \vdots & \vdots \\ 0 & 0 & 0 & \cdots & a & 1 \\ 0 & 0 & 0 & \cdots & 0 & a \end{bmatrix}$$

证明:(1) A 不与对角阵相似;

(2) 若 α_n 属于 A 的不变子空间 W,则 $W = V$;

(3) α_1 属于 σ 的任意非零不变子空间;

(4) V 不能分解成两个非平凡的不变子空间的直和.

22. 设 $\sigma,\tau \in L(V)$,若 $\sigma\tau - \tau\sigma = \iota$,求证:

$$\sigma^k\tau - \tau\sigma^k = k\sigma^k,\ k > 1$$

23. 设 $B = \begin{bmatrix} 0 & A \\ A & 0 \end{bmatrix}$, A 为 n 阶实对称矩阵, A 的特征多项式 $f_A(\lambda)$ 的根为 $\lambda_1,\cdots,\lambda_n$,求 B 的特征多项式和特征根.

24. 设 A 为 n 阶方阵,且满足 $A^2 - 3A + 2I = 0$,求一可逆矩阵 B,使 $B^{-1}AB$ 为对角形.

第 7 章　欧氏空间

7.1　内积与正交

一、相关知识

1. 设 V 是实数域$\mathbb{R}$上的向量空间. 如果在 V 中定义了一种内积运算,即对任给的 $\boldsymbol{\alpha},\boldsymbol{\beta}\in V$,规定一个实数$\langle\boldsymbol{\alpha},\boldsymbol{\beta}\rangle$ 作为 $\boldsymbol{\alpha}$ 与 $\boldsymbol{\beta}$ 的内积,满足下面的公理:

(1)$\langle\boldsymbol{\alpha},\boldsymbol{\beta}\rangle=\langle\boldsymbol{\beta},\boldsymbol{\alpha}\rangle$;

(2)$\langle\boldsymbol{\alpha}+\boldsymbol{\beta},\boldsymbol{\gamma}\rangle=\langle\boldsymbol{\alpha},\boldsymbol{\gamma}\rangle+\langle\boldsymbol{\beta},\boldsymbol{\gamma}\rangle$;

(3)$\langle a\boldsymbol{\alpha},\boldsymbol{\beta}\rangle=a\langle\boldsymbol{\alpha},\boldsymbol{\beta}\rangle$;

(4)$\langle\boldsymbol{\alpha},\boldsymbol{\alpha}\rangle\geqslant 0$,并且当且仅当 $\boldsymbol{\alpha}=0$ 时,$\langle\boldsymbol{\alpha},\boldsymbol{\alpha}\rangle=0$,其中 $\boldsymbol{\alpha},\boldsymbol{\beta},\boldsymbol{\gamma}$ 是 V 中的任意向量,a 是任意实数,则称 V 是一个欧几里得空间,简称欧氏空间.

2. 一般情况下,我们所说的欧氏空间$\mathbb{R}^n$ 中的内积都是指

$$\langle\boldsymbol{\alpha},\boldsymbol{\beta}\rangle=x_1y_1+\cdots+x_ny_n$$

其中 $\boldsymbol{\alpha}=(x_1,\cdots,x_n),\boldsymbol{\beta}=(y_1,\cdots,y_n)$.

3. 称 $|\boldsymbol{\alpha}|=\sqrt{\langle\boldsymbol{\alpha},\boldsymbol{\alpha}\rangle}$ 为欧氏空间中向量 $\boldsymbol{\alpha}$ 的长度.

4. 显然对任意的 $a\in\mathbb{R},\boldsymbol{\alpha}\in V$,都有 $|a\boldsymbol{\alpha}|=|a||\boldsymbol{\alpha}|$.

5. 欧氏空间 V 中两个向量 $\boldsymbol{\alpha},\boldsymbol{\beta}$ 的夹角 $\theta=\arccos\dfrac{\langle\boldsymbol{\alpha},\boldsymbol{\beta}\rangle}{|\boldsymbol{\alpha}||\boldsymbol{\beta}|}$. 一般地,$\theta\in[0,\pi]$.

6. 如果向量 $\boldsymbol{\alpha},\boldsymbol{\beta}$ 的内积为零,即$\langle\boldsymbol{\alpha},\boldsymbol{\beta}\rangle=0$,则称 $\boldsymbol{\alpha}$ 与 $\boldsymbol{\beta}$ 正交或垂直,记作 $\boldsymbol{\alpha}\perp\boldsymbol{\beta}$.

显然,零向量与任何向量都正交,零向量是唯一与它自己正交的向量.

7. 设 W 为欧式空间 V 的一个子空间,则称子空间

$$W^{\perp}=\{\boldsymbol{\xi}\in V\mid\langle\boldsymbol{\xi},W\rangle\}$$

为 W 的正交补.

8. 设 $\boldsymbol{\alpha},\boldsymbol{\beta}$ 是欧氏空间 V 中的两个向量,$\boldsymbol{\alpha}$ 与 $\boldsymbol{\beta}$ 的距离 $d(\boldsymbol{\alpha},\boldsymbol{\beta})$ 定义为

$$d(\boldsymbol{\alpha},\boldsymbol{\beta}) = |\boldsymbol{\alpha} - \boldsymbol{\beta}|$$

9.对欧氏空间 $\boldsymbol{V}$ 中任意两个向量 $\boldsymbol{\alpha},\boldsymbol{\beta}$ 都有

$$|\langle\boldsymbol{\alpha},\boldsymbol{\beta}\rangle| \leqslant |\boldsymbol{\alpha}||\boldsymbol{\beta}|$$

并且当且仅当 $\boldsymbol{\alpha},\boldsymbol{\beta}$ 线性相关时等号成立.

10.向量的长度有如下关系:

(1) $|\boldsymbol{\alpha}+\boldsymbol{\beta}| \leqslant |\boldsymbol{\alpha}|+|\boldsymbol{\beta}|$;

(2) 当且仅当 $\boldsymbol{\alpha}$ 与 $\boldsymbol{\beta}$ 正交时,有 $|\boldsymbol{\alpha}+\boldsymbol{\beta}|^2 = |\boldsymbol{\alpha}|^2+|\boldsymbol{\beta}|^2$.

11.设 $\boldsymbol{V}$ 是 n 维欧氏空间,$\xi_1,\cdots,\xi_n$ 为 $\boldsymbol{V}$ 的一个基,由基向量的内积构成的 n 阶实矩阵

$$\boldsymbol{A} = \begin{bmatrix} \langle\xi_1,\xi_1\rangle & \langle\xi_1,\xi_2\rangle & \cdots & \langle\xi_1,\xi_n\rangle \\ \langle\xi_2,\xi_1\rangle & \langle\xi_2,\xi_2\rangle & \cdots & \langle\xi_2,\xi_n\rangle \\ \vdots & \vdots & \ddots & \vdots \\ \langle\xi_n,\xi_1\rangle & \langle\xi_n,\xi_2\rangle & \cdots & \langle\xi_n,\xi_n\rangle \end{bmatrix}$$

称为基 $\xi_1,\cdots,\xi_n$ 的度量矩阵.

度量矩阵是正定的,不同基的度量矩阵是合同的.

12.设 $\boldsymbol{V}$ 是 n 维欧氏空间,$\xi_1,\cdots,\xi_n$ 称为 $\boldsymbol{V}$ 的一个基标准正交基,如果 $\xi_1,\cdots,\xi_n$ 中每一个向量都是单位向量,且它们两两正交,即

$$\langle\xi_i,\xi_j\rangle = \begin{cases} 0, & i \neq j \\ 1, & i = j \end{cases}, i,j = 1,2,\cdots,n$$

13.设 $\boldsymbol{V}$ 和 $\boldsymbol{W}$ 为两个欧氏空间,若

(1) $f:\boldsymbol{V}\to\boldsymbol{W}$ 是向量空间同构;

(2) $\forall\,\boldsymbol{\xi},\boldsymbol{\eta}\in\boldsymbol{V}$,都有 $\langle f(\boldsymbol{\xi}),f(\boldsymbol{\eta})\rangle = \langle\boldsymbol{\xi},\boldsymbol{\eta}\rangle$.

则称 $\boldsymbol{V}$ 与 $\boldsymbol{W}$ 同构.

二、例题

【例 1】 设 $\boldsymbol{W},\boldsymbol{W}_1,\boldsymbol{W}_2$ 是 n 维欧氏空间 $\boldsymbol{V}$ 的子空间.证明:

(1) $(\boldsymbol{W}^{\perp})^{\perp} = \boldsymbol{W}$;

(2) 如果 $\boldsymbol{W}_1 \subseteq \boldsymbol{W}_2$,那么 $\boldsymbol{W}_2^{\perp} \subseteq \boldsymbol{W}_1^{\perp}$;

(3) $(\boldsymbol{W}_1+\boldsymbol{W}_2)^{\perp} = \boldsymbol{W}_1^{\perp}\cap\boldsymbol{W}_2^{\perp}$;

(4) $(\boldsymbol{W}_1\cap\boldsymbol{W}_2)^{\perp} = \boldsymbol{W}_1^{\perp}+\boldsymbol{W}_2^{\perp}$.

证明　(1) 易知 $\boldsymbol{W}\subseteq(\boldsymbol{W}^{\perp})^{\perp}$.另一方面,有

$$\dim\boldsymbol{W}+\dim\boldsymbol{W}^{\perp} = n = \dim\boldsymbol{W}^{\perp}+\dim(\boldsymbol{W}^{\perp})^{\perp}$$

即 $\dim W = \dim(W^{\perp})^{\perp}$,所以 $W = (W^{\perp})^{\perp}$.

(2) 对任意的 $\boldsymbol{\alpha} \in W_2^{\perp}$,有 $\boldsymbol{\alpha} \perp W_2$. 因为 $W_1 \subseteq W_2$,所以 $\boldsymbol{\alpha} \perp W_1$,即 $\boldsymbol{\alpha} \in W_1^{\perp}$,故 $W_2^{\perp} \subseteq W_1^{\perp}$.

(3) 对任意的 $\boldsymbol{\alpha} \in (W_1 + W_2)^{\perp}$,即 $\boldsymbol{\alpha} \perp (W_1 + W_2)$,因为

$$W_1 \subseteq W_1 + W_2, W_2 \subseteq W_1 + W_2$$

所以 $\boldsymbol{\alpha} \perp W_1, \boldsymbol{\alpha} \perp W_2$,于是 $\boldsymbol{\alpha} \in W_1^{\perp} \cap W_2^{\perp}$,因此

$$(W_1 + W_2)^{\perp} \subseteq W_1^{\perp} \cap W_2^{\perp}$$

另一方面,若 $\boldsymbol{\alpha} \in W_1^{\perp} \cap W_2^{\perp}$,即 $\boldsymbol{\alpha} \in W_1^{\perp}$ 且 $\boldsymbol{\alpha} \in W_2^{\perp}$. 对任意的 $\boldsymbol{\beta}_1 + \boldsymbol{\beta}_2 \in W_1 + W_2$,其中 $\boldsymbol{\beta}_1 \in W_1, \boldsymbol{\beta}_2 \in W_2$,有

$$\langle \boldsymbol{\alpha}, \boldsymbol{\beta}_1 + \boldsymbol{\beta}_2 \rangle = \langle \boldsymbol{\alpha}, \boldsymbol{\beta}_1 \rangle + \langle \boldsymbol{\alpha}, \boldsymbol{\beta}_2 \rangle = 0$$

所以 $\boldsymbol{\alpha} \in (W_1 + W_2)^{\perp}$,因此

$$W_1^{\perp} \cap W_2^{\perp} \subseteq (W_1 + W_2)^{\perp}$$

(4) 由(3) 和(1),有

$$(W_1^{\perp} + W_2^{\perp})^{\perp} = (W_1^{\perp})^{\perp} \cap (W_2^{\perp})^{\perp} = W_1 \cap W_2$$

再两边取正交补,可知(4) 成立.

【例 2】 设 $\boldsymbol{\alpha}_1, \cdots, \boldsymbol{\alpha}_n$ 是 n 维欧氏空间 $\boldsymbol{V}$ 的基. 证明:

(1) 如果 $\boldsymbol{\beta} \in \boldsymbol{V}$,使 $\langle \boldsymbol{\beta}, \boldsymbol{\alpha}_i \rangle = 0, i = 1,2,\cdots,n$,那么 $\boldsymbol{\beta} = \mathbf{0}$.

(2) 如果 $\boldsymbol{\beta}_1, \boldsymbol{\beta}_2 \in \boldsymbol{V}$,使对 $\boldsymbol{V}$ 的任意向量 $\boldsymbol{\alpha}$ 都有 $\langle \boldsymbol{\beta}_1, \boldsymbol{\alpha} \rangle = \langle \boldsymbol{\beta}_2, \boldsymbol{\alpha} \rangle$,那么 $\boldsymbol{\beta}_1 = \boldsymbol{\beta}_2$.

证明 (1) 设 $\boldsymbol{\beta} = k_1\boldsymbol{\alpha}_1 + \cdots + k_n\boldsymbol{\alpha}_n$. 因为 $\langle \boldsymbol{\beta}, \boldsymbol{\alpha}_i \rangle = 0$,所以

$$\langle \boldsymbol{\beta}, \boldsymbol{\beta} \rangle = \langle \boldsymbol{\beta}, k_1\boldsymbol{\alpha}_1 + \cdots + k_n\boldsymbol{\alpha}_n \rangle = k_1\langle \boldsymbol{\beta}, \boldsymbol{\alpha}_1 \rangle + \cdots + k_n\langle \boldsymbol{\beta}, \boldsymbol{\alpha}_n \rangle = 0$$

因此 $\boldsymbol{\beta} = \mathbf{0}$.

(2) 因为对任意的 $\boldsymbol{\alpha}$ 都有 $\langle \boldsymbol{\beta}_1, \boldsymbol{\alpha} \rangle = \langle \boldsymbol{\beta}_2, \boldsymbol{\alpha} \rangle$,即 $\langle \boldsymbol{\beta}_1 - \boldsymbol{\beta}_2, \boldsymbol{\alpha} \rangle = 0$. 取 $\boldsymbol{\alpha} = \boldsymbol{\beta}_1 - \boldsymbol{\beta}_2$,得

$$\langle \boldsymbol{\beta}_1 - \boldsymbol{\beta}_2, \boldsymbol{\beta}_1 - \boldsymbol{\beta}_2 \rangle = 0$$

故 $\boldsymbol{\beta}_1 - \boldsymbol{\beta}_2 = \mathbf{0}$,从而 $\boldsymbol{\beta}_1 = \boldsymbol{\beta}_2$.

【例 3】 设 $\boldsymbol{A} = (a_{ij})$ 是 n 阶正交矩阵,证明:$a_{ij} = \pm A_{ij}$,其中 A_{ij} 为 a_{ij} 的代数余子式.

证明 因为 $\boldsymbol{A}$ 为正交阵,则 $\boldsymbol{A}\boldsymbol{A}^{\mathrm{T}} = \boldsymbol{I}$,于是 $|\boldsymbol{A}\boldsymbol{A}^{\mathrm{T}}| = |\boldsymbol{I}|$,即 $|\boldsymbol{A}^2| = 1$,故 $|\boldsymbol{A}| = \pm 1$. 又因为 $\boldsymbol{A}^{\mathrm{T}} = \boldsymbol{A}^{-1}, \boldsymbol{A}^* = |\boldsymbol{A}|\boldsymbol{A}^{-1} = \pm \boldsymbol{A}^{\mathrm{T}}$,即

$$\begin{bmatrix} A_{11} & A_{21} & \cdots & A_{n1} \\ A_{12} & A_{22} & \cdots & A_{n2} \\ \vdots & \vdots & \ddots & \vdots \\ A_{1n} & A_{2n} & \cdots & A_{nn} \end{bmatrix} = \begin{bmatrix} a_{11} & a_{21} & \cdots & a_{n1} \\ a_{12} & a_{22} & \cdots & a_{n2} \\ \vdots & \vdots & \ddots & \vdots \\ a_{1n} & a_{2n} & \cdots & a_{nn} \end{bmatrix}$$

由此可得 $a_{ij} = \pm A_{ij}$,并且当 $|\boldsymbol{A}| = 1$ 时 $a_{ij} = \boldsymbol{A}_{ij}$,当 $|A| = -1$ 时 $a_{ij} = -A_{ij}$.

【例 4】 设 $\boldsymbol{\alpha}_1,\cdots,\boldsymbol{\alpha}_n$ 为 n 维欧氏空间 $\boldsymbol{V}$ 的一个基,$\boldsymbol{A}$ 为基 $\boldsymbol{\alpha}_1,\cdots,\boldsymbol{\alpha}_n$ 的度量矩阵. 证明:

(1) 度量阵 $\boldsymbol{A}$ 是可逆的;

(2) 度量阵 $\boldsymbol{A}$ 是正定的;

(3) 设 $\boldsymbol{B}$ 为基 $\boldsymbol{\beta}_1,\cdots,\boldsymbol{\beta}_n$ 的度量阵,则 $\boldsymbol{A}$ 与 $\boldsymbol{B}$ 合同.

证明 (1) 因

$$\boldsymbol{A} = \begin{bmatrix} \langle \boldsymbol{\alpha}_1, \boldsymbol{\alpha}_1 \rangle & \langle \boldsymbol{\alpha}_1, \boldsymbol{\alpha}_2 \rangle & \cdots & \langle \boldsymbol{\alpha}_1, \boldsymbol{\alpha}_n \rangle \\ \vdots & \vdots & \ddots & \vdots \\ \langle \boldsymbol{\alpha}_n, \boldsymbol{\alpha}_1 \rangle & \langle \boldsymbol{\alpha}_n, \boldsymbol{\alpha}_2 \rangle & \cdots & \langle \boldsymbol{\alpha}_n, \boldsymbol{\alpha}_n \rangle \end{bmatrix}$$

所以欲证 $\boldsymbol{A}$ 是可逆的,只需证明 $\boldsymbol{AX} = \boldsymbol{0}$ 只有零解. 设

$$\begin{bmatrix} \langle \boldsymbol{\alpha}_1, \boldsymbol{\alpha}_1 \rangle & \langle \boldsymbol{\alpha}_1, \boldsymbol{\alpha}_2 \rangle & \cdots & \langle \boldsymbol{\alpha}_1, \boldsymbol{\alpha}_n \rangle \\ \vdots & \vdots & \ddots & \vdots \\ \langle \boldsymbol{\alpha}_n, \boldsymbol{\alpha}_1 \rangle & \langle \boldsymbol{\alpha}_n, \boldsymbol{\alpha}_2 \rangle & \cdots & \langle \boldsymbol{\alpha}_n, \boldsymbol{\alpha}_n \rangle \end{bmatrix} \begin{bmatrix} x_1 \\ \vdots \\ x_n \end{bmatrix} = \boldsymbol{0}$$

则有

$$\langle \sum_{i=1}^{n} x_i \boldsymbol{\alpha}_i, \boldsymbol{\alpha}_j \rangle = 0, j = 1,\cdots,n$$

进而

$$\langle \sum_{i=1}^{n} x_i \boldsymbol{\alpha}_i, \sum_{i=1}^{n} x_i \boldsymbol{\alpha}_i \rangle = 0$$

即 $\sum\limits_{i=1}^{n} x_i \boldsymbol{\alpha}_i = 0$. 又因为 $\boldsymbol{\alpha}_1,\cdots,\boldsymbol{\alpha}_n$ 为 $\boldsymbol{V}$ 的基, 所以 $\boldsymbol{\alpha}_1,\cdots,\boldsymbol{\alpha}_n$ 线性无关, 因此 $x_i = 0, i = 1,\cdots,n$,即方程组 $\boldsymbol{AX} = \boldsymbol{0}$ 只有零解,所以 $\boldsymbol{A}$ 是可逆的.

(2) 由内积的性质知 $\boldsymbol{A} = \boldsymbol{A}^{\mathrm{T}}$,所以 $\boldsymbol{A}$ 是实对称阵. 要证明 $\boldsymbol{A}$ 正定,只需证明对于任意的 n 维非零列向量 $\boldsymbol{X}$ 有 $\boldsymbol{X}^{\mathrm{T}}\boldsymbol{AX} > 0$. 设 $\boldsymbol{X} = (x_1,\cdots,x_n)^{\mathrm{T}}$, 令 $\boldsymbol{\alpha} = \sum\limits_{i=1}^{n} x_i \boldsymbol{\alpha}_i$,则

$$\langle \boldsymbol{\alpha}, \boldsymbol{\alpha} \rangle = \langle \sum_{i=1}^{n} x_i \boldsymbol{\alpha}_i, \sum_{j=1}^{n} x_j \boldsymbol{\alpha}_j \rangle =$$

$$\sum_{i=1}^{n}\sum_{j=1}^{n}x_ix_j\langle\boldsymbol{\alpha}_i,\boldsymbol{\alpha}_j\rangle=$$

$$(x_1,\cdots,x_n)\begin{bmatrix}\langle\boldsymbol{\alpha}_1,\boldsymbol{\alpha}_1\rangle & \langle\boldsymbol{\alpha}_1,\boldsymbol{\alpha}_2\rangle & \cdots & \langle\boldsymbol{\alpha}_1,\boldsymbol{\alpha}_n\rangle\\ \vdots & \vdots & \ddots & \vdots\\ \langle\boldsymbol{\alpha}_n,\boldsymbol{\alpha}_1\rangle & \langle\boldsymbol{\alpha}_n,\boldsymbol{\alpha}_2\rangle & \cdots & \langle\boldsymbol{\alpha}_n,\boldsymbol{\alpha}_n\rangle\end{bmatrix}\begin{bmatrix}x_1\\ \vdots\\ x_n\end{bmatrix}=$$

$$\boldsymbol{X}^{\mathrm{T}}\boldsymbol{A}\boldsymbol{X}$$

由内积的性质,有$\langle\boldsymbol{\alpha},\boldsymbol{\alpha}\rangle>0$,所以$\boldsymbol{X}^{\mathrm{T}}\boldsymbol{A}\boldsymbol{X}>0$,即$\boldsymbol{A}$正定.

(3) 设由基$\boldsymbol{\alpha}_1,\cdots,\boldsymbol{\alpha}_n$到基$\boldsymbol{\beta}_1,\cdots,\boldsymbol{\beta}_n$的过渡矩阵为$\boldsymbol{T}$,即

$$(\boldsymbol{\beta}_1,\cdots,\boldsymbol{\beta}_n)=(\boldsymbol{\alpha}_1,\cdots,\boldsymbol{\alpha}_n)\boldsymbol{T}$$

设$\boldsymbol{T}=(t_{ij})$.于是

$$\langle\boldsymbol{\beta}_i,\boldsymbol{\beta}_j\rangle=\langle\sum_{k=1}^{n}t_{ki}\boldsymbol{\alpha}_k,\sum_{l=1}^{n}t_{lj}\boldsymbol{\alpha}_l\rangle=\sum_{k=1}^{n}\sum_{l=1}^{n}t_{ki}t_{lj}\langle\boldsymbol{\alpha}_k,\boldsymbol{\alpha}_l\rangle=$$

$$\sum_{l=1}^{n}(\sum_{k=1}^{n}t_{ki}\langle\boldsymbol{\alpha}_k,\boldsymbol{\alpha}_l\rangle t_{lj})$$

上式右端恰为

$$\boldsymbol{T}^{\mathrm{T}}\boldsymbol{A}\boldsymbol{T}=\begin{bmatrix}t_{11} & \cdots & t_{n1}\\ \vdots & \ddots & \vdots\\ t_{1i} & \cdots & t_{ni}\\ \vdots & \ddots & \vdots\\ t_{1n} & \cdots & t_{nn}\end{bmatrix}\begin{bmatrix}\langle\boldsymbol{\alpha}_1,\boldsymbol{\alpha}_1\rangle & \cdots & \langle\boldsymbol{\alpha}_1,\boldsymbol{\alpha}_n\rangle\\ \vdots & \ddots & \vdots\\ \langle\boldsymbol{\alpha}_n,\boldsymbol{\alpha}_1\rangle & \cdots & \langle\boldsymbol{\alpha}_n,\boldsymbol{\alpha}_n\rangle\end{bmatrix}=$$

$$\begin{bmatrix}t_{11} & \cdots & t_{1j} & \cdots & t_{1n}\\ \vdots & \vdots & \vdots & \ddots & \vdots\\ t_{n1} & \cdots & t_{nj} & \cdots & t_{nn}\end{bmatrix}$$

的第i行第j列元素,而左端为$\boldsymbol{B}$的第i行第j列元素,故$\boldsymbol{B}=\boldsymbol{T}^{\mathrm{T}}\boldsymbol{A}\boldsymbol{T}$,因此$\boldsymbol{A}$与$\boldsymbol{B}$合同.

【例5】 设$\boldsymbol{\alpha}_1,\cdots,\boldsymbol{\alpha}_n$为$n$维欧氏空间$V$的一个基.求证,对于任意$n$个实数$b_1,\cdots,b_n$,恰有一个向量$\boldsymbol{\alpha}\in\boldsymbol{V}$使得$\langle\boldsymbol{\alpha},\boldsymbol{\alpha}_i\rangle=b_i$.

证明 设$\boldsymbol{A}$为基$\boldsymbol{\alpha}_1,\cdots,\boldsymbol{\alpha}_n$的度量矩阵,则$\boldsymbol{A}$可逆.于是线性方程组

$$\boldsymbol{A}\boldsymbol{X}=(b_1,\cdots,b_n)^{\mathrm{T}}$$

有唯一解,设为$(k_1,\cdots,k_n)^{\mathrm{T}}$.令$\boldsymbol{\alpha}=k_1\boldsymbol{\alpha}_1+\cdots+k_n\boldsymbol{\alpha}_n$,则

$$\langle\boldsymbol{\alpha},\boldsymbol{\alpha}_i\rangle=\langle\sum_{j=1}^{n}k_j\boldsymbol{\alpha}_j,\boldsymbol{\alpha}_i\rangle=\sum_{j=1}^{n}k_j\langle\boldsymbol{\alpha}_j,\boldsymbol{\alpha}_i\rangle=$$

$$\sum_{j=1}^{n} \langle \boldsymbol{\alpha}_j, \boldsymbol{\alpha}_i \rangle k_j = b_i$$

其中 $i = 1, \cdots, n$.

【例 6】　设 $\boldsymbol{\alpha}$ 为欧氏空间 $\boldsymbol{V}$ 中的非零向量,$\boldsymbol{\alpha}_1, \cdots, \boldsymbol{\alpha}_n \in \boldsymbol{V}$ 满足条件:

(1)$\langle \boldsymbol{\alpha}_i, \boldsymbol{\alpha} \rangle > 0, i = 1,2,\cdots,n$;

(2)$\langle \boldsymbol{\alpha}_i, \boldsymbol{\alpha}_j \rangle \leqslant 0, i,j = 1,2,\cdots,n, i \neq j$.

证明:$\boldsymbol{\alpha}_1, \cdots, \boldsymbol{\alpha}_n$ 线性无关.

证明　假设 $k_1, \cdots, k_n \in \mathbb{R}$ 使得 $k_1\boldsymbol{\alpha}_1 + \cdots + k_n\boldsymbol{\alpha}_n = 0$,且必要时重新编号,总可以假设

$$k_1, \cdots, k_r \geqslant 0,\ k_{r+1}, \cdots, k_n \leqslant 0$$

其中 $1 \leqslant r \leqslant n$. 令 $\boldsymbol{\xi} = \sum_{i=1}^{r} k_i \boldsymbol{\alpha}_i = -\sum_{j=r+1}^{n} k_j \boldsymbol{\alpha}_j$,则

$$\langle \boldsymbol{\xi}, \boldsymbol{\xi} \rangle = \langle \sum_{i=1}^{r} k_i \boldsymbol{\alpha}_i, -\sum_{j=r+1}^{n} k_j \boldsymbol{\alpha}_j \rangle = -\sum_{i=1}^{r}\sum_{j=r+1}^{n} k_i k_j \langle \boldsymbol{\alpha}_i, \boldsymbol{\alpha}_j \rangle \leqslant 0$$

由内积的性质$\langle \boldsymbol{\xi}, \boldsymbol{\xi} \rangle \geqslant 0$,所以$\langle \boldsymbol{\xi}, \boldsymbol{\xi} \rangle = \boldsymbol{0}$,即 $\boldsymbol{\xi} = \boldsymbol{0}$,进而

$$\sum_{i=1}^{r} k_i \boldsymbol{\alpha}_i = \boldsymbol{0}, \sum_{j=r+1}^{n} k_j \boldsymbol{\alpha}_j = \boldsymbol{0}$$

于是

$$\langle \sum_{i=1}^{r} k_i \boldsymbol{\alpha}_i, \boldsymbol{\alpha} \rangle = \sum_{i=1}^{r} k_i \langle \boldsymbol{\alpha}_i, \boldsymbol{\alpha} \rangle = 0$$

$$\langle \sum_{j=r+1}^{n} k_j \boldsymbol{\alpha}_j, \boldsymbol{\alpha} \rangle = \sum_{j=r+1}^{n} k_j \langle \boldsymbol{\alpha}_j, \boldsymbol{\alpha} \rangle = 0$$

由已知条件及假设得 $k_i \langle \boldsymbol{\alpha}_i, \boldsymbol{\alpha} \rangle = 0, k_j \langle \boldsymbol{\alpha}_j, \boldsymbol{\alpha} \rangle = 0$,从而

$$k_i = k_j = 0, i = 1, \cdots, r, j = r+1, \cdots, n$$

因此 $\boldsymbol{\alpha}_1, \cdots, \boldsymbol{\alpha}_n$ 线性无关.

【例 7】　设 $\boldsymbol{\alpha}_1, \cdots, \boldsymbol{\alpha}_n, \boldsymbol{\beta}$ 为$\mathbb{R}$上 n 维向量空间 $\boldsymbol{V}$ 中的 $n+1$ 个向量,且满足条件:

(1)$\boldsymbol{\alpha}_j \neq \boldsymbol{0}, j = 1, \cdots, n$;

(2)$\boldsymbol{\alpha}_i^{\mathrm{T}} \boldsymbol{A} \boldsymbol{\alpha}_j = \boldsymbol{0}, i,j = 1, \cdots, n, i \neq j$;

(3)$\boldsymbol{\beta}$ 与每个 $\boldsymbol{\alpha}_j$ 都正交.

证明:$\boldsymbol{\beta} = \boldsymbol{0}$.

证明　假设存在实数 $k_1, \cdots, k_n$ 使得 $k_1\boldsymbol{\alpha}_1 + \cdots + k_n\boldsymbol{\alpha}_n = \boldsymbol{0}$. 于是,对任意的 $\boldsymbol{\alpha}_i$,有

$$\mathbf{0} = \boldsymbol{\alpha}_i^{\mathrm{T}}\boldsymbol{A}(k_1\boldsymbol{\alpha}_1 + \cdots + k_n\boldsymbol{\alpha}_n) = k_i\boldsymbol{\alpha}_i^{\mathrm{T}}\boldsymbol{A}\boldsymbol{\alpha}_i$$

由于 $\boldsymbol{\alpha}_i \neq \mathbf{0}$,且 $\boldsymbol{A}$ 为正定矩阵,所以 $\boldsymbol{\alpha}_i^{\mathrm{T}}\boldsymbol{A}\boldsymbol{\alpha}_i > 0$,从而 $k_i = 0, i = 1,\cdots,n$,因此 $\boldsymbol{\alpha}_1,\cdots,\boldsymbol{\alpha}_n$ 线性无关,所以 $\boldsymbol{\alpha}_1,\cdots,\boldsymbol{\alpha}_n$ 构成 $\boldsymbol{V}$ 的一个基. 于是,可设 $\boldsymbol{\beta} = l_1\boldsymbol{\alpha}_1 + \cdots + l_n\boldsymbol{\alpha}_n$,则

$$\langle\boldsymbol{\beta},\boldsymbol{\beta}\rangle = \langle\boldsymbol{\beta}, l_1\boldsymbol{\alpha}_1 + \cdots + l_n\boldsymbol{\alpha}_n\rangle = l_1\langle\boldsymbol{\beta},\boldsymbol{\alpha}_1\rangle + \cdots + l_n\langle\boldsymbol{\beta},\boldsymbol{\alpha}_n\rangle = 0$$

故 $\boldsymbol{\beta} = \mathbf{0}$.

7.2 正交变换和对称变换

一、相关知识

1. 设 σ 是欧氏空间 $\boldsymbol{V}$ 上的一个线性变换,如果对任意的 $\boldsymbol{\alpha} \in \boldsymbol{V}$,有 $|\sigma(\boldsymbol{\alpha})| = |\boldsymbol{\alpha}|$,就称 σ 是一个正交变换.

2. 设 $\boldsymbol{Q}$ 是一个 n 阶实矩阵,如果 $\boldsymbol{Q}\boldsymbol{Q}^{\mathrm{T}} = \boldsymbol{Q}^{\mathrm{T}}\boldsymbol{Q} = \boldsymbol{I}$,就称 $\boldsymbol{Q}$ 是一个正交矩阵.

3. 设 σ 是 n 维欧氏空间 $\boldsymbol{V}$ 的线性变换,则下列说法等价:

(1)σ 是正交变换;

(2)$\langle\sigma(\boldsymbol{\alpha}),\sigma(\boldsymbol{\beta})\rangle = \langle\boldsymbol{\alpha},\boldsymbol{\beta}\rangle, \forall\boldsymbol{\alpha},\boldsymbol{\beta} \in \boldsymbol{V}$;

(3)σ 把 $\boldsymbol{V}$ 的某一规范正交基变成规范正交基;

(4)σ 把 $\boldsymbol{V}$ 的任意一个规范正交基变成规范正交基;

(5)σ 在 $\boldsymbol{V}$ 的某一规范正交基下的矩阵变为正交矩阵;

(6)σ 在 $\boldsymbol{V}$ 的任意一个规范正交基下的矩阵为正交矩阵.

4. 设 σ 是欧氏空间 $\boldsymbol{V}$ 上的一个线性变换,如果对任意的 $\boldsymbol{\alpha},\boldsymbol{\beta} \in \boldsymbol{V}$,有 $\langle\sigma(\boldsymbol{\alpha}),\boldsymbol{\beta}\rangle = \langle\boldsymbol{\alpha},\sigma(\boldsymbol{\beta})\rangle$,则称 σ 为对称变换.

5. 设 σ 是 n 维欧氏空间 $\boldsymbol{V}$ 的线性变换,则下列说法等价:

(1)σ 是对称变换;

(2)σ 关于某个规范正交基的矩阵是对称矩阵;

(3)σ 关于任意规范正交基的矩阵是对称矩阵;

(4)σ 关于某个规范正交基的矩阵是对角阵.

6. n 维欧氏空间的一个对称变换的属于不同特征值的特征向量彼此正交.

7. 设 $\boldsymbol{A}$ 是一个 n 阶实对称矩阵,则存在 n 阶正交阵 $\boldsymbol{U}$,使得 $\boldsymbol{U}^{\mathrm{T}}\boldsymbol{A}\boldsymbol{U}$ 是对角阵.

二、例题

【例1】 设σ是n维欧氏空间V的一个正交变换,W是V的σ－子空间.证明:$W^{\perp}$也是σ－子空间.

证明 因为W是σ－子空间,并且σ是正交变换,所以$\sigma|_W$是W的可逆变换,从而对任意的$\boldsymbol{\alpha}\in W$,存在$\boldsymbol{\beta}\in W$,使得$\sigma(\boldsymbol{\beta})=\boldsymbol{\alpha}$.于是,对任意的$\boldsymbol{\gamma}\in W^{\perp}$,有$\langle\sigma(\boldsymbol{\gamma}),\boldsymbol{\alpha}\rangle=\langle\sigma(\boldsymbol{\gamma}),\sigma(\boldsymbol{\beta})\rangle=\langle\boldsymbol{\gamma},\boldsymbol{\beta}\rangle=0$,即$\sigma(\boldsymbol{\gamma})\perp W$,故$\sigma(\boldsymbol{\gamma})\in W^{\perp}$,所以$W^{\perp}$是$\sigma$－子空间.

【例2】 设$\boldsymbol{Q}$是一个正交矩阵,证明:

(1)$\boldsymbol{Q}$的行列式等于1或－1;

(2)$\boldsymbol{Q}$的特征根的模等于1;

(3)如果λ是$\boldsymbol{Q}$的一个特征根,那么$\dfrac{1}{\lambda}$也是$\boldsymbol{Q}$的一个特征根;

(4)$\boldsymbol{Q}^{-1}=\boldsymbol{Q}^{\mathrm{T}}$也是正交矩阵;

(5)$\boldsymbol{Q}$的伴随矩阵$\boldsymbol{Q}^{*}$也是正交矩阵.

证明 (1)$|\boldsymbol{Q}|^2=|\boldsymbol{Q}^{\mathrm{T}}\boldsymbol{Q}|=1$.

(2)设$\lambda\in\mathbb{C}$是$\boldsymbol{Q}$的一个特征根,$\boldsymbol{X}\neq\boldsymbol{0}$是属于$\lambda$的复特征向量,即

$$\boldsymbol{Q}\boldsymbol{X}=\lambda\boldsymbol{X}$$

上式两边取转置有$\boldsymbol{X}^{\mathrm{T}}\boldsymbol{Q}^{\mathrm{T}}=\lambda\boldsymbol{X}^{\mathrm{T}}$.于是

$$\overline{\boldsymbol{X}^{\mathrm{T}}\boldsymbol{Q}^{\mathrm{T}}}\boldsymbol{Q}\boldsymbol{X}=\overline{\lambda\boldsymbol{X}^{\mathrm{T}}}\lambda\boldsymbol{X}$$

进而

$$\overline{\boldsymbol{X}^{\mathrm{T}}}\boldsymbol{X}=\overline{\boldsymbol{X}^{\mathrm{T}}}\boldsymbol{Q}^{\mathrm{T}}\boldsymbol{Q}\boldsymbol{X}=\bar{\lambda}\,\lambda\,\overline{\boldsymbol{X}^{\mathrm{T}}}\boldsymbol{X}$$

因为$\boldsymbol{X}\neq\boldsymbol{0}$,从而$\overline{\boldsymbol{X}^{\mathrm{T}}}\boldsymbol{X}\neq 0$,所以$|\lambda|=1$.

(3)因为$\boldsymbol{Q}$是正交阵,$\boldsymbol{Q}^{-1}=\boldsymbol{Q}^{\mathrm{T}}$,而$\lambda$是$\boldsymbol{Q}$的特征根,所以$\lambda^{-1}$是$\boldsymbol{Q}^{-1}=\boldsymbol{Q}^{\mathrm{T}}$的特征根.但$\boldsymbol{Q}^{\mathrm{T}}$与$\boldsymbol{Q}$有相同的特征根,故$\lambda^{-1}$也是$\boldsymbol{Q}$的特征根.

(4)$\boldsymbol{Q}^{-1}(\boldsymbol{Q}^{-1})^{\mathrm{T}}=\boldsymbol{Q}^{-1}(\boldsymbol{Q}^{\mathrm{T}})^{-1}=(\boldsymbol{Q}^{\mathrm{T}}\boldsymbol{Q})^{-1}=\boldsymbol{I}$.

(5)$\boldsymbol{Q}^{*}=|\boldsymbol{Q}|\boldsymbol{Q}^{-1}=|\boldsymbol{Q}|\boldsymbol{Q}^{\mathrm{T}}=\pm\boldsymbol{Q}^{\mathrm{T}}$.

【例3】 设$\boldsymbol{\eta}$是n维欧氏空间V中的一个单位向量,定义

$$\sigma(\boldsymbol{\alpha})=\boldsymbol{\alpha}-2\langle\boldsymbol{\eta},\boldsymbol{\alpha}\rangle\boldsymbol{\eta},\ \forall\,\boldsymbol{\alpha}\in V$$

求证:σ是第二类(行列式等于－1)的正交变换.

证明 先证明σ是V的线性变换.对任意的$\boldsymbol{\alpha},\boldsymbol{\beta}\in V,k\in\mathbb{R}$,有

$$\sigma(\boldsymbol{\alpha}+\boldsymbol{\beta})=(\boldsymbol{\alpha}+\boldsymbol{\beta})-2\langle\boldsymbol{\eta},\boldsymbol{\alpha}+\boldsymbol{\beta}\rangle\boldsymbol{\eta}=$$
$$(\boldsymbol{\alpha}-2\langle\boldsymbol{\eta},\boldsymbol{\alpha}\rangle\boldsymbol{\eta})+(\boldsymbol{\beta}-2\langle\boldsymbol{\eta},\boldsymbol{\alpha}\rangle\boldsymbol{\eta})$$

$$\sigma(k\boldsymbol{\alpha}) = k\boldsymbol{\alpha} - 2\langle\boldsymbol{\eta}, k\boldsymbol{\alpha}\rangle\boldsymbol{\eta} = k(\boldsymbol{\alpha} - 2\langle\boldsymbol{\eta},\boldsymbol{\alpha}\rangle\boldsymbol{\eta}) = k\sigma(\boldsymbol{\alpha})$$

所以 σ 是线性变换.

把单位向量 $\boldsymbol{\eta}$ 扩为 $\boldsymbol{V}$ 的一个标准正交基 $\boldsymbol{\eta},\boldsymbol{\eta}_2,\cdots,\boldsymbol{\eta}_n$,则

$$\sigma(\boldsymbol{\eta}) = \boldsymbol{\eta} - 2\langle\boldsymbol{\eta},\boldsymbol{\eta}\rangle\boldsymbol{\eta} = -\boldsymbol{\eta}$$

$$\sigma(\boldsymbol{\eta}_i) = \boldsymbol{\eta}_i - 2\langle\boldsymbol{\eta},\boldsymbol{\eta}_i\rangle\boldsymbol{\eta} = \boldsymbol{\eta}_i, i = 2,\cdots,n$$

于是

$$\sigma(\boldsymbol{\eta},\boldsymbol{\eta}_2,\cdots,\boldsymbol{\eta}_n) = (\boldsymbol{\eta},\boldsymbol{\eta}_2,\cdots,\boldsymbol{\eta}_n)\boldsymbol{A}$$

其中 $\boldsymbol{A} = \mathrm{diag}(-1,1,\cdots,1)$ 为正交矩阵,故 σ 是正交变换.又因为 $|\boldsymbol{A}| = -1$,所以 σ 是第二类正交变换.

【例 4】 设 $\boldsymbol{V}$ 是 n 维欧氏空间,σ 是 $\boldsymbol{V}$ 上的一个正交变换,记

$$\boldsymbol{W}_1 = \{\boldsymbol{\alpha} \mid \sigma(\boldsymbol{\alpha}) = \boldsymbol{\alpha}\}, \boldsymbol{W}_2 = \{\boldsymbol{\alpha} - \sigma(\boldsymbol{\alpha}) \mid \boldsymbol{\alpha} \in \boldsymbol{V}\}$$

显然 $\boldsymbol{W}_1$ 和 $\boldsymbol{W}_2$ 都是 $\boldsymbol{V}$ 的子空间,试证明:$\boldsymbol{V} = \boldsymbol{W}_1 \oplus \boldsymbol{W}_2$.

证明 对任意的 $\boldsymbol{\alpha} \in \boldsymbol{W}_1 \cap \boldsymbol{W}_2$,有 $\boldsymbol{\alpha} = \sigma(\boldsymbol{\alpha}), \boldsymbol{\alpha} = \boldsymbol{\beta} - \sigma(\boldsymbol{\beta})$,其中 $\boldsymbol{\beta} \in \boldsymbol{V}$.于是

$$\langle\boldsymbol{\alpha},\boldsymbol{\alpha}\rangle = \langle\boldsymbol{\alpha},\boldsymbol{\beta} - \sigma(\boldsymbol{\beta})\rangle = \langle\boldsymbol{\alpha},\boldsymbol{\beta}\rangle - \langle\boldsymbol{\alpha},\sigma(\boldsymbol{\beta})\rangle =$$
$$\langle\boldsymbol{\alpha},\boldsymbol{\beta}\rangle - \langle\sigma(\boldsymbol{\alpha}),\sigma(\boldsymbol{\beta})\rangle = \langle\boldsymbol{\alpha},\boldsymbol{\beta}\rangle - \langle\boldsymbol{\alpha},\boldsymbol{\beta}\rangle = 0$$

所以 $\boldsymbol{\alpha} = \boldsymbol{0}$,故 $\boldsymbol{W}_1 \cap \boldsymbol{W}_2 = \{\boldsymbol{0}\}$.

令 ι 表示 $\boldsymbol{V}$ 的单位变换,则

$$\begin{aligned}\boldsymbol{W}_1 = &\{\boldsymbol{\alpha} \mid \sigma(\boldsymbol{\alpha}) = \boldsymbol{\alpha}\} = \\ &\{\boldsymbol{\alpha} \mid \iota(\boldsymbol{\alpha}) - \sigma(\boldsymbol{\alpha}) = \boldsymbol{0}\} = \\ &\{\boldsymbol{\alpha} \mid (\iota - \sigma)(\boldsymbol{\alpha}) = \boldsymbol{0}\} = \\ &\ker(\iota - \sigma)\end{aligned}$$

另一方面,有

$$\begin{aligned}\boldsymbol{W}_2 = &\{\boldsymbol{\alpha} - \sigma(\boldsymbol{\alpha}) \mid \boldsymbol{\alpha} \in \boldsymbol{V}\} = \\ &\{(\iota - \sigma)(\boldsymbol{\alpha}) \mid \boldsymbol{\alpha} \in \boldsymbol{V}\} = \mathrm{Im}\,(\iota - \sigma)\end{aligned}$$

于是 $\dim \boldsymbol{W}_1 + \dim \boldsymbol{W}_2 = n$,所以 $\boldsymbol{V} = \boldsymbol{W}_1 \oplus \boldsymbol{W}_2$.

【例 5】 设 $\boldsymbol{V}$ 是 n 维欧氏空间,σ 是 $\boldsymbol{V}$ 的线性变换,如果 σ 既是正交变换,又是对称变换,求证:σ^2 是单位变换.

证明 取 $\boldsymbol{V}$ 的一个标准正交基 $\boldsymbol{\beta}_1,\cdots,\boldsymbol{\beta}_n$.设 σ 在此基下的矩阵为 $\boldsymbol{A}$,则 $\boldsymbol{A}$ 既是正交矩阵,也是对称矩阵,且 σ^2 在此基下的矩阵为 $\boldsymbol{A}^2$.但 $\boldsymbol{A}^2 = \boldsymbol{A}\boldsymbol{A}^{\mathrm{T}} = \boldsymbol{I}$,故 σ^2 是单位变换.

【例 6】 已知 σ 为欧氏空间 $\boldsymbol{V}$ 的对称变换.求证:$\mathrm{Im}\,\sigma$ 是 $\ker\sigma$ 的正交补.

证明 对任意 $\sigma(\boldsymbol{\alpha}) \in \operatorname{Im}\sigma$ 和 $\boldsymbol{\beta} \in \ker\sigma$，有

$$\langle \sigma(\boldsymbol{\alpha}), \boldsymbol{\beta} \rangle = \langle \boldsymbol{\alpha}, \sigma(\boldsymbol{\beta}) \rangle = \langle \boldsymbol{\alpha}, 0 \rangle = 0$$

所以 $\operatorname{Im}\sigma \perp \ker\sigma$，此即 $\operatorname{Im}\sigma \subseteq (\ker\sigma)^{\perp}$. 另一方面

$$\dim \operatorname{Im}\sigma = n - \dim\ker\sigma = \dim((\ker\sigma)^{\perp})$$

故 $\operatorname{Im}\sigma = (\ker\sigma)^{\perp}$.

【例7】 设 σ 是 n 维欧氏空间 $\boldsymbol{V}$ 的对称变换. 证明：对 $\boldsymbol{V}$ 中任意向量 $\boldsymbol{\alpha}$ 都有 $\langle \sigma(\boldsymbol{\alpha}), \boldsymbol{\alpha} \rangle \geqslant 0$ 的充分必要条件是 σ 的特征值都是非负实数.

证明 由于 σ 是对称变换，取 $\boldsymbol{V}$ 的一组标准正交基 $\boldsymbol{\gamma}_1, \cdots, \boldsymbol{\gamma}_n$，且

$$\sigma(\boldsymbol{\gamma}_1, \cdots, \boldsymbol{\gamma}_n) = (\boldsymbol{\gamma}_1, \cdots, \boldsymbol{\gamma}_n)\boldsymbol{A}$$

则 $\boldsymbol{A}$ 是实对称矩阵. 对任意 $\boldsymbol{\alpha} = x_1\boldsymbol{\gamma}_1 + \cdots + x_n\boldsymbol{\gamma}_n \in \boldsymbol{V}$，令 $\boldsymbol{X} = (x_1, \cdots, x_n)^{\mathrm{T}}$，则

$$\langle \sigma(\boldsymbol{\alpha}), \boldsymbol{\alpha} \rangle = \langle x_1\sigma(\boldsymbol{\gamma}_1) + \cdots + x_n\sigma(\boldsymbol{\gamma}_n), x_1\boldsymbol{\gamma}_1 + \cdots + x_n\boldsymbol{\gamma}_n \rangle = (x_1, \cdots, x_n)\boldsymbol{A}(x_1, \cdots, x_n)^{\mathrm{T}} = \boldsymbol{X}^{\mathrm{T}}\boldsymbol{A}\boldsymbol{X}$$

从而

$$\langle \sigma(\boldsymbol{\alpha}), \boldsymbol{\alpha} \rangle \geqslant 0 \Leftrightarrow \boldsymbol{X}^{\mathrm{T}}\boldsymbol{A}\boldsymbol{X} \geqslant 0 \Leftrightarrow \boldsymbol{A}\text{ 半正定} \Leftrightarrow \boldsymbol{A}\text{ 的特征值都是非负实数} \Leftrightarrow \sigma\text{ 的特征值都是非负实数}$$

【例8】 设 n 维欧氏空间 $\boldsymbol{V}$ 的基 $\boldsymbol{\alpha}_1, \cdots, \boldsymbol{\alpha}_n$ 的度量矩阵为 $\boldsymbol{G}$，$\boldsymbol{V}$ 的线性变换 σ 在该基下的矩阵为 $\boldsymbol{A}$，证明：

(1) 若 σ 是正交变换，则 $\boldsymbol{A}^{\mathrm{T}}\boldsymbol{G}\boldsymbol{A} = \boldsymbol{G}$；

(2) 若 σ 是对称变换，则 $\boldsymbol{A}^{\mathrm{T}}\boldsymbol{G} = \boldsymbol{G}\boldsymbol{A}$.

证明 由题设知

$$\sigma(\boldsymbol{\alpha}_1, \cdots, \boldsymbol{\alpha}_n) = (\boldsymbol{\alpha}_1, \cdots, \boldsymbol{\alpha}_n)\boldsymbol{A}, \boldsymbol{G} = (\langle \boldsymbol{\alpha}_i, \boldsymbol{\alpha}_j \rangle)_{n\times n}$$

设 $\boldsymbol{A} = (a_{ij})$，$\boldsymbol{G} = (g_{ij})$，则

$$g_{ij} = \langle \boldsymbol{\alpha}_i, \boldsymbol{\alpha}_j \rangle, \sigma(\boldsymbol{\alpha}_i) = \sum_{j=1}^{n} a_{ji}\boldsymbol{\alpha}_j$$

(1) 由于 σ 是正交变换，所以 $\sigma(\boldsymbol{\alpha}_1), \cdots, \sigma(\boldsymbol{\alpha}_n)$ 也是 $\boldsymbol{V}$ 的一个基. 再由 $\langle \sigma(\boldsymbol{\alpha}), \sigma(\boldsymbol{\alpha}_j) \rangle = \langle \boldsymbol{\alpha}_i, \boldsymbol{\alpha}_j \rangle$ 知，基 $\sigma(\boldsymbol{\alpha}_1), \cdots, \sigma(\boldsymbol{\alpha}_n)$ 的度量矩阵也是 $\boldsymbol{G}$. 又从基 $\boldsymbol{\alpha}_1, \cdots, \boldsymbol{\alpha}_n$ 到基 $\sigma(\boldsymbol{\alpha}_1), \cdots, \sigma(\boldsymbol{\alpha}_n)$ 的过渡矩阵为 $\boldsymbol{A}$，因此有 $\boldsymbol{A}^{\mathrm{T}}\boldsymbol{G}\boldsymbol{A} = \boldsymbol{G}$.

(2) 由于 σ 是对称变换，所以 $\langle \sigma(\boldsymbol{\alpha}), \boldsymbol{\alpha}_j \rangle = \langle \boldsymbol{\alpha}_i, \sigma(\boldsymbol{\alpha}_j) \rangle$，即

$$\langle \sum_{k=1}^{n} a_{ki}\boldsymbol{\alpha}_k, \boldsymbol{\alpha}_j \rangle = \langle \boldsymbol{\alpha}_i, \sum_{k=1}^{n} a_{kj}\boldsymbol{\alpha}_k \rangle$$

于是

$$\sum_{k=1}^{n} a_{ki}\langle \boldsymbol{\alpha}_k, \boldsymbol{\alpha}_j \rangle = \sum_{k=1}^{n} \langle \boldsymbol{\alpha}_i, \boldsymbol{\alpha}_k \rangle a_{kj}$$

即$\sum_{k=1}^{n} a_{ki}g_{kj} = \sum_{k=1}^{n} g_{ik}a_{kj}$,也即

$$(a_{1i},\cdots,a_{ni})(g_{1j},\cdots,g_{nj})^{\mathrm{T}} = (g_{i1},\cdots,g_{in})(a_{1j},\cdots,a_{nj})^{\mathrm{T}}$$

故$\boldsymbol{A}^{\mathrm{T}}\boldsymbol{G} = \boldsymbol{G}\boldsymbol{A}$.

【例 9】 设σ是n维欧式空间$\boldsymbol{V}$的一个线性变换.证明:σ是对称变换的充分必要条件是σ有n个两两正交的特征向量.

证明 必要性 因为σ是对称变换,所以存在$\boldsymbol{V}$的一个标准正交基$\boldsymbol{\xi}_1,\boldsymbol{\xi}_2,\cdots,\boldsymbol{\xi}_n$使得$\sigma$关于此基的矩阵为对角形,即

$$\sigma(\boldsymbol{\xi}_1,\cdots,\boldsymbol{\xi}_n) = (\boldsymbol{\xi}_1,\cdots,\boldsymbol{\xi}_n)\begin{bmatrix} \lambda_1 & & & \\ & \lambda_2 & & \\ & & \ddots & \\ & & & \lambda_n \end{bmatrix}$$

也即$\sigma(\boldsymbol{\xi}_i) = \lambda_i\boldsymbol{\xi}_i(i = 1,2,\cdots,n)$,所以$\boldsymbol{\xi}_1,\boldsymbol{\xi}_2,\cdots,\boldsymbol{\xi}_n$都是$\sigma$的特征向量.又因为它们两两正交,故$\sigma$有$n$个两两正交的特征向量.

充分性 设$\boldsymbol{\alpha}_1,\boldsymbol{\alpha}_2,\cdots,\boldsymbol{\alpha}_n$为$\sigma$的$n$个两两正交的特征向量,它们分别属于特征值$\lambda_1,\lambda_2,\cdots,\lambda_n$.令

$$\boldsymbol{\xi}_i = \frac{\boldsymbol{\alpha}_i}{|\boldsymbol{\alpha}_i|}, i = 1,2,\cdots,n$$

则$\boldsymbol{\xi}_1,\boldsymbol{\xi}_2,\cdots,\boldsymbol{\xi}_n$为$\boldsymbol{V}$一个标准正交基,由于

$$\sigma(\boldsymbol{\xi}_i) = \frac{1}{|\boldsymbol{\alpha}_i|}\sigma(\boldsymbol{\alpha}_i) = \frac{\lambda_i}{|\boldsymbol{\alpha}_i|}\boldsymbol{\alpha}_i = \lambda_i\left(\frac{\boldsymbol{\alpha}_i}{|\boldsymbol{\alpha}_i|}\right) = \lambda_i\boldsymbol{\xi}_i, i = 1,2,\cdots,n$$

所以σ关于标准正交基$\boldsymbol{\xi}_1,\boldsymbol{\xi}_2,\cdots,\boldsymbol{\xi}_n$的矩阵为实对角矩阵,从而也是实对称矩阵,故$\sigma$为对称变换.

【例 10】 若欧氏空间$\boldsymbol{V}$的线性变换σ满足

$$\langle\sigma(\boldsymbol{\alpha}),\boldsymbol{\beta}\rangle = -\langle\boldsymbol{\alpha},\sigma(\boldsymbol{\beta})\rangle, \forall\, \boldsymbol{\alpha},\boldsymbol{\beta} \in \boldsymbol{V}$$

则称σ为反对称变换.证明:n维欧氏空间$\boldsymbol{V}$的线性变换σ是反对称变换的充分必要条件是σ在$\boldsymbol{V}$的标准正交基下的矩阵为实反对称矩阵.

证明 设$\boldsymbol{\gamma}_1,\cdots,\boldsymbol{\gamma}_n$为$\boldsymbol{V}$的一个标准正交基,$\sigma$在此基下的矩阵为$\boldsymbol{A} = (a_{ij})_{n\times n}$,则有

$$\sigma(\boldsymbol{\gamma}_1,\cdots,\boldsymbol{\gamma}_n) = (\boldsymbol{\gamma}_1,\cdots,\boldsymbol{\gamma}_n)\boldsymbol{A}$$

由此得

$$\sigma(\boldsymbol{\gamma}_i) = a_{1i}\boldsymbol{\gamma}_1 + \cdots + a_{ni}\boldsymbol{\gamma}_n, i = 1,\cdots,n$$

于是

$$\langle \sigma(\boldsymbol{\gamma}_i), \boldsymbol{\gamma}_j \rangle = \langle a_{1i}\boldsymbol{\gamma}_1 + \cdots + a_{ni}\boldsymbol{\gamma}_n, \boldsymbol{\gamma}_j \rangle = a_{ji}$$

$$\langle \boldsymbol{\gamma}_i, \sigma(\boldsymbol{\gamma}_j) \rangle = \langle \boldsymbol{\gamma}_i, a_{1j}\boldsymbol{\gamma}_1 + \cdots + a_{nj}\boldsymbol{\gamma}_n \rangle = a_{ij}$$

必要性　若 σ 是反对称变换,则

$$a_{ji} = \langle \sigma(\boldsymbol{\gamma}_i), \boldsymbol{\gamma}_j \rangle = -\langle \boldsymbol{\gamma}_i, \sigma(\boldsymbol{\gamma}_j) \rangle = -a_{ij}$$

所以 $\boldsymbol{A}^{\mathrm{T}} = -\boldsymbol{A}$,故 $\boldsymbol{A}$ 是实反对称矩阵.

充分性　若 $\boldsymbol{A}$ 是实反对称矩阵,即 $a_{ij} = -a_{ji}$,则

$$\langle \sigma(\boldsymbol{\gamma}_i), \boldsymbol{\gamma}_j \rangle = a_{ji} = -a_{ij} = -\langle \sigma(\boldsymbol{\gamma}_i), \boldsymbol{\gamma}_j \rangle$$

对任意的 $\boldsymbol{\alpha}, \boldsymbol{\beta} \in \boldsymbol{V}$,设 $\boldsymbol{\alpha} = \sum_{i=1}^{n} k_i\boldsymbol{\gamma}_i, \boldsymbol{\beta} = \sum_{j=1}^{n} l_j\boldsymbol{\gamma}_j$,则

$$\begin{aligned}\langle \sigma(\boldsymbol{\alpha}), \boldsymbol{\beta} \rangle &= \langle \sum_{i=1}^{n} k_i\sigma(\boldsymbol{\gamma}_i), \sum_{j=1}^{n} l_j\boldsymbol{\gamma}_j \rangle = \sum_{i=1}^{n}\sum_{j=1}^{n} k_il_j\langle \sigma(\boldsymbol{\gamma}_i), \boldsymbol{\gamma}_j \rangle = \\ &-\sum_{i=1}^{n}\sum_{j=1}^{n} k_il_j\langle \boldsymbol{\gamma}_i, \sigma(\boldsymbol{\gamma}_j) \rangle = -\langle \sum_{i=1}^{n} k_i\boldsymbol{\gamma}_i, \sum_{j=1}^{n} l_j\sigma(\boldsymbol{\gamma}_j) \rangle = \\ &-\langle \boldsymbol{\alpha}, \sigma(\boldsymbol{\beta}) \rangle\end{aligned}$$

故 σ 是反对称变换.

练习题

1. 设 $\boldsymbol{\alpha}_1, \boldsymbol{\alpha}_2, \cdots, \boldsymbol{\alpha}_m$ 是 n 维欧式空间 $\boldsymbol{V}$ 中的一组向量,而

$$\delta = \begin{bmatrix} \langle \boldsymbol{\alpha}_1, \boldsymbol{\alpha}_1 \rangle & \langle \boldsymbol{\alpha}_1, \boldsymbol{\alpha}_2 \rangle & \cdots & \langle \boldsymbol{\alpha}_1, \boldsymbol{\alpha}_m \rangle \\ \langle \boldsymbol{\alpha}_2, \boldsymbol{\alpha}_1 \rangle & \langle \boldsymbol{\alpha}_2, \boldsymbol{\alpha}_2 \rangle & \cdots & \langle \boldsymbol{\alpha}_2, \boldsymbol{\alpha}_m \rangle \\ \vdots & \vdots & \ddots & \vdots \\ \langle \boldsymbol{\alpha}_m, \boldsymbol{\alpha}_1 \rangle & \langle \boldsymbol{\alpha}_m, \boldsymbol{\alpha}_2 \rangle & \cdots & \langle \boldsymbol{\alpha}_m, \boldsymbol{\alpha}_m \rangle \end{bmatrix}$$

求证:当且仅当 $|\delta| \neq 0$ 时,$\boldsymbol{\alpha}_1, \boldsymbol{\alpha}_2, \cdots, \boldsymbol{\alpha}_m$ 线性无关.

2. 设 $\boldsymbol{\alpha}$ 是欧式空间 $\boldsymbol{V}$ 的一个非零向量,$\boldsymbol{\alpha}_1, \boldsymbol{\alpha}_2, \cdots, \boldsymbol{\alpha}_m \in \boldsymbol{V}$ 满足条件

$$\langle \boldsymbol{\alpha}_i, \boldsymbol{\alpha} \rangle > 0, i = 1,2,\cdots,m, \langle \boldsymbol{\alpha}_i, \boldsymbol{\alpha}_j \rangle \leqslant 0, i,j = 1,2,\cdots,m; i \neq j$$

证明:$\boldsymbol{\alpha}_1, \boldsymbol{\alpha}_2, \cdots, \boldsymbol{\alpha}_m$ 线性无关.

3. 证明:在欧式空间中,对任意向量 $\boldsymbol{\alpha}, \boldsymbol{\beta}$,以下等式成立:

(1) $|\boldsymbol{\alpha} + \boldsymbol{\beta}|^2 + |\boldsymbol{\alpha} - \boldsymbol{\beta}|^2 = 2|\boldsymbol{\alpha}|^2 + 2|\boldsymbol{\beta}|^2$;

(2) $\langle \boldsymbol{\alpha}, \boldsymbol{\beta} \rangle = \dfrac{1}{4}|\boldsymbol{\alpha} + \boldsymbol{\beta}|^2 - \dfrac{1}{4}|\boldsymbol{\alpha} - \boldsymbol{\beta}|^2$.

4. 设 $\boldsymbol{V}$ 是 n 维欧式空间,证明:对于任意一个 n 阶正定矩阵 $\boldsymbol{A}$,有 $\boldsymbol{V}$ 的一个

基 $\boldsymbol{\alpha}_1,\boldsymbol{\alpha}_2,\cdots,\boldsymbol{\alpha}_n$,使得 $\boldsymbol{A}$ 为其度量矩阵.

5.设 $\boldsymbol{\alpha}_1,\boldsymbol{\alpha}_2,\cdots,\boldsymbol{\alpha}_n$ 为 n 维欧式空间 $\boldsymbol{V}$ 的一个基.证明:这个基是标准正交基的充分必要条件是,对 $\boldsymbol{V}$ 中的任意向量 $\boldsymbol{\alpha}$ 都有

$$\boldsymbol{\alpha} = \langle\boldsymbol{\alpha},\boldsymbol{\alpha}_1\rangle\boldsymbol{\alpha}_1 + \langle\boldsymbol{\alpha},\boldsymbol{\alpha}_2\rangle\boldsymbol{\alpha}_2 + \cdots + \langle\boldsymbol{\alpha},\boldsymbol{\alpha}_n\rangle\boldsymbol{\alpha}_n$$

6.设 $\boldsymbol{\alpha}_1,\boldsymbol{\alpha}_2,\cdots,\boldsymbol{\alpha}_m$ 为欧式空间 $\boldsymbol{V}$ 的一个标准正交组.证明:对于任意 $\boldsymbol{\alpha} \in \boldsymbol{V}$,以下不等式成立:$\sum\limits_{i=1}^{m}\langle\boldsymbol{\alpha},\boldsymbol{\alpha}_i\rangle^2 \leqslant |\boldsymbol{\alpha}|^2$.

7.设 $\boldsymbol{V}_1$ 为 n 维欧式空间 $\boldsymbol{V}$ 的子空间,$\boldsymbol{\alpha} \in \boldsymbol{V}$.证明:在 $\boldsymbol{V}_1$ 中存在唯一向量 $\boldsymbol{\alpha}_0$,使得 $\boldsymbol{\alpha} - \boldsymbol{\alpha}_0$ 与 $\boldsymbol{V}_1$ 中任意向量正交.

8.设 $\boldsymbol{A},\boldsymbol{B}$ 为 n 阶正交矩阵,且 $|\boldsymbol{A}| = -|\boldsymbol{B}|$,求证:$|\boldsymbol{A}+\boldsymbol{B}| = 0$.

9.已知 n 维欧式空间 $\boldsymbol{V}$ 的一个标准正交基为 $\boldsymbol{\alpha}_1,\boldsymbol{\alpha}_2,\cdots,\boldsymbol{\alpha}_n$,且 $\boldsymbol{\alpha}_0 = \boldsymbol{\alpha}_1 + 2\boldsymbol{\alpha}_2 + \cdots + n\boldsymbol{\alpha}_n$.定义变换 $\sigma(\boldsymbol{\alpha}) = \boldsymbol{\alpha} + k\langle\boldsymbol{\alpha},\boldsymbol{\alpha}_0\rangle\boldsymbol{\alpha}_0$($\boldsymbol{\alpha} \in \boldsymbol{V}$,$k$ 为非零实数).

(1) 验证 σ 是线性变换;

(2) 求 σ 在标准正交基 $\boldsymbol{\alpha}_1,\boldsymbol{\alpha}_2,\cdots,\boldsymbol{\alpha}_n$ 下的矩阵;

(3) 证明:σ 为正交变换的充分必要条件是 $k = -\dfrac{2}{1^2+2^2+\cdots+n^2}$.

10.设 $\boldsymbol{\alpha}_1,\boldsymbol{\alpha}_2,\cdots,\boldsymbol{\alpha}_n$ 和 $\boldsymbol{\beta}_1,\boldsymbol{\beta}_2,\cdots,\boldsymbol{\beta}_n$ 为欧式空间 $\boldsymbol{V}$ 的两个基.证明:如果

$$\langle\boldsymbol{\alpha}_i,\boldsymbol{\alpha}_j\rangle = \langle\boldsymbol{\beta}_i,\boldsymbol{\beta}_j\rangle,\ i,j = 1,2,\cdots,n$$

则子空间

$$\boldsymbol{V}_1 = \mathscr{L}(\boldsymbol{\alpha}_1,\cdots,\boldsymbol{\alpha}_n) \text{ 与 } \boldsymbol{V}_2 = \mathscr{L}(\boldsymbol{\beta}_1,\cdots,\boldsymbol{\beta}_n)$$

同构.

11.设 $\boldsymbol{A}$ 为 n 阶非零实矩阵,其中 $n \geqslant 3$.若 $\boldsymbol{A}$ 的每一个元素 $a_{ij} = A_{ij}$,其中 A_{ij} 为 a_{ij} 的代数余子式.求证:$\boldsymbol{A}$ 为正交阵.

12.设 $\boldsymbol{V}$ 为一个 n 维欧式空间,$\boldsymbol{\alpha}_1,\cdots,\boldsymbol{\alpha}_n$ 为 $\boldsymbol{V}$ 的一个标准正交基,σ 是 $\boldsymbol{V}$ 上的线性变换,$\boldsymbol{A}$ 是 σ 关于基 $\boldsymbol{\alpha}_1,\cdots,\boldsymbol{\alpha}_n$ 的矩阵.证明:$a_{ji} = \langle\sigma(\boldsymbol{\alpha}_i),\boldsymbol{\alpha}_j\rangle$($i,j = 1,\cdots,n$).

13.设 σ 为 n 维欧式空间 $\boldsymbol{V}$ 的对称变换,$\boldsymbol{\lambda}$ 为 σ 的一个特征向量,$\boldsymbol{V}_1 = \{\boldsymbol{\xi} \mid \langle\sigma(\boldsymbol{\xi}),\boldsymbol{\alpha}\rangle = 0\}$.证明:$\boldsymbol{V}_1$ 是 σ - 子空间.

14.设 $\boldsymbol{V}$ 为 n 维欧式空间,$\boldsymbol{\alpha},\boldsymbol{\beta},\boldsymbol{\gamma}$ 为 $\boldsymbol{V}$ 中线性无关的固定向量.证明:

(1) $\boldsymbol{W} = \{\boldsymbol{\xi} \mid \langle\boldsymbol{\xi},\boldsymbol{\alpha}\rangle = \langle\boldsymbol{\xi},\boldsymbol{\beta}\rangle = \langle\boldsymbol{\xi},\boldsymbol{\gamma}\rangle = 0\}$ 为 $\boldsymbol{V}$ 的一个子空间;

(2) $\dim \boldsymbol{W} = n-3$.

15.证明:在 n 维欧式空间中,两两成钝角的元素不多于 $n+1$ 个.

16.设 σ 是 n 维欧式空间 $\boldsymbol{V}$ 的对称变换.证明:对 $\boldsymbol{V}$ 中任意向量 $\boldsymbol{\alpha}$ 都有 $\langle\sigma(\boldsymbol{\alpha}),\boldsymbol{\alpha}\rangle \geqslant 0$ 的充分必要条件是 σ 的特征值都是非负实数.

第 8 章 二次型

8.1 正定二次型和正定矩阵

一、相关知识

1. 设$\mathbb{F}$是一个数域，$\mathbb{F}$上 n 元二次多项式

$$q(x_1,x_2,\cdots,x_n) = a_{11}x_1^2 + a_{22}x_2^2 + \cdots + a_{nn}x_n^2 + 2a_{12}x_1x_2 + 2a_{13}x_1x_3 + \cdots + 2a_{n-1,n}x_{n-1}x_n$$

称为$\mathbb{F}$上的一个 n 元二次型. 其一般形式为

$$q(x_1,x_2,\cdots,x_n) = (x_1,\cdots,x_n)\boldsymbol{A}\begin{bmatrix} x_1 \\ \vdots \\ x_n \end{bmatrix} = \boldsymbol{X}^{\mathrm{T}}\boldsymbol{A}\boldsymbol{X}$$

其中 $\boldsymbol{A} = (a_{ij}) = \boldsymbol{A}^{\mathrm{T}}$, $\boldsymbol{X} = (x_1,\cdots,x_n)^{\mathrm{T}}$，称 $\boldsymbol{A}$ 为二次型 $q(x_1,\cdots,x_n)$ 的矩阵.

当$\mathbb{F}$为实(复)数域时，称 $q(x_1,\cdots,x_n)$ 为实(复)二次型.

二次型的秩指的是它的矩阵的秩.

2. 称实二次型

$$x_1^2 + \cdots + x_p^2 - x_{p+1}^2 - \cdots - x_r^2$$

为规范形，这里 p 为正惯性指数，$r-p$ 为负惯性指数，$p-(r-p) = 2p-r$ 称为二次型的符号差.

3. 设 $f(\boldsymbol{X}) = \boldsymbol{X}^{\mathrm{T}}\boldsymbol{A}\boldsymbol{X}$ 为 n 元实二次型.

(1) 若对任意非零 n 元实列向量 $\boldsymbol{X}$，都有 $\boldsymbol{X}^{\mathrm{T}}\boldsymbol{A}\boldsymbol{X} > 0$，则称 f 为正定二次型，称 $\boldsymbol{A}$ 为正定矩阵.

(2) 若对任意非零 n 元实列向量 $\boldsymbol{X}$，都有 $\boldsymbol{X}^{\mathrm{T}}\boldsymbol{A}\boldsymbol{X} \geqslant 0$，则称 f 为半正定二次型，称 $\boldsymbol{A}$ 为半正定矩阵.

(3) 若对任意非零 n 元实列向量 $\boldsymbol{X}$，都有 $\boldsymbol{X}^{\mathrm{T}}\boldsymbol{A}\boldsymbol{X} < 0$，则称 f 为负定二次型，称 $\boldsymbol{A}$ 为负定矩阵.

(4) 若对任意非零 n 元实列向量 $\boldsymbol{X}$，都有 $\boldsymbol{X}^{\mathrm{T}}\boldsymbol{A}\boldsymbol{X} \leqslant 0$，则称 f 为半负定二次型，而称 $\boldsymbol{A}$ 为半负定矩阵.

(5) 若 f 既不是半正定也不是半负定，则称 f 为不定的.

4. 设 n 元实二次型

$$f(x_1,\cdots,x_n) = \sum_{i=1}^{n}\sum_{j=1}^{n} a_{ij}x_ix_j = \boldsymbol{X}^{\mathrm{T}}\boldsymbol{A}\boldsymbol{X}$$

其中 $\boldsymbol{A} = (a_{ij}), a_{ij} = a_{ji}, i,j = 1,\cdots,n, \boldsymbol{X} = (x_1,\cdots,x_n)^{\mathrm{T}}$，是正定的与下列条件等价：

(1) q 有形如 $y_1^2 + \cdots + y_n^2$ 的规范形，或等价地，$\boldsymbol{A}$ 合同于单位阵；

(2) $q(x_1,\cdots,x_n)$ 的秩和符号差都等于 n；

(3) $\boldsymbol{A}$ 的特征根都大于零；

(4) $\boldsymbol{A}$ 的所有顺序主子式都大于零，即

$$a_{11} > 0, \begin{vmatrix} a_{11} & a_{12} \\ a_{21} & a_{22} \end{vmatrix} > 0, \cdots, |\boldsymbol{A}| > 0$$

(5) $\boldsymbol{A}$ 的所有主子式都大于零.

由最后一个条件推出，若 $\boldsymbol{A} = (a_{ij})$ 正定，则 $a_{ii} > 0, i = 1,2,\cdots,n$.

二、例题

【例 1】 设 $\boldsymbol{A}$ 是 n 阶实矩阵，则下列说法等价：

(1) $\boldsymbol{A}$ 正定；

(2) 存在可逆矩阵 $\boldsymbol{B}$，使 $\boldsymbol{A} = \boldsymbol{B}^{\mathrm{T}}\boldsymbol{B}$；

(3) 存在列满秩矩阵 $\boldsymbol{B}$，使 $\boldsymbol{A} = \boldsymbol{B}^{\mathrm{T}}\boldsymbol{B}$.

证明 (1)$\Rightarrow$(2) 由 $\boldsymbol{A}$ 正定，故 $\boldsymbol{A}$ 合同于单位阵，即存在可逆阵 $\boldsymbol{P}$，使得 $\boldsymbol{P}^{\mathrm{T}}\boldsymbol{A}\boldsymbol{P} = \boldsymbol{I}_n$. 所以 $\boldsymbol{A} = (\boldsymbol{P}^{\mathrm{T}})^{-1}\boldsymbol{P}^{-1}$. 令 $\boldsymbol{B} = \boldsymbol{P}^{-1}$，则

$$\boldsymbol{A} = (\boldsymbol{P}^{\mathrm{T}})^{-1}\boldsymbol{P}^{-1} = (\boldsymbol{P}^{-1})^{\mathrm{T}}\boldsymbol{P}^{-1} = \boldsymbol{B}^{\mathrm{T}}\boldsymbol{B}$$

(2)$\Rightarrow$(3) 显然.

(3)$\Rightarrow$(1) 设 $\boldsymbol{B}$ 为 $m \times n$ 矩阵，由 $\boldsymbol{B}$ 列满秩，故 $m \geqslant n$. 要证明 $\boldsymbol{A}$ 正定，只须证明对任意的非零 n 维列向量 $\boldsymbol{X}$，有 $\boldsymbol{X}^{\mathrm{T}}\boldsymbol{A}\boldsymbol{X} > 0$，即

$$\boldsymbol{X}^{\mathrm{T}}\boldsymbol{B}^{\mathrm{T}}\boldsymbol{B}\boldsymbol{X} > 0$$

也即 $(\boldsymbol{B}\boldsymbol{X})^{\mathrm{T}}\boldsymbol{B}\boldsymbol{X} > 0$. 因为 $\boldsymbol{B}$ 是列满秩矩阵，所以齐次线性方程组 $\boldsymbol{B}\boldsymbol{X} = \boldsymbol{0}$ 无非零解，即对任意给定的非零向量 $\boldsymbol{X}$，有 $\boldsymbol{B}\boldsymbol{X} \neq \boldsymbol{0}$. 设 $\boldsymbol{B}\boldsymbol{X} = (x_1,\cdots,x_m)^{\mathrm{T}}$，则 $x_1,\cdots,x_m$ 不全为零，故

$$(BX)^{\mathrm{T}}BX = x_1^2 + \cdots + x_m^2 > 0$$

于是 A 正定.

【例 2】　设 A 是 n 阶正定矩阵,则

(1) A^{-1} 是正定矩阵;

(2) $kA(k > 0)$ 是正定矩阵;

(3) A^* 是正定矩阵;

(4) A^m(m 为正整数)是正定矩阵;

(5) 若 B 是 n 阶正定阵,那么 $A + B$ 也是正定阵.

证明　(1) 因为 A 正定,则存在可逆阵 B,使得 $A = B^{\mathrm{T}}B$.因为

$$B^{\mathrm{T}}BB^{-1}(B^{\mathrm{T}})^{-1} = B^{\mathrm{T}}(B^{\mathrm{T}})^{-1} = I_n$$

所以 $A^{-1} = B^{-1}(B^{\mathrm{T}})^{-1} = B^{-1}(B^{-1})^{\mathrm{T}}$,故 A^{-1} 是正定矩阵.

(2) 对任意非零的 n 维实列向量 X,因为 A 正定,所以

$$X^{\mathrm{T}}(kA)X = k(X^{\mathrm{T}}AX) > 0$$

(3) 因为 A 正定,则 $|A| > 0$,A^{-1} 正定,由(2)知 $A^* = |A|A^{-1}$ 是正定阵.

(4) 由 A 正定,存在 n 阶正交阵 Q,使得 $Q^{\mathrm{T}}AQ$ 为对角阵,且主对角线元素均为正数.设

$$Q^{\mathrm{T}}AQ = \mathrm{diag}(\lambda_1, \cdots, \lambda_n)$$

其中 $\lambda_i > 0, i = 1, \cdots, n$,则

$$Q^{\mathrm{T}}A^mQ = (Q^{\mathrm{T}}AQ)^m = \mathrm{diag}(\lambda_1^m, \cdots, \lambda_n^m)$$

所以 A^m 正定.

(5) 因为 A 和 B 都是 n 阶正定矩阵,对任意的非零向量 X,有

$$X^{\mathrm{T}}AX > 0, X^{\mathrm{T}}BX > 0$$

所以

$$X^{\mathrm{T}}(A + B)X = X^{\mathrm{T}}AX + X^{\mathrm{T}}BX > 0$$

故 $A + B$ 正定.

【例 3】　(1) 若 $A = (a_{ij})$ 是正定阵,则

$$|A| \leqslant a_{nn}M_{n-1}$$

其中 M_{n-1} 是 A 的 $n - 1$ 阶的顺序主子式.

(2) 若 A 是正定阵,则

$$|A| \leqslant a_{11}a_{22}\cdots a_{nn}$$

(3) 若 $A = (a_{ij})$ 是任意的 n 阶实矩阵,则

$$|A|^2 \leqslant \prod_{j=1}^{n}(a_{1j}^2 + a_{2j}^2 + \cdots + a_{nj}^2)$$

证明 (1) 记

$$A=\begin{bmatrix}A_{n-1} & \boldsymbol{\alpha}\\ \boldsymbol{\alpha}^{T} & a_{nn}\end{bmatrix}$$

则有下式成立

$$\begin{bmatrix}I_{n-1} & 0\\ -\boldsymbol{\alpha}^{T}A_{n-1}^{-1} & 1\end{bmatrix}\begin{bmatrix}A_{n-1} & \boldsymbol{\alpha}\\ \boldsymbol{\alpha}^{T} & a_{nn}\end{bmatrix}=\begin{bmatrix}A_{n-1} & \boldsymbol{\alpha}\\ 0 & a_{nn}-\boldsymbol{\alpha}^{T}A_{n-1}^{-1}\boldsymbol{\alpha}\end{bmatrix}$$

在上式两边取行列式得

$$|A|=(a_{nn}-\boldsymbol{\alpha}^{T}A_{n-1}^{-1}\boldsymbol{\alpha})|A_{n-1}|$$

因为 A_{n-1} 是正定矩阵,从而 $\boldsymbol{\alpha}^{T}A_{n-1}^{-1}\boldsymbol{\alpha}\geqslant 0$,所以 $|A|\leqslant a_{nn}|A_{n-1}|$.

(2) 对 n 用归纳法.当 $n=1$ 时,$|A|=a_{11}$,结论成立.假设当 $n-1$ 时结论成立,即 $|A_{n-1}|\leqslant a_{11}\cdots a_{n-1,n-1}$.对 n 阶正定阵 A,由(1)有

$$|A|\leqslant a_{nn}|A_{n-1}|\leqslant a_{11}\cdots a_{nn}$$

(3) 分两种情况讨论.若 $|A|=0$,则由 A 是实矩阵,不等式显然成立.

若 $|A|\neq 0$,则 $A^{T}A$ 为正定阵,于是

$$A^{T}A=(a_{ji})(a_{ij})=\begin{bmatrix}\sum_{i=1}^{n}a_{i1}^{2} & & & *\\ & \sum_{i=1}^{n}a_{i2}^{2} & & \\ & & \ddots & \\ * & & & \sum_{i=1}^{n}a_{in}^{2}\end{bmatrix}$$

由(2)知

$$|A|^{2}=|A^{T}A|\leqslant\prod_{j=1}^{n}\sum_{i=1}^{n}a_{ij}^{2}=\prod_{j=1}^{n}(a_{1j}^{2}+\cdots+a_{nj}^{2})$$

【例4】 设 A 为 m 阶正定矩阵,B 为 $m\times n$ 实矩阵,试证:$B^{T}AB$ 正定的充分必要条件为 $R(B)=n$.

证明 必要性 已知 $B^{T}AB$ 为正定矩阵,则对任意的实 n 维列向量 $X\neq\mathbf{0}$,有 $X^{T}B^{T}ABX>0$,即 $(BX)^{T}A(BX)>0$.于是 $BX\neq 0$,故齐次线性方程组 $BX=\mathbf{0}$ 只有零解,所以 $R(B)=n$.

充分性 因为

$$(B^{T}AB)^{T}=B^{T}A^{T}B=B^{T}AB$$

所以 $B^{T}AB$ 为实对称矩阵.由 $R(B)=n$,则齐次线性方程组 $BX=0$ 只有零解,

从而对任意的实 n 维列向量 $\boldsymbol{X}\neq\boldsymbol{0}$,有 $\boldsymbol{BX}\neq\boldsymbol{0}$. 又 $\boldsymbol{A}$ 为正定矩阵,所以对于 $\boldsymbol{BX}\neq 0$ 有 $(\boldsymbol{BX})^{\mathrm{T}}\boldsymbol{A}(\boldsymbol{BX})>\boldsymbol{0}$. 于是,对任意的 $\boldsymbol{X}\neq\boldsymbol{0}$,有

$$\boldsymbol{X}^{\mathrm{T}}(\boldsymbol{B}^{\mathrm{T}}\boldsymbol{AB})\boldsymbol{X}=(\boldsymbol{X}^{\mathrm{T}}\boldsymbol{B}^{\mathrm{T}})\boldsymbol{A}(\boldsymbol{BX})=(\boldsymbol{BX})^{\mathrm{T}}\boldsymbol{A}(\boldsymbol{BX})>0$$

故 $\boldsymbol{B}^{\mathrm{T}}\boldsymbol{AB}$ 正定.

【例 5】 设 $\boldsymbol{A}$ 为 n 阶正定矩阵,$\boldsymbol{B}$ 为 n 阶实反对称矩阵. 求证:$\boldsymbol{A}-\boldsymbol{B}^2$ 是正定矩阵.

证明 因为 $\boldsymbol{A}$ 是正定矩阵,所以 $\boldsymbol{A}^{\mathrm{T}}=\boldsymbol{A}$,且对任意的 n 维实列向量 $\boldsymbol{X}\neq\boldsymbol{0}$,有 $\boldsymbol{X}^{\mathrm{T}}\boldsymbol{AX}>0$. 又 $\boldsymbol{B}$ 是实反对称矩阵,即 $\boldsymbol{B}^{\mathrm{T}}=-\boldsymbol{B}$,从而

$$(\boldsymbol{A}-\boldsymbol{B}^2)^{\mathrm{T}}=\boldsymbol{A}^{\mathrm{T}}-(\boldsymbol{B}^{\mathrm{T}})^2=\boldsymbol{A}-(-\boldsymbol{B})^2=\boldsymbol{A}-\boldsymbol{B}^2$$

即 $\boldsymbol{A}-\boldsymbol{B}^2$ 是实对称矩阵. 对任意的 n 维实列向量 $\boldsymbol{X}$,有

$$\boldsymbol{X}^{\mathrm{T}}(\boldsymbol{A}-\boldsymbol{B}^2)\boldsymbol{X}=\boldsymbol{X}^{\mathrm{T}}(\boldsymbol{A}+\boldsymbol{B}^{\mathrm{T}}\boldsymbol{B})\boldsymbol{X}=\boldsymbol{X}^{\mathrm{T}}\boldsymbol{AX}+(\boldsymbol{BX})^{\mathrm{T}}(\boldsymbol{BX})>0$$

故 $\boldsymbol{A}-\boldsymbol{B}^2$ 是正定矩阵.

【例 6】 设 $\boldsymbol{A}$ 是 n 阶实对称矩阵,且满足

$$\boldsymbol{A}^4-4\boldsymbol{A}^3+7\boldsymbol{A}^2-16\boldsymbol{A}+12\boldsymbol{I}=\boldsymbol{0}$$

求证:$\boldsymbol{A}$ 是正定阵.

证明 设 λ 为 $\boldsymbol{A}$ 的任意特征值,$\boldsymbol{\xi}$ 为 $\boldsymbol{A}$ 的属于 λ 的特征向量,则

$$\boldsymbol{0}=(\boldsymbol{A}^4-4\boldsymbol{A}^3+7\boldsymbol{A}^2-16\boldsymbol{A}+12\boldsymbol{I})\boldsymbol{\xi}=$$
$$(\lambda^4-4\lambda^3+7\lambda^2-16\lambda+12)\boldsymbol{\xi}$$

由 $\boldsymbol{\xi}\neq\boldsymbol{0}$ 得

$$\lambda^4-4\lambda^3+7\lambda^2-16\lambda+12=0$$

解得其根为 1,3,±2i. 因为实对称矩阵的特征值为实数,所以 $\boldsymbol{A}$ 的特征值为 1 或 3,故 $\boldsymbol{A}$ 为正定矩阵.

【例 7】 已知 $\boldsymbol{A}-\boldsymbol{I}$ 为 n 阶正定矩阵,证明:$\boldsymbol{I}-\boldsymbol{A}^{-1}$ 是正定矩阵.

证明 设 $\lambda_1,\cdots,\lambda_n$ 为 $\boldsymbol{A}$ 的全部特征值,则 $\lambda_1-1,\cdots,\lambda_n-1$ 为 $\boldsymbol{A}-\boldsymbol{I}$ 的全部特征值. 由 $\boldsymbol{A}-\boldsymbol{I}$ 正定可知 $\lambda_i-1>0,i=1,\cdots,n$,即 $\lambda_i>1,i=1,\cdots,n$,所以 $\boldsymbol{A}$ 是可逆阵.

由 $\boldsymbol{A}-\boldsymbol{I}$ 正定可知 $\boldsymbol{A}$ 是实对称矩阵,从而

$$(\boldsymbol{I}-\boldsymbol{A}^{-1})^{\mathrm{T}}=\boldsymbol{I}-(\boldsymbol{A}^{-1})^{\mathrm{T}}=\boldsymbol{I}-(\boldsymbol{A}^{\mathrm{T}})^{-1}=\boldsymbol{I}-\boldsymbol{A}^{-1}$$

故 $\boldsymbol{I}-\boldsymbol{A}^{-1}$ 是实对称矩阵. 因为 $\boldsymbol{I}-\boldsymbol{A}^{-1}$ 的全部特征值为

$$1-\frac{1}{\lambda_1},\cdots,1-\frac{1}{\lambda_n}$$

且 $\lambda_i>1,i=1,\cdots,n$,所以 $1-\dfrac{1}{\lambda_i}>0,i=1,\cdots,n$,即 $\boldsymbol{I}-\boldsymbol{A}^{-1}$ 的每个特征值

都大于零，于是 $I - A^{-1}$ 正定.

【例8】 设 $D = \begin{bmatrix} A & C \\ C^T & B \end{bmatrix}$ 为正定矩阵，其中 A,B 分别为 m 阶和 n 阶对称矩阵，C 为 $m \times n$ 矩阵.

(1) 计算 P^TDP，其中 $P = \begin{bmatrix} I_m & -A^{-1}C \\ 0 & I_n \end{bmatrix}$；

(2) 证明 $B - C^TA^{-1}C$ 正定.

证明 (1) 由 $P^T = \begin{bmatrix} I_m & 0 \\ -A^{-1}C & I_n \end{bmatrix}$，直接计算得

$$P^TDP = \begin{bmatrix} I_m & 0 \\ -A^{-1}C & I_n \end{bmatrix}\begin{bmatrix} A & C \\ C^T & B \end{bmatrix}\begin{bmatrix} I_m & -A^{-1}C \\ 0 & I_n \end{bmatrix} =$$

$$\begin{bmatrix} A & C \\ 0 & B - C^TA^{-1}C \end{bmatrix}\begin{bmatrix} I_m & -A^{-1}C \\ 0 & I_n \end{bmatrix} =$$

$$\begin{bmatrix} A & 0 \\ 0 & B - C^TA^{-1}C \end{bmatrix}$$

(2) 由(1) 知矩阵 D 合同于矩阵

$$M = \begin{bmatrix} A & 0 \\ 0 & B - C^TA^{-1}C \end{bmatrix}$$

又因 D 正定，所以 M 为正定矩阵. 特别地，M 是对称阵，所以 $B - C^TA^{-1}C$ 为对称阵. 对任意的 $X = (x_1,\cdots,x_n)^T \neq 0$，令 $Y = (0,\cdots,0)^T$ 为 m 维列向量，则由 M 正定，有

$$X^T(B - C^TA^{-1}C)X = (Y^T, X^T)\begin{bmatrix} A & 0 \\ 0 & B - C^TA^{-1}C \end{bmatrix}\begin{bmatrix} Y \\ X \end{bmatrix} > 0$$

故 $B - C^TA^{-1}C$ 正定.

8.2 半正定二次型

一、相关知识

设 $f = X^TAX$ 为 n 元实二次型，则下列说法等价：

(1) f 有形如 $y_1^2 + \cdots + y_r^2$ 的规范形，或等价地，A 合同于对角形 $\mathrm{diag}(I_r, 0)$；

(2) f 的负惯性指数为零；

(3)A 的所有特征值非负;

(4)A 的所有主子式皆非负.

二、例题

【例 1】 设实二次型 $f(x_1,\cdots,x_n)$ 是半正定的,则它的正惯性指数与秩相等,反之亦然.

证明 设 f 半正定,其秩为 r,正惯性指数为 p. 若 $r \neq p$,则必有 $p < r$,于是又非退化变量替换 $X = PY$ 将 f 化为标准形

$$f(x_1,\cdots,x_n) = y_1^2 + \cdots + y_p^2 - y_{p+1}^2 - \cdots - y_r^2$$

令 $Y_0 = (0,\cdots,0,\overset{(p+1)}{1},0,\cdots,0)$. 由 P 的可逆性知

$$X_0 = PY_0 \neq \mathbf{0}$$

并且 $f(X_0) = -1 < 0$,这与 f 半正定矛盾,故 $p = r$.

反之,设 f 的秩与正惯性指数相等,即 $p = r$,则 f 可经非退化线性替换 $X = PY$ 化为标准形

$$f(x_1,\cdots,x_n) = y_1^2 + \cdots + y_r^2$$

于是对于任意非零 n 维实列向量 $X = (x_1,\cdots,x_n)^{\mathrm{T}}$,由 $X = PY$ 得非零 n 维实列向量 $Y = (y_1,\cdots,y_r)^{\mathrm{T}}$,使得

$$f(x_1,\cdots,x_n) = y_1^2 + \cdots + y_r^2 \geqslant 0$$

故 f 为半正定的实二次型.

【例 2】 设 $A \in M_n(\mathbb{R})$,则以下条件互相等价:

(1)A 半正定;

(2) 存在半正定矩阵 B,使得 $A = B^2$;

(3) 存在半正定矩阵 B 与 $k \geqslant 1$,使得 $A = B^k$.

证明 (1)$\Rightarrow$(2) 设 A 半正定,则有正交矩阵 P 使得

$$P^{-1}AP = \mathrm{diag}(\lambda_1,\lambda_2,\cdots,\lambda_n)$$

其中 $\lambda_1,\lambda_2,\cdots,\lambda_n$ 为 A 的全部特征值. 由于 A 半正定,所以 $\lambda_i \geqslant 0, i = 1,2,\cdots,n$. 令

$$D = \mathrm{diag}(\sqrt{\lambda_1},\sqrt{\lambda_2},\cdots,\sqrt{\lambda_n})$$

$$B = P^{-1}DP$$

则 B 为半正定矩阵,并且

$$A = PD^2P^{-1} = (PDP^{-1})^2 = B^2$$

(2)$\Rightarrow$(3) 是平凡的.

(3)⇒(1) 设 $A = B^k$,其中 B 是半正定矩阵,$k \geqslant 1$.因为 B 是半正定矩阵,则有正交矩阵 P,使得

$$P^{-1}BP = \operatorname{diag}(\lambda_1,\lambda_2,\cdots,\lambda_n)$$

其中 $\lambda_1,\lambda_2,\cdots,\lambda_n$ 为 B 的全部特征值,并且 $\lambda_i \geqslant 0, i = 1,2,\cdots,n$,所以

$$P^{-1}AP = P^{-1}B^kP = (P^{-1}BP)^k = \operatorname{diag}(\lambda_1^k,\lambda_2^k,\cdots,\lambda_n^k)$$

其中 $\lambda_i^k \geqslant 0, i = 1,2,\cdots,n$.由此得 A 半正定.

【例 3】 设 A 是 n 阶实对称矩阵,则下列两个条件都与 A 是半正定矩阵等价:

(1) 存在 $B \in M_n(\mathbb{R})$,使得 $A = B^TB$;

(3) 存在秩为 r 的 $r \times n$ 实矩阵 B,使得 $A = B^TB$.

证明 充分性 设 $A = B^TB$(B 为 n 阶实方阵或秩为 r 的 $r \times n$ 实矩阵),则二次型 $f = X^TAX$ 即

$$f = X^T(B^TB)X = (X^TB^T)(BX) = (BX)^T(BX)$$

令 $BX = (y_1,\cdots,y_n)^T$,则

$$f = y_1^2 + \cdots + y_n^2 \geqslant 0$$

即对任意的 $X = (x_1,\cdots,x_n)^T$,f 的值总为非负实数,所以 A 是半正定的.

必要性 设 A 是半正定矩阵,它的秩为 r,负惯性指数为零,则有实可逆矩阵 P,使

$$A = P\begin{bmatrix} I_r & 0 \\ 0 & 0 \end{bmatrix}P^T \quad ①$$

(1) 由 ① 有

$$A = P\begin{bmatrix} I_r & 0 \\ 0 & 0 \end{bmatrix}\begin{bmatrix} I_r & 0 \\ 0 & 0 \end{bmatrix}P^T = B^TB$$

这里 $B = \begin{bmatrix} I_r & 0 \\ 0 & 0 \end{bmatrix}P^T$.

(2) 令 $P = \begin{bmatrix} B \\ C \end{bmatrix}$,其中 B 是 P 的前 r 行构成的矩阵.因为 P 可逆,所以 B 是秩为 r 的 $r \times n$ 实矩阵,由式 ①,有

$$A = (B^T, C^T)\begin{bmatrix} I_r & 0 \\ 0 & 0 \end{bmatrix}\begin{bmatrix} B \\ C \end{bmatrix} = B^TB$$

【例 4】 证明:实对称矩阵 A 是半正定矩阵的充分必要条件是 A 的一切主子式都大于或等于零.

证明　必要性　令 $1 \leqslant i_1 < \cdots < i_k \leqslant n, k = 1, \cdots, n$，且

$$A = \begin{bmatrix} a_{11} & a_{12} & \cdots & a_{1n} \\ a_{21} & a_{22} & \cdots & a_{2n} \\ \vdots & \vdots & \ddots & \vdots \\ a_{n1} & a_{n2} & \cdots & a_{nn} \end{bmatrix}, A_k = \begin{bmatrix} a_{i_1 i_1} & a_{i_1 i_2} & \cdots & a_{i_1 i_k} \\ a_{i_2 i_1} & a_{i_2 i_2} & \cdots & a_{i_2 i_k} \\ \vdots & \vdots & \ddots & \vdots \\ a_{i_k i_1} & a_{i_k i_2} & \cdots & a_{i_k i_k} \end{bmatrix}$$

设矩阵 A 与 A_k 的二次型分别为

$$f(x_1, \cdots, x_n), f_k(x_{i_1}, \cdots, x_{i_k})$$

若 A 是半正定的，即 f 半正定，则 f_k 是半正定的，于是存在 k 阶实可逆矩阵 C_k，使

$$C_k^{\mathrm{T}} A_k C_k = \begin{bmatrix} \lambda_1 & & & \\ & \lambda_2 & & \\ & & \ddots & \\ & & & \lambda_k \end{bmatrix}$$

其中 $\lambda_i \geqslant 0, i = 1, \cdots, k$，从而

$$| C_k^{\mathrm{T}} A_k C_k | = | A_k | | C_k |^2 = | C_k |^2 \lambda_1 \cdots \lambda_k \geqslant 0$$

但 $| C_k |^2 > 0$，故 $| A_k | > 0$.

充分性　设 A 的主子式都大于或等于零. 令

$$B_m = \begin{bmatrix} a_{11} & \cdots & a_{1m} \\ \vdots & \ddots & \vdots \\ a_{m1} & \cdots & a_{mm} \end{bmatrix}, m = 1, 2, \cdots, n$$

则

$$| \lambda I_m + B_m | = \begin{bmatrix} \lambda + a_{11} & a_{12} & \cdots & a_{1m} \\ a_{21} & \lambda + a_{22} & \cdots & a_{2m} \\ \vdots & \vdots & \ddots & \vdots \\ a_{m1} & a_{m2} & \cdots & \lambda + a_{mm} \end{bmatrix} =$$

$$\lambda^m + p_1 \lambda^{m-1} + \cdots + p_{m-1} \lambda + p_m$$

其中，p_i 为 B_m 中一切 i 阶主子式的和，故 $p_i \geqslant 0$. 从而当 $\lambda > 0$ 时，$| \lambda I_m + B_m | > 0$. 这就是说，对任意正实数 λ 来说，$\lambda I_m + B_m$ 是正定的.

如果 A 不是半正定的，则存在 $X_0 = (x_1, \cdots, x_n)^{\mathrm{T}} \neq \mathbf{0}$，使

$$X_0^{\mathrm{T}} A X_0 = - c < 0$$

于是，令

$$\lambda = \frac{c}{X_0^{\mathrm{T}} X_0} = \frac{c}{x_1^2 + \cdots + x_n^2} > 0$$

则

$$X_0^{\mathrm{T}}(\lambda I_n + A) X_0 = X_0^{\mathrm{T}} \lambda I X_0 + X_0^{\mathrm{T}} X_0 = c - c = 0$$

这与 $\lambda > 0$ 时,$\lambda I_n + A$ 为正定矩阵矛盾.故 A 是半正定的.

【例5】 设 A 是一个 n 阶实矩阵,则 A 是秩为 r 的半正定矩阵当且仅当存在 r 个线性无关的实 n 维列向量

$$\boldsymbol{\alpha}_i = (a_{1i}, a_{2i}, \cdots, a_{ni})^{\mathrm{T}}, i = 1,2,\cdots,n$$

使得 $A = \boldsymbol{\alpha}_1\boldsymbol{\alpha}_1^{\mathrm{T}} + \boldsymbol{\alpha}_2\boldsymbol{\alpha}_2^{\mathrm{T}} + \cdots + \boldsymbol{\alpha}_r\boldsymbol{\alpha}_r^{\mathrm{T}}$.

证明 充分性 由 A 是秩为 r 的半正定矩阵可知,以 A 为系数矩阵的二次型 $f(x_1,\cdots,x_n) = X^{\mathrm{T}}AX$ 的正惯性指数等于秩 r 且小于 n,于是存在 n 阶可逆阵 P,使

$$A = P^{\mathrm{T}}\begin{bmatrix} I_r & 0 \\ 0 & 0 \end{bmatrix} P = P^{\mathrm{T}}\begin{bmatrix} I_r & 0 \\ 0 & 0 \end{bmatrix}\begin{bmatrix} I_r & 0 \\ 0 & 0 \end{bmatrix} P =$$

$$P^{\mathrm{T}}\begin{bmatrix} I_r & 0 \\ 0 & 0 \end{bmatrix}\left(P^{\mathrm{T}}\begin{bmatrix} I_r & 0 \\ 0 & 0 \end{bmatrix}\right)^{\mathrm{T}}$$

令

$$P^{\mathrm{T}}\begin{bmatrix} I_r & 0 \\ 0 & 0 \end{bmatrix} = B = (\boldsymbol{\alpha}_1, \cdots, \boldsymbol{\alpha}_r, \mathbf{0}, \cdots, \mathbf{0})$$

则 $\boldsymbol{\alpha}_1, \cdots, \boldsymbol{\alpha}_r$ 是 P^{T} 的前 r 个列向量,故线性无关,并且

$$A = BB^{\mathrm{T}} = (\boldsymbol{\alpha}_1, \cdots, \boldsymbol{\alpha}_r, \mathbf{0}, \cdots, \mathbf{0})\begin{bmatrix} \boldsymbol{\alpha}_1^{T} \\ \vdots \\ \boldsymbol{\alpha}_r^{\mathrm{T}} \\ \mathbf{0} \\ \vdots \\ \mathbf{0} \end{bmatrix} = \boldsymbol{\alpha}_1\boldsymbol{\alpha}_1^{\mathrm{T}} + \cdots + \boldsymbol{\alpha}_r\boldsymbol{\alpha}_r^{\mathrm{T}}$$

必要性 由 n 维实列向量 $\boldsymbol{\alpha}_1, \cdots, \boldsymbol{\alpha}_r$ 线性无关,总可以添上 $n - r$ 个 n 维实列向量 $\boldsymbol{\alpha}_{r+1}, \cdots, \boldsymbol{\alpha}_n$,使得 $\boldsymbol{\alpha}_1, \cdots, \boldsymbol{\alpha}_n$ 线性无关.于是令

$$P = (\boldsymbol{\alpha}_1, \cdots, \boldsymbol{\alpha}_n)$$

则 P 为一个 n 阶可逆实矩阵,并且

$$P\begin{bmatrix} I_r & 0 \\ 0 & 0 \end{bmatrix} = (\boldsymbol{\alpha}_1, \cdots, \boldsymbol{\alpha}_r, \mathbf{0}, \cdots, \mathbf{0})$$

这样由题设得

$$A = \alpha_1\alpha_1^{\mathrm{T}} + \cdots + \alpha_r\alpha_r^{\mathrm{T}} = (\alpha_1, \cdots, \alpha_r, 0, \cdots, 0)\begin{bmatrix}\alpha_1^{\mathrm{T}} \\ \vdots \\ \alpha_r^{\mathrm{T}} \\ 0 \\ \vdots \\ 0\end{bmatrix} =$$

$$P\begin{bmatrix} I_r & 0 \\ 0 & 0\end{bmatrix}\left(P\begin{bmatrix} I_r & 0 \\ 0 & 0\end{bmatrix}\right)^{\mathrm{T}} = P\begin{bmatrix} I_r & 0 \\ 0 & 0\end{bmatrix}P^{\mathrm{T}}$$

即 A 与 $\begin{bmatrix} I_r & 0 \\ 0 & 0\end{bmatrix}$ 合同,故 A 是半正定矩阵.

【例 6】 证明:$f(x_1, \cdots, x_n) = n\sum\limits_{i=1}^{n} x_i^2 - (\sum\limits_{i=1}^{n} x_i)^2$ 是半正定二次型.

证明 因为对任意实数 $x_1, \cdots, x_n$,有

$$(\sum_{i=1}^{n} x_i)^2 = \sum_{i=1}^{n} x_i^2 + \sum_{1 \leqslant i < j \leqslant n} 2x_ix_j$$

$$(n-1)\sum_{i=1}^{n} x_i^2 = \sum_{1 \leqslant i < j \leqslant n} (x_i^2 + x_j^2)$$

于是对任意实数 $x_1, \cdots, x_n$,有

$$f = n\sum_{i=1}^{n} x_i^2 - (\sum_{i=1}^{n} x_i)^2 = (n-1)\sum_{i=1}^{n} x_i^2 - \sum_{1 \leqslant i < j \leqslant n} 2x_ix_j =$$

$$\sum_{1 \leqslant i < j \leqslant n} (x_i^2 + x_j^2) - \sum_{1 \leqslant i < j \leqslant n} 2x_ix_j = \sum_{1 \leqslant i < j \leqslant n} (x_i^2 + x_j^2 - 2x_ix_j) =$$

$$\sum_{1 \leqslant i < j \leqslant n} (x_i - x_j)2 \geqslant 0$$

即 f 为半正定的.

【例 7】 设 $A = (a_{ij})$ 和 $B = (b_{ij})$ 是 n 阶方阵,定义 $A * B = (a_{ij}b_{ij})$.证明:如果 A 和 B 都是半正定的,则 $A * B$ 也是半正定的;如果 A 和 B 都是正定的,则 $A * B$ 也是正定的.

证明 设 A 和 B 都是半正定的,则有方阵 $P = (t_{ij})$,使 $B = PP^{\mathrm{T}}$,即 $b_{ij} = \sum\limits_{k=1}^{n} t_{ik}t_{jk}$.由于 A,B 皆为实对称矩阵,显然 $A * B$ 也是,并且

$$X^{\mathrm{T}}(A * B)X = \sum_{i,j} a_{ij}b_{ij}x_ix_j = \sum_{i,j} a_{ij}(\sum_k t_{ik}t_{jk})x_ix_j =$$

$$\sum_k \sum_{i,j} a_{ij}(t_{ik}x_i)(t_{jk}x_j) = \sum_k \boldsymbol{Y}_k^{\mathrm{T}}\boldsymbol{A}\boldsymbol{Y}_k$$

其中

$$\boldsymbol{Y}_k = \begin{bmatrix} t_{1k}x_1 \\ t_{2k}x_2 \\ \vdots \\ t_{nk}x_n \end{bmatrix}, \boldsymbol{X} = \begin{bmatrix} x_1 \\ x_2 \\ \vdots \\ x_n \end{bmatrix}$$

因为 $\boldsymbol{A}$ 是半正定的,所以对任意实向量 $\boldsymbol{X}$ 皆有 $\boldsymbol{Y}_k^{\mathrm{T}}\boldsymbol{A}\boldsymbol{Y}_k \geqslant 0$,因此 $\boldsymbol{X}^{\mathrm{T}}(\boldsymbol{A} * \boldsymbol{B})\boldsymbol{X} \geqslant 0$,即 $\boldsymbol{A} * \boldsymbol{B}$ 半正定.

如果 $\boldsymbol{A}$ 与 $\boldsymbol{B}$ 都是正定的,首先可证明对任意实向量 $\boldsymbol{X} \neq \boldsymbol{0}$ 至少有一个 $\boldsymbol{Y}_k \neq \boldsymbol{0}, k = 1,2,\cdots,n$.事实上,如果所有的 $\boldsymbol{Y}_k = \boldsymbol{0}, k = 1,2,\cdots,n$,则

$$\begin{bmatrix} t_{11}x_1 & t_{12}x_1 & \cdots & t_{1n}x_1 \\ t_{21}x_2 & t_{22}x_2 & \cdots & t_{2n}x_2 \\ \vdots & \vdots & \ddots & \vdots \\ t_{n1}x_n & t_{n2}x_n & \cdots & t_{nn}x_n \end{bmatrix} = \begin{bmatrix} x_1 & & & \\ & x_2 & & \\ & & \ddots & \\ & & & x_n \end{bmatrix}\boldsymbol{P} = \boldsymbol{0}$$

但由于 $\boldsymbol{B}$ 是正定的,而 $\boldsymbol{P}$ 是可逆的,故

$$x_1 = x_2 = \cdots = x_n = 0$$

这与 $\boldsymbol{X} \neq \boldsymbol{0}$ 矛盾.所以对任意的 $\boldsymbol{X} \neq \boldsymbol{0}$,至少有一个 $\boldsymbol{Y}_k \neq \boldsymbol{0}$,且因为 $\boldsymbol{A}$ 是正定的,即至少有一个 $\boldsymbol{Y}_k^{\mathrm{T}}\boldsymbol{A}\boldsymbol{Y}_k > 0$,于是对任意的 $\boldsymbol{X} \neq \boldsymbol{0}$,有

$$\boldsymbol{X}^{\mathrm{T}}(\boldsymbol{A} * \boldsymbol{B})\boldsymbol{X} = \sum_k \boldsymbol{Y}_k^{\mathrm{T}}\boldsymbol{A}\boldsymbol{Y}_k > \boldsymbol{0}$$

即 $\boldsymbol{A} * \boldsymbol{B}$ 是正定的.

练 习 题

1. 设有 n 元实二次型

$$f(x_1,\cdots,x_n) = (x_1 + a_1x_2)^2 + (x_2 + a_2x_3)^2 + \cdots + (x_{n-1} + a_{n-1}x_n)^2 + (x_n + a_nx_1)^2$$

其中 $a_i; i = 1,2,\cdots,n$,为实数. 试问: 当 $a_1,\cdots,a_n$ 满足何种条件时,二次型 $f(x_1,\cdots,x_n)$ 是正定的.

2. 设 $\boldsymbol{A}$ 为 $n \times m$ 实对称矩阵,证明:$R(\boldsymbol{A}) = n$ 的充分必要条件是存在 n 阶实矩阵 $\boldsymbol{B}$,使得 $\boldsymbol{AB} + \boldsymbol{B}^{\mathrm{T}}\boldsymbol{A}$ 正定.

3. 设 n 阶矩阵 $\boldsymbol{A} = (a_{ij})$ 是正定矩阵,$b_1,\cdots,b_n$ 是任意 n 个非零实数. 证明:

$B = (a_{ij}b_ib_j)$ 也是正定矩阵.

4. 设 A 是 n 阶正定矩阵,证明: $|A + 2I| > 2^n$.

5. 设 A 是 n 阶正定矩阵,$\alpha_1, \cdots, \alpha_n$ 是实 n 维列向量,且满足

$$\alpha_i^T A \alpha_j = 0, i \neq j$$

求证:$\alpha_1, \cdots, \alpha_n$ 线性无关.

6. 设 A 为 n 阶实对称矩阵,求证:如果 A 是正定矩阵又是正交矩阵,则 A 是单位阵.

7. 设 A 是 n 阶实可逆矩阵,求证:存在正定阵 S 和正交阵 P,使 $A = PS$.

8. 若 B 是正定矩阵,$A - B$ 是半正定矩阵,证明:

(1) $|A - \lambda B| = 0$ 的所有根 $\lambda \geqslant 1$;

(2) $|A| \geqslant |B|$.

9. 设 $f = X^T AX, g = X^T BX$ 是两个实二次型且 g 正定. 证明:

(1) 存在可逆线性变换 $X = TY$ 使

$$\begin{cases} f = \lambda_1 y_1^2 + \cdots + \lambda_n y_n^2 \\ g = y_1^2 + \cdots + y_n^2 \end{cases}$$

其中,$X^T = (x_1, \cdots, x_n), Y^T = (y_1, \cdots, y_n)$;

(2) 上述的 $\lambda_1, \cdots, \lambda_n$ 为 $|\lambda B - A| = 0$ 的根.

10. 若 A 是 n 阶实可逆阵,求证:存在正交阵 P_1, P_2,使得

$$P_1^{-1} AP_2 = \text{diag}(\lambda_1, \cdots, \lambda_n), \lambda_i > 0, i = 1,2,\cdots,n$$

11. 证明:(1) 如果 $A = (a_{ij})$ 和 $B = (b_{ij})$ 都是半正定矩阵,则

$$|A * B| \geqslant b_{11} b_{22} \cdots b_{nn} |A|$$

(2) 如果 A 和 B 都是正定矩阵,则 $|A * B| \geqslant |A||B|$.

参考文献

[1] 张禾瑞,郝炳新.高等代数[M].4版.北京:高等教育出版社,1999.
[2] 北京大学数学系.高等代数[M].3版.北京:高等教育出版社,2003.
[3] 白述伟.高等代数选讲:通过问题学方法[M].哈尔滨:黑龙江教育出版社,1996.
[4] 胡适耕,刘先.高等代数:定理、问题、方法[M].北京:科学出版社,2007.
[5] 孟道骥,王立云,史毅茜,等.高等代数与解析几何学习辅导[M].北京:科学出版社,2009.
[6] 白瑞蒲,刘文丽,白喜梅,等.线性代数[M].北京:科学出版社,2010.
[7] 王萼芳.高等代数教程习题集[M].北京:清华大学出版社,2005.
[8] 徐仲,陆全,张凯院,等.高等代数考研教案[M].3版.西安:西北工业大学出版社,2006.
[9] SHELDON AXLER. Linear algebra done right[M].2nd ed. Berlin: Springer, 1997.
[10] STEVEN ROMAN. Advanced linear algebra[M]. 3rd ed. Berlin: Springer, 2007.
[11] DENIS SERRE. Matrices: theory and applications[M]. Berlin: Springer, 2002.